21世纪高职高专规划教材
电子商务系列

Online Store Operation Practice

网店运营实务

主　编◎程佳聪
副主编◎王庆来　路正佳

中国人民大学出版社
·北京·

前言

随着互联网的发展，新零售时代已经到来，作为电子商务零售领域最常见的网店也受到了广泛关注。传统的经营模式固然有其优势，但电商的发展更是势不可当。如何在“互联网+”时代紧跟电子商务的步伐，开好网店、运营好网店？这是众多网店运营人员亟须解决的问题。

由于网店入驻门槛低，操作相对简单，大批个人和企业涉足网店经营。目前，有大量运营成功、收入可观的网店，也有一些运营失败、毫无起色的网店，其原因就在于前者掌握了网店运营的方法和技巧，而后者没能找到网店运营的正确方法。

本书共分为五个项目、十个任务，从开店准备，到寻找优质货源、网店开设和装修、日常管理，再到网店的运营推广、客户服务等方面，均系统地进行了讲解，相关内容的介绍详略得当。在编写的过程中，我们以网店运营为主线，通过理论与实践相结合，提出了网店运营的核心问题与解决办法，意在协助电子商务专业学生、网店创业人员、网店运营人员等更好地了解网店运营的实质性内容，并通过相关学习，在一定程度上提高网店运营的实践技能。

本书由程佳聪担任主编，王庆来、路正佳担任副主编。在编写过程中，我们借鉴了许多国内外专家、学者的学术研究成果，在此致以真诚的谢意！由于时间有限、任务繁重，书中内容难免存在不足，敬请广大读者朋友批评指正。

编者

2019年10月

目　录

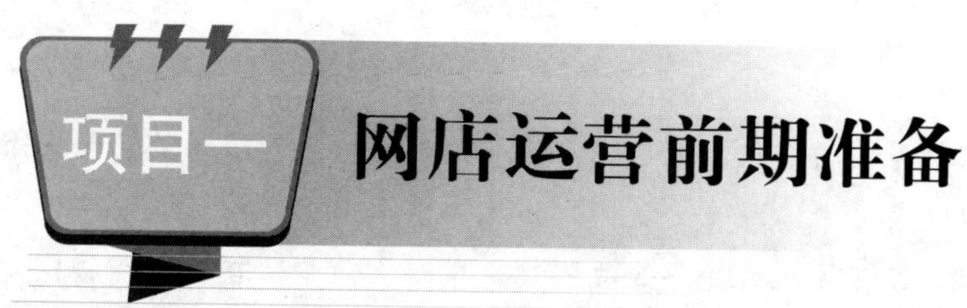

学习目标

了解网店的开设条件；熟悉常见的网络零售平台；掌握各种渠道进货的流程和注意事项。

知识目标

学会网店相关的基础知识；学会选择网络零售平台；学会不同渠道和货源的挑选流程和注意事项。

能力目标

培养自我分析的能力；能够根据自身情况选择合适的渠道和货源；完成各项开店前期准备工作；选择合适的网络零售平台准备开设店铺。

任务一　开店准备

通过本任务的学习，你将在以下三个方面进阶：

- 掌握网上开店的基础知识；

• 熟悉各大网络零售平台的特点及入驻条件；
• 学会进行网络零售平台的选择。

导语

随着人们购物习惯的变化，网店成为消费的新阵地。网店中的商品琳琅满目、时尚潮流、新奇有趣，吸引了消费者的目光。传统企业和个人纷纷试水，希望开设一家属于自己的网络店铺。但开设网店并不像我们想象中那么简单，在各大购物网站上，各个商品领域都有很多成熟网店。想要在激烈的竞争中占据一席之地，就需要做好开店前的万全准备。

一、网上开店的基本知识

网上商店是在网上开设的一种商品店铺交易平台，网店运营者通过网络展示宣传其产品或者服务，让消费者在浏览的同时进行实际购买，并且通过各种在线支付手段进行支付，完成交易的全过程，这种交易平台就是我们通常所说的"网店"，又被称为"虚拟商店""网上商场""电子空间商店"或"电子商场"。

课堂讨论 在你购买过的网店中，你印象最深的是哪一家？它为什么给你留下了深刻印象呢？

网络店铺与传统店铺的最大不同在于，网络店铺是虚拟的，没有线下店铺的租金、水电费等开支（但是可能有仓储成本），节约了成本，但在开店之初，还是需要提前准备一些必要的软、硬件设施，并掌握其使用方法。其中，互联网是网上开店的基本媒介，因此一定要熟悉和了解。只要具备了网上开店最基本的条件，任何人都可以在网上开店。

（一）网上开店的前期准备

1. 网上开店的硬件要求

网上开店的硬件一般指在网店运营过程中所需使用的设备。开店前期至少要准备好以下几项：

（1）计算机。计算机是开设网店的必备硬件之一，不管是网店的创建、运营和管理，还是店铺的美工和后期客服，都离不开计算机的操作。网店运营者需要提前准备好一台或多台台式计算机或者笔记本电脑。

（2）手机。使用手机购物已成为当下消费者的主流购物方式，网店在手机端的展现直接影响消费者的购买体验。因此，网店运营者应该更多地利用手机来建立和维护客户关系，时刻关注手机端的店铺情况。

（3）数码相机。由于网上商店的商品主要是通过图片展示给消费者的，图片精细与否直接关系着商品的出售率，因此需要拍照效果良好的数码相机。品质好的相机可以还原更多商品细节，减少后期处理工序，节约时间。

（4）打印机和传真机。根据网上商店的商品性质，部分商店还需配备打印机和传真机，用于打印和发送合同、文件等。在开店前期，打印机可能并不常用，但当业务发展到一定程度时，可以选择使用打印机打印购物清单、出库单等，这相比于手写的清单更为正规和专业。

除了上述硬件之外，根据网店和商品的性质，网店运营者可能还需一些其他的硬件设施，例如：办公场所、固定电话以及其他与商品相关的设施。

实战经验 网店的运营是在网络环境下，因此，硬件的使用较为频繁。在配置硬件时，可以适当选择配置较高的硬件，以满足网店美工、网店后台操作等对硬件的高要求。同时，要确保网络的畅通，保证网店正常运营中不会因为硬件问题造成不必要的损失。

2. 网上开店的软件要求

网上开店的软件要求主要与运营者的操作能力相关，掌握基本的网络操作技术并学习一些相关的软件操作知识，将更有利于开展网上销售。

（1）网络基础操作能力。网店的运营和操作都是基于互联网、移动网络等平台，作为运营者，能够熟练进行网络的基础操作，熟悉网店运营中工具的使用是最基本的要求。

（2）即时通信工具的使用。网店中，买卖双方是在虚拟网络中不谋面进行交易，因此，买卖双方的沟通交流大部分是通过即时通信工具进行的。在即时通信工具中的对话有一些常用语和技巧，运营者需要提前了解，以便更好地与消费者沟通。目前使用较多的是阿里旺旺、QQ 等聊天工具，需要操作者具备一定的打字速度。在淘宝、天猫等平台中使用的聊天软件阿里旺旺如图 1–1 所示。

（3）图形图像处理软件的操作。网店中的商品，大部分是通过图片和文字向消费者展示的，所以，网店商品销售的过程其实也是视觉营销的过程。网店运营者需要具备良好的图形图像处理技术。目前的图形图像处理软件主要以 Photoshop、光影魔术手等为主，主要用于处理商品图片、美化商品效果等。Photoshop 的界面如图 1–2 所示。

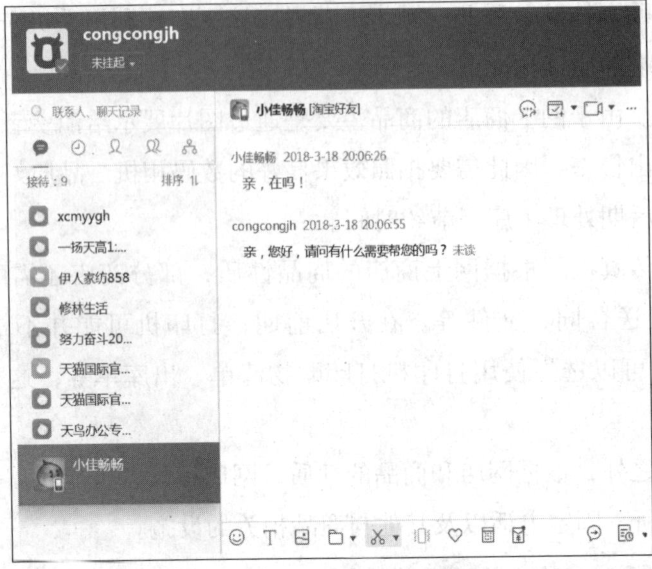

图1–1　阿里旺旺聊天软件

图1–2　Photoshop界面

（二）网上开店的方式

目前，网店的形式主要有两种：一种是创建独立网站，即自建网络店铺；另一种是自助式开店，即借助第三方网络零售平台建立店铺。

1. 创建独立网站

创建独立网站是指网店运营者根据自己商品的经营情况，自行设计或委托专人制作网站。独立网站一般都有独立域名，不依附其他的大型购物商城，独立经营。建立独立网站需要完成域名注册、空间租用、网页设计、程序开发、网站推广、服务器维护等工作。由于网站是自主设计，因此可以体现出独特的设计风格，而自助式开店会受限于第三方网络

零售平台的商城模板。

独立网站的运营推广比自助式网站更加困难，最好要有团队来维护网站的运作。同时，由于这类网站不挂靠其他平台，虽然不需要缴纳保证金，但网站推广维护的费用较高，且新的独立网站比较难以取得消费者的信任。图 1–3 是三全食品公司自建的网上商城。

图1–3　三全食品网上商城

2. 自助式开店

自助式开店是指通过提供网上商店服务的第三方网络零售平台进行自助开店，如在淘宝网等 C2C 网站，天猫商城、京东商城、当当网等 B2C 网站上开设店铺。自助式开店类似于在商城中租用一个柜台出售商品，其方式比较简单。提供这类服务的平台一般都提供了自助开店服务，只需支付给平台相应的费用，即可简单快捷地建立自己的店铺，如图 1–4 和图 1–5 所示。

图1–4　淘宝个人店

图1–5　淘宝企业店

课堂讨论　请分析创建独立网站和自助式开店的优缺点。

二、网络零售平台的选择

网络零售可以利用企业商城、微博、微信等方式来操作，但是，目前大部分个人和企业更愿意在大型的第三方网络零售平台上开店，相对来说，这些网络零售平台拥有足够的知名度、粉丝量，规范的交易规则和交易保障，可以争取到更多的流量和销售机会。

目前使用频率较高的网络零售平台有淘宝网、天猫、京东、当当网、亚马逊、苏宁易购等。这些网络零售平台根据操作过程中参与对象的不同，主要分为两种形式：一种以淘宝网为代表，是提供给个体经营者创建店铺进行销售的 C2C 平台，也被称为“C 店”。目前，在 C2C 市场，销售占市场份额最大的还是淘宝交易平台。淘宝 C 店也支持一些具有企业资质的经营者申请开设企业店铺，即淘宝企业店。另一种以天猫为代表，是提供给企业卖家创建店铺进行销售的 B2C 平台，也被称为“B 店”。当然也有一些 B2C 的平台，例如：京东、当当等平台除了自营业务，也支持企业在其平台上创建店铺。“B 店”的入驻条件比“C 店”更加严格，花费也比“C 店”多出很多。

（一）淘宝网

淘宝网是亚太地区较大的网上交易平台，成立于 2003 年 5 月 10 日，由阿里巴巴集团投资 4.5 亿元创办。目前，淘宝网也是中国规模最大并深受用户欢迎的 C2C 网络零售平台，拥有近 5 亿的注册用户，日均访客量超过 6 000 万，每天同时在线的商品数已经超过 8 亿

件，平均每分钟售出 4.8 万件商品。

淘宝网帮助了更多消费者享用海量且丰富的商品，获得了更高的生活品质；通过提供网络销售平台等基础性服务，帮助了更多企业开拓市场、建立品牌，实现产业升级；帮助了更多胸怀梦想的人通过网络实现创业、就业。随着淘宝网规模的扩大和用户数量的增加，淘宝网也从单一的 C2C 网络集市变成包括 C2C、分销、拍卖、直供、众筹、定制等多种电子商务模式在内的综合性零售商圈。淘宝网首页如图 1–6 所示。

图1–6　淘宝网首页

按照店铺功能，淘宝 C 店可以分为普通店铺和旺铺。普通店铺是淘宝店铺最初的样式，页面布局较为简单，视觉效果不够丰富。当店铺达到一定级别，就可以使用旺铺的装修模板。淘宝旺铺有专业版和智能版，两个版本各自的功能和模块都存在一些差异，收费标准也不相同。

淘宝 C 店的信用等级可以分为红心、钻石、蓝皇冠和金皇冠，如图 1–7 所示，淘宝会员在淘宝网每使用支付宝成功交易一次，就可以对交易对象做一次信用评价。评价分为“好评”“中评”“差评”三类，每种评价对应一个信用积分，“好评”加一分，“中评”不加分也不扣分，“差评”扣一分。

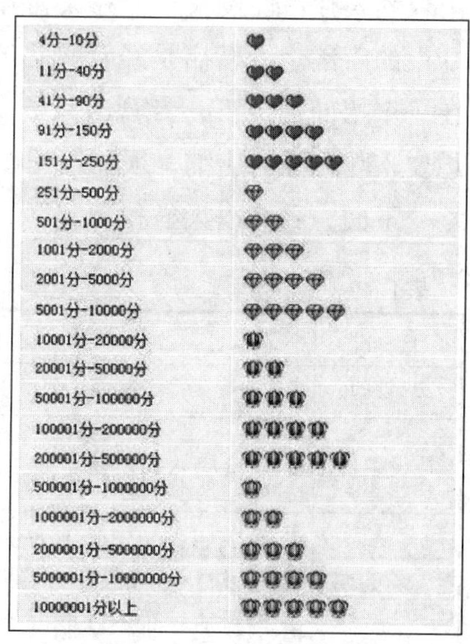

信用积分
4分-10分
11分-40分
41分-90分
91分-150分
151分-250分
251分-500分
501分-1000分
1001分-2000分
2001分-5000分
5001分-10000分
10001分-20000分
20001分-50000分
50001分-100000分
100001分-200000分
200001分-500000分
500001分-1000000分
1000001分-2000000分
2000001分-5000000分
5000001分-10000000分
10000001分以上

图1–7　淘宝卖家信用等级

（二）天猫

“天猫”原名“淘宝商城”，是一个综合性购物网站，也是国内最为知名的 B2C 网站之一。2012 年 1 月 11 日，“淘宝商城”正式宣布更名为“天猫”。

天猫整合了数千家品牌商、生产商，为商家和消费者提供一站式解决方案。天猫采用7天无理由退货的售后服务，以及购物积分返现等优质服务，吸引了大批消费者。天猫首页如图1–8所示。

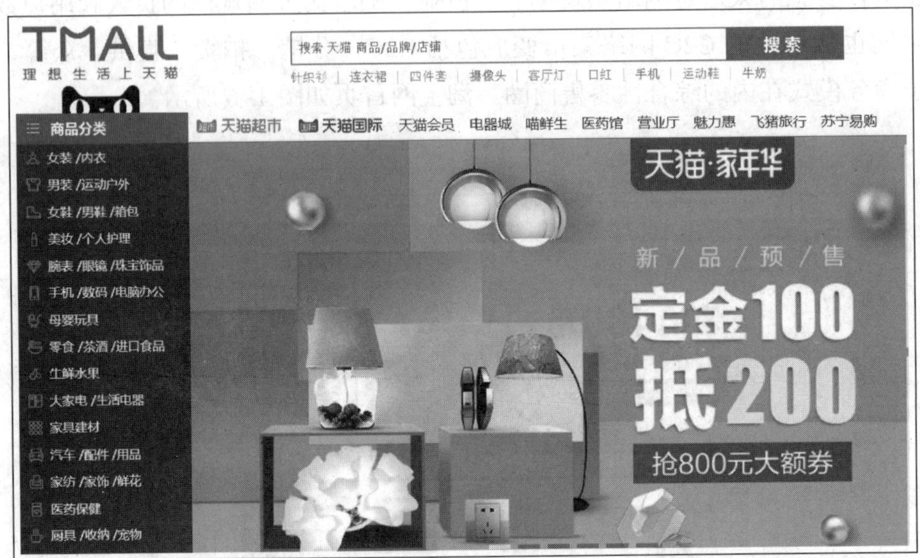

图1–8　天猫首页

天猫的店铺类型主要分为旗舰店、专卖店和专营店三种。旗舰店是商家自有品牌，或由权利人独占性授权，入驻天猫开设的店铺。专卖店是商家持有他人品牌授权文件在天猫开设的店铺。专营店是经营天猫统一商品大类下两个及以上他人或自有品牌商品的店铺。在一个招商大类下，专营店只能申请一家。在天猫，不同类目商品的入驻要求也不一样，想要入驻天猫的店铺，须仔细阅读相关规定和资费说明。

下面，我们以天猫和淘宝网为例，分析“B店”和“C店”的区别，如表1–1所示。

表1–1　天猫与淘宝网的对比

平　台	天猫	淘宝网
类　型	B2C	C2C
开设条件	需要资质认证，要求必须是品牌商、厂商或者代理商。	只要通过个人身份认证即可，其他没有任何限制。
店铺类型	1. 旗舰店：品牌必须为企业自有，经营同一品牌、同一个一级目录下的所有商品； 2. 专卖店：企业须取得品牌持有者的正式授权，经营授权品牌下同一个一级目录下的所有商品； 3. 专营店：企业须具有自有品牌或他人品牌的经营资质，在天猫经营同一个一级目录下的多个（至少两个）品牌。	均为个人开设的店铺，可以经营任何商品（违禁商品除外）。

续前表

收费标准	天猫会收取一定的费用，如年费和服务费。 1. 年费分为3万元和6万元两档，天猫将对年费有条件地向商家进行返还，返还标准参照店铺评分和年销售额两项指标，返还比例为50%和100%两档。 2. 服务费=扣点×交易额。不同类目有不同的扣点标准，服务费只在商家产生交易后才收取。	大部分“C店”都是免费的，其他费用如网店宣传推广费等，则由运营者根据网店实际情况考虑是否投入资金。

通过上面的表格我们看到，在天猫购物就如同我们在线下的大型商城购物，代表着更高的品位、品质和更好的服务，因此，人们也把天猫称为“品质天猫”。而淘宝网的店铺，商品琳琅满目，代表着个性化和低廉的价格，因此，淘宝也被称为“万能淘宝”。

（三）京东

京东是自营式电商企业，旗下设有京东商城、京东金融、拍拍网、京东智能、O2O及海外事业部等。2014 年 5 月，京东在美国纳斯达克证券交易所正式挂牌上市。京东的自有物流送货速度较快，软、硬件设施和服务条件都比较完善。京东商城与天猫商城一样，是 B2C 类型的电子商务平台，京东商城销售的商品大部分都以京东自营的形式出售，但京东也提供一部分空间给有一定实力的企业开店。京东首页如图 1–9 所示。

图1–9　京东首页

（四）其他平台

与天猫、京东等 B2C 网站类似的平台还有很多，如当当网、苏宁易购、国美在线等。

1. 当当网

当当网是知名的 B2C 综合性网上购物商城，从 1999 年 11 月正式开通至今，当当已从早期的专营图书拓展到销售各品类百货，包括图书音像、美妆、家居、母婴、服装和3C数码等几十个大类，数百万种商品。

2. 苏宁易购

苏宁易购是苏宁云商集团股份有限公司旗下新一代B2C网上购物平台，现已覆盖传统家电、3C电器、日用百货等品类。2011年，苏宁易购实施虚拟网络与实体店面的同步发展的战略，网络市场份额不断提升。

3. 国美在线

国美在线的前身为国美电器网上商城，2012年12月，国美电器宣布整合旗下“国美电器网上商城”和“库巴网”两大电商平台，建立名为“国美在线”的电器网上商城，定位于面向B2C业务的跨品类综合性电商购物网站，依托国美在线的后台能力，以独立品牌、独立网站、独立运营的模式专注于综合性电商平台的发展。

各大网络零售平台为了吸引更多的人气，为网站带来更大的流量，会利用各大节假日开展各种主题活动，运用各种促销手段，进行广告宣传。同时，为了规范买卖双方的行为，增强交易过程中的诚信和安全，平台会制定一些规则来约束买卖双方的行为，保障各自的权益。同时，一些消费者被网络销售的模式所吸引，也开始尝试自己开店，由买家变成卖家。由于销售的商品类别不同，平台上各取所需的购物行为自然会形成一个生态链，产生巨大的消费潜力。

实战经验 目前，第三方网络零售平台很多，不同平台有不同的入驻要求，淘宝网的入驻条件相对较低，企业和个人都可入驻；而天猫、京东等网站，入驻条件较高，不仅要求有商家资质，还需要有一定的实力和品牌知名度，并缴纳一定的保证金。

任务总结

新手开店只有做好开店前的充足准备，才能为后续的发展打好坚实的基础。

1. 建立自己的网店运营团队，配置好运营、视觉设计、推广、客服、物流等岗位的人员。

2. 为网店准备好各种软、硬件设施，熟悉各种网络零售平台，选定自己或者企业的平台进行网店创建。

同步实训

1. 进入各大主流的电商平台，查询各平台的入驻要求、资费标准、创建流程等。

2. 建立团队，完成网络零售平台的选择，并在第三方平台进行注册和身份认证。

任务二 寻找优质货源

通过本任务的学习，你将在以下四个方面进阶：

- 掌握工厂进货的流程和注意事项；
- 掌握在阿里巴巴采购批发网进货的流程和注意事项；
- 掌握在分销网站和供销平台进货的流程和注意事项；
- 掌握在批发市场进货的流程和注意事项。

导语

优质的网店货源可以持久地吸引消费者，因此，采购到高性价比的货源成为网店运营制胜的关键。通过本任务的学习，网店运营者可以增强对各种进货渠道的了解，并根据自己的需要选择适合的货源。

运营网店，最重要的是找到优质货源，优质货源是网店运营的基石。一般而言，想要找到优质的货源，需要网店运营人员重视对货源渠道的探索与发现，渠道有了，货源也就来了。找到了优质货源，就能很大程度提高开店成功指数。

一、工厂进货

一般而言，商品经过市场流通到消费者手里，会经过诸多环节：从工厂到批发商，再到零售商，最终到消费者的手里。网店运营者在了解这个流程后，就能够很好地寻找到货源。

正规的工厂货源充足，也能确保货源的质量，并且在货物的调换上方便许多。网店运营者如果能够选择正规工厂进货，且能保证稳定的进货量，就拥有了性价比较高的优质货源。但是，一般能从工厂拿到货的并不多，因为大多数工厂不愿花费太多的时间和精力同小规模的网店打交道。不过，有些线下店铺不太热销的产品还是可以从工厂进货。工厂进货的最大特点就是起批量大，价格优惠较为明显。然而，起批量太大会增加网店运营的风险，网店运营者一般会通过两种方法减少起批量：一是与工厂进行谈判，二是找到在工厂工作的朋友帮忙。

（一）工厂进货的规则

一般而言，工厂比较愿意和大型网店合作，但一些工厂为了提高销量与知名度，也会与小网店合作，并根据拿货量来决定批发价格。

工厂进货需要注意的问题包括：

（1）确认起订量，即最小订单额度。找到好的工厂，进行了解、比较，最终确定需要的产品、数量，以及结算的方式。

（2）先看款，再拿货。看过样品再进行交易，比较有保障。

（3）关注网络信息，比较网络价格与工厂、批发商的价格，因为工厂有可能为提高效益而不给出最低价。

（4）事先做好市场调查，不要漫无目的地乱闯。要清楚网店的定位，并根据定位选择比较发达的城市厂家，或是不发达的城镇厂家。

（二）工厂进货的内容

1. 进货流程

（1）收集产品相关信息。例如：最新产品的信息，产品的价格还有产品的风格等，要考虑这些产品是否符合自己网店的定位。

（2）询问价格，比较价格，商议价格。网店运营者在工厂进货的时候，一定不要一刀切，要进行多家的比较，从中选择最优。

（3）评估产品。首先要查看产品的质量是否与合同的要求完全一致，要避免厂家出现以次充好的情况；其次要考虑产品的包装，即包装是否坚硬，是否容易运输，是否容易计数；最后要看厂家的售后服务能否做到为客户着想。这些都是在对产品进行评估时要考虑的因素。

（4）索取样品。要与工厂联系沟通，说明索要样品的目的，表明自己的诚意。面谈可以提高成功的概率。如果对方有所顾虑，可以签署合同，网店运营者需要向对方做出承诺，保证不会将其提供的样品用到不正当的地方。

（5）做出决定。综合比较后，选择出适合自己网店的产品。

（6）订购。网店运营者需要考虑进货的数量，这个决定要基于对网店的定位。

（7）与工厂协调沟通相关事宜，探讨产品的质量、运输等相关内容。

（8）催货和进货验收。在产品到货后，对产品的数量和质量进行验收。

2. 合理降低成本

（1）事先制定计划，选择合适的工厂。

（2）调查市场行情，做到心中有数。

（3）制定底价以及预算，注意议价技巧。

（4）优化进货物流，降低成本。

3. 具体实施

（1）制定计划，评估订单量，制定相关计划。

（2）对工厂进行评估，确认初选名单，分步实验，确认最终名单。

（3）根据订单，选择合适的供应商，签订合同，并且监督实施。

（三）工厂进货的注意事项

（1）不要和相邻同行一起进货，这样容易增加自己的潜在竞争对手，也有可能改变自己的风格走向。

（2）在行为举止上要表现得专业，尤其是提问内容应专业。

（3）第一次进货不宜太多，容易压货。

（4）多家问价，避免高价购买。

（5）钱货当面清点，避免不必要的损失。

课堂讨论　1. 工厂进货实施的基本步骤是什么？

2. 根据你的实际情况，说说你准备去哪里及如何开展工厂进货工作。

二、阿里巴巴采购批发网进货

不同的商家会选择不同的进货方式，网店一般选择网站进货较多。网站进货的渠道有很多，阿里巴巴采购批发网（http://www.1688.com）就是一个各渠道、各批发商汇集的平台，这里有成千上万的批发商和琳琅满目的货品，受到很多商家的青睐。阿里巴巴采购批发网作为全球小企业电子商务的领军者，也是开店者进货的一大选择。阿里巴巴采购批发网首页如图 1–10 所示。

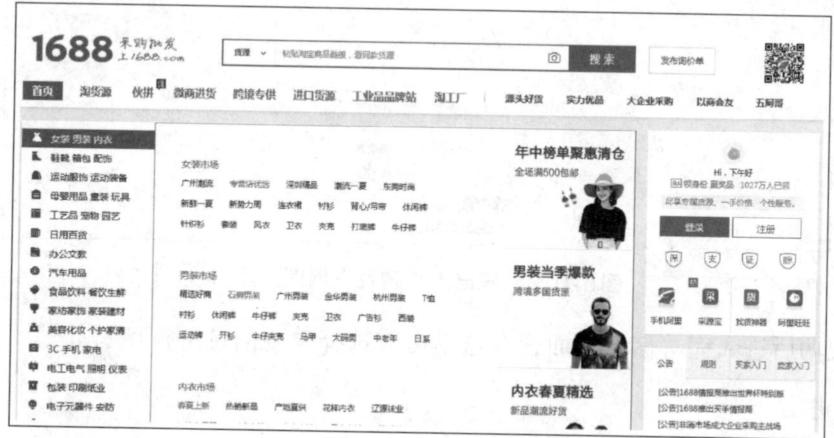

图1–10　阿里巴巴采购批发网首页

阿里巴巴集团1999年成立于杭州，其中，阿里巴巴采购批发网是我国领先的综合型内贸批发交易市场。阿里巴巴采购批发网的主要业务是批发和采购业务，是一个以专业化的模式运营，逐步完善客户的批发与采购体验，最终取得高水准的企业电子商务模式。目前，其业务范围已涵盖了原材料、工业品、家居百货、服装服饰、小商品等多个行业大类，业务内容从提供原料采购，到生产加工，再到现货批发等开展一站式服务，大大方便了各大渠道的进货商。

同时，阿里巴巴集团已和全国百强产业带达成了合作，目标是带动各大产业带、各个领域实现电商化，提高线上采购的效率。网店运营者可在阿里巴巴采购批发网选择自己想要的货物集中批发，便利快捷。另外，阿里巴巴集团也为全球交易市场设立了一个全球批发交易平台，为需要小批量进货的网店提供服务。

在阿里巴巴采购批发网进货的核心问题是弄清楚进货的基本流程。那么，阿里巴巴采购批发网的进货流程是怎样的呢?

（一）注册

打开网站，点击“免费注册”按钮，如图1–11所示。填写会员信息，需要填写手机号，而后输入手机验证码，会员名、邮箱、手机号都可成为进入网站的账号。同时，需要设置一个密码，如果涉及现金问题，密码设置必须严密，可申请保护业务。

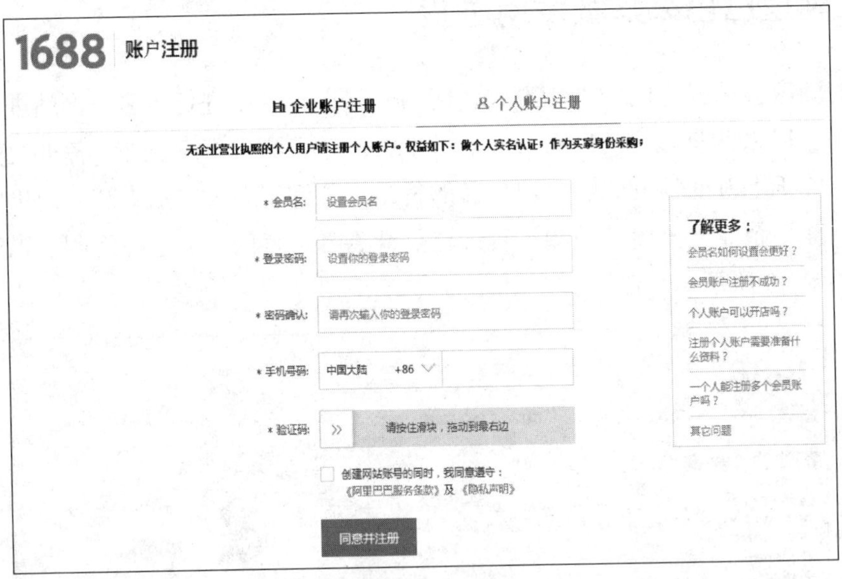

图1–11　阿里巴巴采购批发网账户注册

注册成功后进入完善信息页面，在这里可以选择重要信息进行填写。

（二）进货

在网站首页搜索框内输入产品名称，即可进行搜索。同类产品显示出来后，选择想要的产品，点击进去即可。有时候通过更细的条件筛选，可达到更高的效率。

点击进入产品主页后，选择合适规格即可批发。要注意批发规则，计算好批发数量，节约批发成本。批发数量的确定要根据需求，批发过多造成积压会带来损失，一般是批发得越多价格越便宜。

网店运营者可以选择“与我联系”与批发商议价，或讨论一些细节问题。协商长期合作可以获得进货价格方面更高的优惠，如果该店的货物确实符合需求，在第一次交易后可联系批发商，与之协商长期合作，重议价格。不过，第一次在某批发商处进货不宜过多，以免货物不满意，难以退换，给自己造成损失。

（三）收验付款

网店运营者在收到货后要仔细检查，确定无误后付尾款。收验付款的方式往往需要双方协商，只要要求合理，并向批发商说明，批发商就应该配合网店运营者，在不损失成本的情况下打消对方顾虑，让整个交易愉快进行。

（四）收藏

如果遇到心仪的产品但暂时不需要，可先收藏起来。进入产品主页选择“收藏”即可。产品如此，店铺也是一样，网店运营者可收藏好的店铺，以备不时之需。如果遇到想要长期合作的批发商，最好留下稳定的联系方式，如电话、微信、QQ 等。

网上进货有时候需要先付款，这时候必须和批发商交接清楚，明确具体问题应如何处理。网店运营者可以点击“与我联系”和批发商进行协商，也可以签订交易合同。总之，避免交易上的摩擦，需要有理有据，事先讲明。

网上进货是一种很方便的进货方式，运用这种方式需注意的最重要的两点：一是准确筛选，做到既快又准；二是公平交易，协商合理的交易方式。

（五）盘点

与实体店相比，网店在运营管理上更为便捷。实体店的货物需要用纸、笔对其进行清点统计，这是一项耗费人力和时间的工作，而网店的货物可以通过计算机进行盘点，而且可以做到准确无误。在网上直接进行统计和管理，即使要用办公软件进行整体的统计分析，也可以省去输入的时间，节约部分成本。

（六）进货的注意事项

淘宝网是阿里巴巴集团旗下的一个分支，阿里巴巴采购批发网也会在淘宝网上发布一些广告和优惠信息，吸引淘宝商家在阿里巴巴采购批发网上进货。通过阿里巴巴采购批发网进货也是目前非常快捷的一种方式，可以节省时间和路费。但是，网店运营者在阿里巴巴采购批发网进货时要注意以下几点问题：

1. 图片和实物是否存在差别

因为网店运营者并没有到厂家实地调研，仅仅是通过照片来查看产品，这就需要网店运营者在收到货后认真核对。如果产品与照片之间存在差别，应立刻与厂家联系。网店运营者在选择产品的时候，要尽量选择实物拍照的产品，降低进货的风险。

2. 进货数量

网店运营者在第一次进货的时候，要对数量进行控制，量一定要少一些，一般这种情况，厂家可能不是很乐意。此时，网店运营者就可以考虑与多个淘宝商家一起合作进货，这样，总的进货量就增加了，也可以避免库存过多的情况。

3. 滞销货物是否可以退货

这个问题很重要，需要网店运营者记在心上。首次与阿里巴巴上采购批发网的厂家合作，网店运营者需要在第三方支付的基础上进行操作，彼此应该诚信合作，在收到货之后点击确认收货。网店运营者对于首次合作的厂家，要避免发生汇款的情况，防止财产损失。此外，网店运营者一定要与厂家沟通好关于退换货等方面的细节问题。例如：退货运费谁承担，或者是各承担多少，这些问题需沟通清楚，避免今后产生不必要的纠纷。

实战经验　新手为了防止压货，可以在阿里巴巴采购批发网上查找一件代发的产品，点击“传淘宝”，可以一键将产品信息上传至淘宝后台的仓库，对产品的价格等信息重新编辑后即可发布，简单又实用。

以上是网店运营者去阿里巴巴采购批发网进货的基本流程，熟悉这些流程，对提高进货效率有很大帮助。

课堂讨论

1. 你知道如何在阿里巴巴采购批发网进货吗？
2. 阿里巴巴采购批发网进货与线下进货相比，具有哪些优势呢？

三、分销网站进货

分销网站利用网络平台进行商品分销。网络运营者通过在分销网站进货，可以最大限度地节约成本。与此同时，在分销网站进货，不仅不会受到地域限制，还能凭借丰富的网络资源，找到满意的货源。网店运营者通过分销网站进货，能够跨过层层渠道代理，直接与供应商接触，既降低了进货成本，还有利于细致地了解供应商的动态，为更好地掌握货源情况提供了方便。同时，分销网站进货也有利于网店运营者更好地做好网店的销售战略。

在互联网时代，许多的网店运营者在进货渠道上选择了分销网站进货。分销网站能为网店运营者提供方便快捷的订货服务。

（一）最常见的分销网站

说到分销网站，人们会在脑海里产生一个疑问："分销网站包括哪些网站呢？"其实，分销网站涵盖的网站有许多，最常见的有搜物网、衣联网等。不同的网站，在货源品类上各自有所侧重，例如：衣联网主要提供女装批发等。详细了解各网站的核心资源，可方便网店运营者根据自己的进货需求，更快捷地找到货源。

1. 搜物网

搜物网（http://www.sowu.com）是腾泽集团旗下的一个分销网站，其核心理念是"帮助成千上万家的传统企业搭建起最新的全渠道分销体系"。搜物网以跨界的经营方式，整合了各大领域资源，为进货商提供了人才输送、推广营销、仓储物流、金融服务等诸多服务，最大限度地降低了进货商的运营成本与推广成本。

搜物网已与各行业 B2C 平台进行了深度合作。网店进货人员可在线采购商品，并能实现一件代发、混合搭配代发的销售业务。搜物网为网店运营者真正实现走销量、创品牌提供了更多的可能性。搜物网首页如图 1–12 所示。

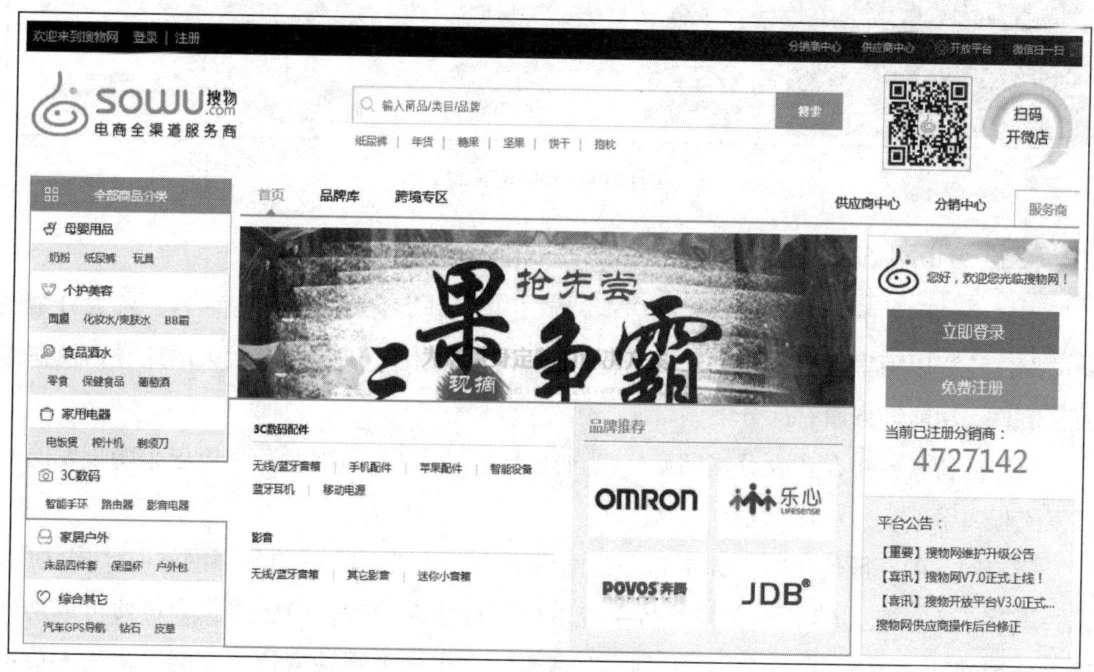

图1–12　搜物网首页

2. 衣联网

衣联网（http://www.eelly.com）是中国互联网百强企业，该企业隶属于广州市衣联网络科技有限公司，是中国服装批发市场的重要进货渠道。衣联网的总部设立于广州，分公司设立于杭州、常熟、虎门、泉州等地。网店运营者在衣联网能够直接拿到一手货。衣联网建立起了健全的保障体系，支持拿货看样，这对网店运营者来说，是在进货质量上增添了一份安全保障。衣联网的商品品类十分丰富，有高、中、低档的女装、男装、童装、男女内衣、男女鞋、箱包、配饰等，是网店运营者不可忽视的进货渠道。衣联网首页如图1–13所示。

图1–13　衣联网首页

（二）分销网站的批发流程

了解分销网站的批发流程，对网店运营者更好地进货有好处。一般而言，各大分销网站的批发流程以阿里巴巴采购批发网为基础模板，在操作使用上没有太大的差异，仅在界面、信息、功能等方面有部分微调。

网店运营者要想在各大分销网站轻松自如地进货，可先从熟悉阿里巴巴采购批发网的批发流程入手。

分销网站的一般使用方法如下：一是网店进货人员进入相关的分销网站时，先注册，逐一填写个人信息，然后提交并等待系统审核。审核成功后，网店进货人员便可成功地进入分销网站，挑选自己需要的货源；二是要学会在分销网站搜货源。网店进货人员可进入首页，在搜索文本框中输入货源的关键词进行搜索，搜索到满意的货源后，便可进行产品数据下载，如此一来，在分销网站进货便大功告成了。分销网站示例首页如图1–14所示。

图1-14　分销网站示例首页

由于分销网站进货是通过第三方平台实现的，因此，网店进货人员在进货时，一定要谨慎对待，以避免造成不必要的损失。

具体来说，网店进货人员在分销网站进货时，要注意以下几方面的问题：

1. 重视对目标分销网站的货源考察

随着互联网的进一步发展，越来越多的供货商成为分销网站的一员。由于供货商数量的增加，分销网站的成员信息变得越来越繁杂。在这种情况下，如果网店进货人员对自己需要的商品定位不明确，不清楚基本的价格原则，那么在各大分销网站进货就很容易迷失自己，这主要体现在：过分关注某个商品的优势而忽略该商品的劣势。这样就使得网店进货人员不能全面客观地分析商品在分销网站的综合情况。

2. 通过分销网站的官网进货

目前，网络上的分销网站花样繁多，在搜某个分销网站时，会出现一大堆相似的网页，此时要重视对假冒网站的识别，找到真正的分销网站主页。网店进货人员一旦在假冒的分销网站进货，很容易造成资金上的损失。所以，为了降低进货风险，网店进货人员一定要进入到正规的分销网站寻找货源，以保证进货商的货源质量和资金安全。

3. 甄别分销网站的资质

网店进货人员在分销网站进货时，应对自己选择的分销网站进行甄别，可通过对网站及其所在公司进行相关信息的查询与确认。查询分销网站的真假可通过“站长之家”网站（https://tool.chinaz.com）进行，而对涉及的具体公司信息，可通过国家企业信用信息公示系统（http://www.gsxt.gov.cn/index.html）进行查询。确认是正牌的分销网站后，才可在该网站进货。只有这样，网店进货人员才能在真正的分销网站进到货真价实的货物。

课堂讨论 1. 分销网站的进货流程是怎样的？
2. 如何识别和规避分销网站的风险？

四、供销平台进货

运营网店少不了去供销平台进货，什么是供销平台呢？供销平台是商家代销和批发的平台。该平台可以让运营网店的商家快速找到货源。供销平台由代销和经销组成。代销是指供货商与代销商达成协议，在双方履行协议的过程中，由供货商向代销商提供商品的图片等数据，无须提供实物。当供货商与代销商协议好价格后，代销商就可以通过把商品数据挂在网上销售，赚取中间差价。经销则是分销商直接从供货商处进购批量商品，并囤货销售，这样能够享受更大折扣。

（一）供销平台的运营问题

供销平台是服务型平台，它通过提供交易流程服务，为代销商、经销商的经营发展做出了重要贡献。

供销平台的运营，是由供货商和分销商共同完成的。供货商在线下渠道发展困难时，就会通过供销平台寻找合作伙伴，代销便是其最佳的合作伙伴。正因如此，众多的品牌商、厂商、渠道商都会通过供销平台开展网络渠道业务。

（二）供销平台进货的注意事项

1. 挑选供货商

代销商或经销商在供销平台进货时，应选择自己喜欢且有一定了解的供货商，这对确保商品的质量有直接帮助。

如果代销商或经销商具有一定的经济实力，也可以挑选名牌商品，或是一个有实力的供货商。如果代销商或经销商处于起步阶段，并不想投资太多，那么可以选择小品牌的供货商，其好处在于对他们的要求少、门槛低，不需要花费代理费。

总体来说，在供销平台选择供货商时，应选商品质量好、货源充足、发货及时、服务好的合作伙伴。

2. 寻找货源的流程

（1）打开供销平台，搜索商品。要多比较，再挑选价格合适的优质货源。

（2）核对地址。如果遇到供货商有多个地址的，应该淘汰，选择只有一个供货地址的供货商最为稳妥。

（3）用即时通信工具联系供货商。代销商或经销商可通过即时通信工具联系供货商，找到相关的供货商，并询问供货商的发货时间、地址、默认快递等问题。如果发现时间、

地址与平台显示不一致时，应该果断淘汰，因为这类供货商可能只是中间商。

3. 常见的供销平台

常见的供销平台有供货平台和销售平台两种。供货平台以阿里巴巴采购批发网、招商网站、当地批发市场、互联网批发市场、工厂定制加工等最为常见。销售平台以淘宝网、京东、拍拍网、太平洋直购网、亚马逊等最为常见。

4. 如何在淘宝网分销进货

（1）进入“我的淘宝”，进入“千牛卖家中心”→“货源中心”→“分销管理”→“代销产品”列表。

（2）找出供销商名单，选择取得供应资格的供货商，并在供货商处挑选商品。

（3）进入“产品线”，选择要上线的产品线。

（4）点击“发布新宝贝”，选择相应图片，点击“发布产品”。

（5）若要对商品信息进行编辑，可点击“查看对应宝贝”，复制标题，点击“查看对应宝贝”，点击“编辑宝贝”。

（6）确认商品无误后，就可以点击“确认”了。

课堂讨论

1. 代销、经销基本业务流程有哪些？

2. 供销平台的优势有哪些？

五、批发市场进货

各地的批发市场不少，这里是寻找货源的“大仓库”。在开设网店的最初阶段，如果商品销售量达不到一定的数量，在本地市场进货就能满足需求，这样离货源近、更新快、品种多，可以实地检验货品，节省沟通、运输的成本。所以，批发市场是网店新手进货的上佳选择。虽然同城进货方便，但局限于一地进行批发，容易断货，且品质不易控制，随着业务量扩大，在本地固定货源之外，网店运营者还应开拓货源渠道，保证业务持续进行。在业务量达到一定规模时，也可向工厂进货方向考虑。

（一）选择批发市场进货的原因

批发市场的商品价格一般比较便宜，这也是网店运营者选择最多的货源地。从批发市场进货一般进货时间相对集中、数量自由度大，品种繁多、数量充足，便于网店运营者挑选，价格低，有利于薄利多销。

（二）适合批发市场进货的网店运营者

批发市场产品多样、地域分布广泛、能够小额批发，更加适合以零售为主的小店。较之一般渠道，批发市场价格相对较低，进货时间和进货量都比较自由，对于网店来说容易实现薄利多销，也非常适合兼职的网店运营者、网店冲量运营者和网店新手。

（三）批发市场进货的特点

（1）在货源低价的同时，还可以节省一部分运输、存储费用；

（2）选择的范围变大，品种更丰富，商品的数量也有所增加；

（3）进货、补货更加方便。

（四）批发市场进货的注意事项

1. 着装得体，轻装上阵

进货是一件辛苦的事情，在批发市场，要穿得让自己轻松舒服。进货的人在观察货源及货源商的同时，货主也在伺机观察。商人有着自己敏锐的商业嗅觉，所以进货人绝不能在一开始就给别人留下不专业的印象，着装得体则是这第一印象的关键。

着装建议：休闲的深色套装配上方便行走的鞋子，少佩戴贵重饰品，以免遗失造成不必要的损失。

2. 问题要专业

到了批发市场可以先多看看，少问少说，看好了、想好了再开始进一步了解商品批发的情况。要进一步了解商品情况，就需要和批发商打交道，说话时表现出一种坚定果敢的性格，不要表现得犹犹豫豫，很容易动摇的样子。另外，提问问题不可以让对方发现自己的不专业。平时我们买东西一般问："这东西多少钱一件？"在批发市场就要问："这货怎么拿？"这样就不会被当作外行人了。

3. 进货要合理

如果一开始不清楚市场的喜好，应尽量进多种商品，且每种的数量不宜过多，这样可以保证店铺商品的丰富性，同时不易造成商品积压。进货时要考虑的因素有：店铺的定位、商品自身的吸引力和品质、时令因素。在时令因素方面要注意的是，一些商品并不是应季批发最好，例如：衣物这种商品就要提前两三个月批发上架，这是行情，是需要在进货前就了解到的知识。

4. 货比三家，防止拿到"炒货"

即使表现得专业仍不可避免有投机商抬高价格售货，如果没有对市场的充分了解，就容易吃亏上当。除了价钱，在商品选择方面也要精挑细选，所以要多走几家，或者把市场相关的批发店面全部逛完、问完后，再决定批发方案（可用纸笔草拟方案并进行分析），这样既可以保证自己进到最满意的商品，又可以防范个别商人哄抬价格、炒作商品的情况。只有做到心中有数，进货时才能游刃有余。

5. 与批发商交谈要有自己的原则

不要被批发商的话带着走，坚持自己的想法和方案，冷静地思考、分析，这样才能谈出自己满意的价格。

6. 钱、货当面点清

为了避免不必要的麻烦，双方都应该把钱、货当面点清，公平诚信地进行交易。清点钱比较容易，只要注意不要误收假币，不要多给批发商钱等问题。作为进货方要特别注意的是对货物的清点，除了清点数量是否足够外，还要对品质进行把关，谨防次品、假冒的情况损害自身利益。对于颜色较浅的商品更要仔细检察，是否有污痕，是否有其他质量问题。如今，消费者对于商品的质量要求越来越高，货品就更加不能在未上架出售之前就有瑕疵。

一旦与批发商搞好关系，网店运营者就可以拿到货好价低的商品，甚至可以先售出再取货，占用的资源变少了，也没有了商品积压。在一定程度上，网店运营者还可以了解到一些厂家的信息，为自己开辟一条新渠道。

7. 留下中意商店的联系方式

合作，有的是临时的，有的是长期的。当发现某批发商的商品正是自己想要的风格、感到某家商店的批发模式很受自己认可、对某家商店十分中意时，长期的合作就有可能形成。网店运营者可以留下对方的联系方式，这样在需要进货的时候更容易找到对方。增进与对方的沟通还可以压低进货价，创造更为灵活变通的买卖渠道，减少商品积压的可能性，为长久地进货带来更多的实惠。

实战经验　批发商品一定要多跑地区性的批发市场，这样不但可以熟悉行情，还可以拿到很便宜的批发价格。找到货源后，可先进少量的货试卖，如果销量好再考虑增加进货量。有些网店和供货商关系很好，往往是商品卖出后才去进货，这样既不会占用资金又不会造成商品的积压。

总体而言，批发市场进货可以实地沟通，看货验货，价格低廉，品种丰富，交通运输成本低，是大受欢迎的一种进货渠道。专业进货、合理进货，在进货过程中做到仔细认真、独立思考、冷静分析，就可以购得满意的货物，甚至可以收获理想的长期合作伙伴。长期合作一旦建立，就可以为自己网店的稳定性发展奠定一定基础，这将成为一家网店不断开拓发展的动力。寻找货源，找对渠道，找对货品，找对进货商家，这是一个网店成长的开端，也是一个网店长久良性发展的关键。

课堂讨论

1. 你知道批发市场的进货流程吗？
2. 你知道批发市场适合哪些网店运营者吗？

六、其他进货渠道

在互联网时代，网店的进货渠道多种多样，除了阿里巴巴采购批发网、分销网站、供销平台和线下批发市场外，还可以通过寻找各大品牌的积压库存，或者通过二手闲置网如“闲鱼”、跳蚤市场、外贸尾单货、国外打折商品等途径进货，这些货品的质量与性价比都非常高。

（一）获取各大品牌的积压库存

品牌商品在网上是最受欢迎的，大多数消费者都喜欢用搜索的方式找寻自己想要的品牌和商品。大品牌积压的库存优点是商品品种多，因为市场需求瞬息万变，各大企业也形成很大的竞争压力，它们只能不断改进，不断创新从而赢得更大的市场空间，这样不断迭代更新就导致了企业库存商品的积压。

积压库存一般是指当季未售完的品牌商品，一些品牌商由于库存压力会直接将库存商品转卖给其他渠道，其中就包括专门做网络销售的店铺，这是因为品牌的商品过多积压会导致商品的保质期缩短，质量下降，或受到区域的影响，一些商品可能在某地并不畅销，但是在其他地区销量却大得惊人。网络销售的渠道可以直接覆盖全国，这一方式直接可以减少区域性的影响。因此，品牌商在当季的商品没有售完时，为了减少库存商品就会选择降价促销，或者选择一些代理商进行代销。如果运营者有更多的销售途径和销售条件，也可以选择可靠的品牌积压商品进行网店促销。

寻找积压库存的品牌商品需要注意很多事项，如果没处理好则容易造成滞销。库存商品到了自己手里就成了二次库存，所以，为了降低风险一定要注意以下几种情况：

（1）找准消费者的需求。有需求才有供应，所以一定要把消费者的需求放在第一位。从消费者的角度出发，调查需求的款式、偏重的格调、喜爱的品牌等。

（2）跟踪销售及市场动态。将注意力转移到市场需求，挖掘并分析市场情况。

（3）根据数据分析判断市场需求方向与内容。预测市场需求方向及市场需求量时，应根据变化见机行事。消费者的需求会不断变化，某个流行风向的商品存活周期会因此大大缩短。

（二）找寻具有民族特色的商品

民族工艺品的价值不仅限于工艺质量的价值，还是一种文化象征。各种工艺品精致美观，足以在琳琅满目的商品中脱颖而出。很多的网店都愿意售卖这些商品，是因为这些商品直接提升了店铺的形象，可以引来大量的消费者。这些工艺品不可替代是因为它具有丰富的文化底蕴，具有造型奇特的特点，富有民族特色和地域特色。

（三）找寻清仓品、换季品、转让品

一般情况下，很多线下门店在某个节气过后，或者清仓和换季处理时，都会选择大幅降价售卖积压的库存商品，这类商品通常品类繁多，而且价格低廉。这对网店运营者来

说，是一个进货的最好时机，但应该注意的是，这些换季或者清理库存的商品保质期、出厂日期和质量都是参差不齐的，要认真辨别其是否足以成为一个促销手段，以争取获得更大的销售空间。

保质期是商品的命脉，如果某款商品的保质期已经很短，那一定要把控好进货量。这类商品如果大量入手，有可能在没有二次销售完时就过期了，所以一定要谨慎。日常必需品如服装类、装饰品、背包、鞋子等可长期储存的商品，可以考虑多入手一些。

由于清仓品、换季品、转让品都有一定的缺点，因此只要网店运营者见机行事，最大限度地找到市场需求，还是能赚到钱并赢得信誉的。

（四）获取外贸尾单货

外贸尾单货一般是指正式的外贸订单外多出的一些预备产品。一般工厂会在实际下单量的基础上多生产 6% ～ 10% 的产品。多出来的产品是为了不时之需，因为在工厂正常的生产中并不能保证产品百分百为合格品，所以需要多生产一些作为替补产品。如果替补过后还能剩下一部分，那这部分产品就被称为“外贸尾单货”。外贸尾单货的性价比不容小觑，它的质量和正常订单的质量是一样的，但是价格却非常低，一般能低至市场价的 3 ～ 4 折，且做工和品质都是有保障的。如果能拿到一批尾单货，再以合理的价格售出，可以很容易地小赚一笔。但是外贸尾单货也有一定的缺点，如产品的款式、颜色、尺码等可能不齐全，所以在定价时一定要注意。外贸尾单货在进货时价格比较好谈，但是厂家比较喜欢一次性清空，所以进货者需要有一定的经济实力，不然不容易达成订单。

课堂讨论

1. 你知道的其他进货渠道还有哪些？
2. 你知道选择进货渠道的关键因素有哪些吗？

任务总结

线下寻找货源的优点是网店运营者能更加深入地了解产品、供应链、厂家，还可以拿到第一手的价格，并且可以更加深入地了解厂家服务情况、售后情况。线上寻找货源，则可以增加选品的覆盖面，因此，网店运营者可以选择线上、线下相结合的方式，网上筛选，线下实地调研。

同步实训

利用阿里巴巴采购批发网线上寻找货源，与客服联系洽谈合作流程及细节，将商品上架至淘宝店。

在本地线下寻找货源，例如：杭州女装、石狮男装、温州鞋靴、白沟箱包、义乌饰品、深圳数码、织里童装、郑州女裤等，货比三家，了解合作流程、售后及价格等信息。

项目二 网店开设

学习目标

了解网店的定位；熟悉网店的创建流程；了解网店的基本设置；掌握网店的装修流程。

知识目标

学会准确进行网店定位；学会网店的创建；学会网店的基本设置；学会网店的装修。

能力目标

培养准确定位能力；能根据不同的货源和网店定位进行网店的创建；设置网店个性化信息并进行符合自身风格的装修。

任务一　开店流程

通过本任务的学习，你将在以下三个方面进阶：

• 学会准确进行网店定位；

• 掌握网店的创建流程；
• 学会网店的基本设置。

导语

想要成功地运营好一个网店，就要清楚网上开店的流程。购物网站的店铺申请一般都会有实名认证和开店认证两个基本步骤，对于每一个步骤，系统都会给出相应提示，操作者只需准备好相应的身份材料，按照提示完成即可。做好必要的前期准备之后，接下来要做的就是对店铺进行装修和美化。

一、网店定位

（一）确定市场定位

市场定位是指明确销售商品的竞争力和市场前景，主要包括对竞争对手的分析和对目标市场的分析，了解竞争对手的优势、产品数量、消费者回馈等，根据分析结果确定自己的优势和有利于自身成长的销售策略。要确定市场定位，可以通过各种消息渠道获取行业的大数据，包括当前消费者的关注热点、人们的生活方式以及其他商家的商业策略等，进行宏观分析和微观分析，预测未来一段时间的发展趋势和前景状况。

（二）确定消费者群体

消费者群体也就是销售商品的目标人群，消费者群体的明确不仅有利于网店风格的打造，更重要的是对于网店的营销策略、推广方案都有决定性的作用。只有准确定位了目标消费者，才能更快地在激烈的竞争中占据一席之地。

（三）确定网店形象

具有鲜明特色和个性设计的网店更能够吸引消费者，也就是说，要抓住消费者的心理，首先要在视觉上吸引消费者，这是网店生意成交的第一步。其次，要在商品的介绍页别出心裁，跟得上潮流，而且要做出自己的风格，与众不同的网店形象对于消费者来说更具吸引力。

（四）确定商品类型

确定商品类型也就是确定商品的销售范围以及进货渠道。在确定自身商品的时候，尽量选择自己熟悉的行业的商品，低价进货和控制成本是确定进货渠道的关键。

二、网店注册认证

（一）准备工作

选择一个支持申请个人网店的网站，同时要考虑所选网站的搜索热度、在消费者中的信任度，以及是否收费和收费细则等问题。因为大多数网站都需要进行实名认证，所以一定要提前准备好身份证、银行卡等有效证件，根据网站要求注册为会员并进行网店的申请。

（二）网店注册

注册网店的过程比较简单，按照操作提示一步一步操作即可。下面以淘宝网为例，介绍网店注册的过程和方法。

（1）登录淘宝网首页，在“千牛卖家中心”的下拉列表中，选择“免费开店”选项，如图 2–1 所示。

图2–1　“千牛卖家中心”栏目

（2）进入“免费开店”页面，选择网店类型。如果是个人身份就选择“个人店铺”，如果有企业资质就选择“企业店铺”，如图 2–2 所示。

图2–2　“免费开店”页面

（3）选择网店类型后，阅读开店须知，进行支付宝实名认证和淘宝开店认证，如图 2-3 和图 2-4 所示。

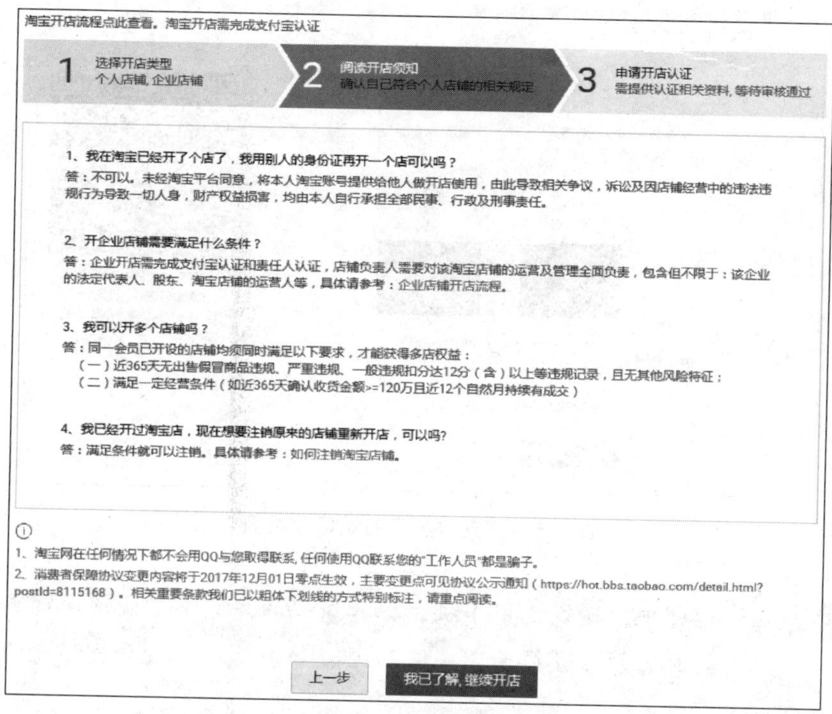

图2-3　开店须知

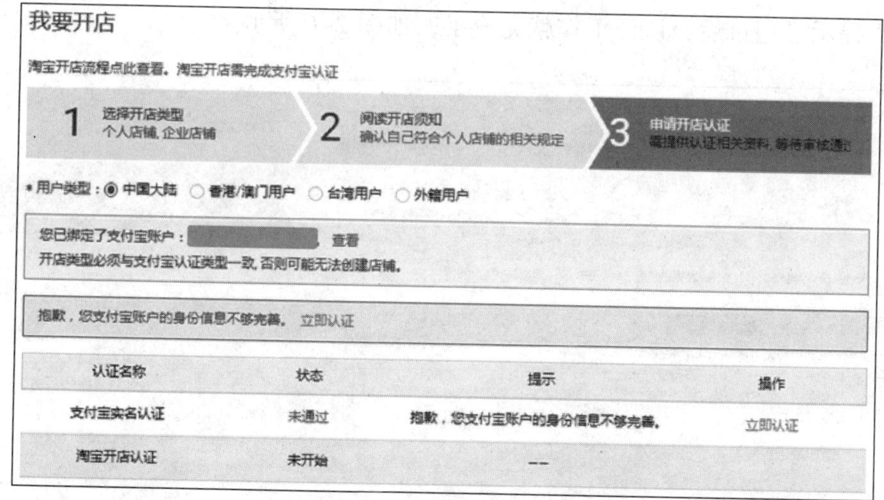

图2-4　“开店认证”页面

（4）进入“支付宝实名认证”页面，在该页面中，可通过上传身份证正、反面照片，或使用手机扫描特定二维码完成认证，如图 2-5 所示。

图2-5　“支付宝实名认证”页面

实战经验 认证过程中，建议使用手机扫描二维码的方式，其认证速度更快。身份证拍摄时必须跟随提示，头像和国徽必须放入拍摄系统预设的头像框和国徽框中。

（5）“支付宝实名认证”通过后，即可申请开店认证，“支付宝实名认证”和“淘宝开店认证”都提示已通过后，认证工作就完成了，如图 2-6 所示。

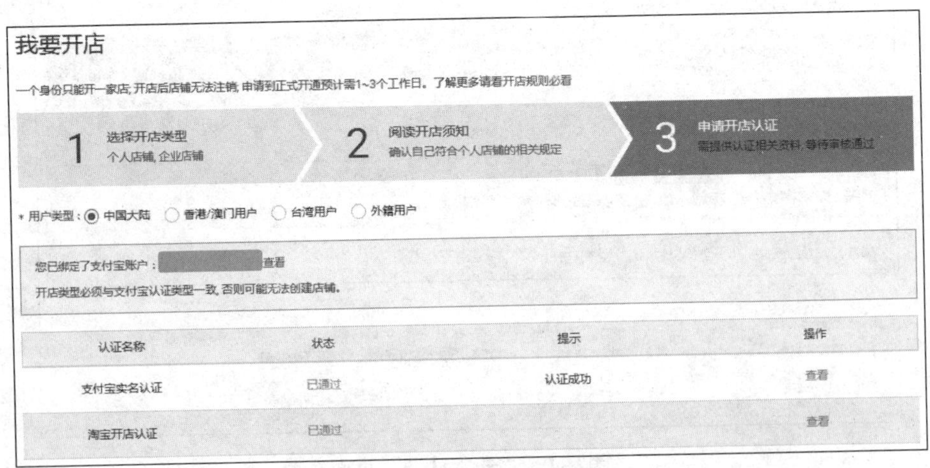

图2-6　“认证通过”页面

（6）网店申请成功后，在“卖家中心”的“店铺管理”中，可以对网店进行基本设置，如图 2-7 所示。

店铺管理
查看淘宝店铺
店铺装修
图片空间
手机淘宝店铺
营销中心
我要推广
活动报名
店铺营销工具
数据中心
货源中心
阿里进货管理
品牌货源
批发进货
分销管理
软件服务
我要订购
定制服务
摄影服务
宝贝分类管理
店铺基本设置
淘宝贷款
子账号管理
店铺经营许可
账房
商家保障
域名设置
店铺品质管理
我要开票
市场入驻
权益中心
查看淘宝店铺
店铺装修
图片空间
手机淘宝店铺

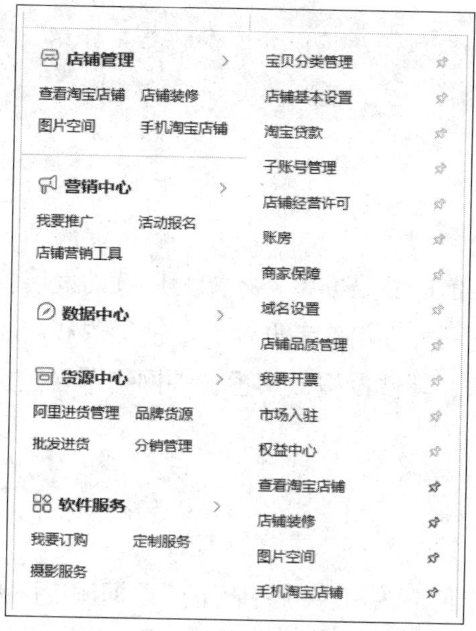

图2–7　“店铺管理”按钮

（7）在“店铺基本设置”页面，填写网店基本信息，首先根据自身商品和网店定位，确定一个醒目又具有吸引力的网店名字。在“店铺简介”文本框中，输入网店的简要介绍。简介会在店铺索引中展现，所以填写时要输入具有实际意义的内容。在“店铺基本设置”环节还需要填写“经营地址”“主要货源”和“店铺介绍”，如图 2–8 所示。

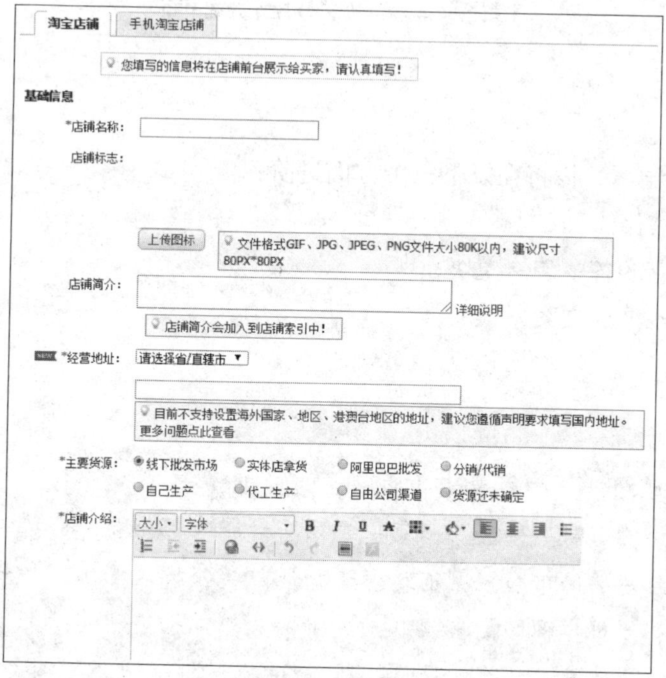

淘宝店铺
手机淘宝店铺
您填写的信息将在店铺前台展示给买家，请认真填写！
基础信息
*店铺名称：
店铺标志：
上传图标
文件格式GIF、JPG、JPEG、PNG文件大小80K以内，建议尺寸80PX*80PX
店铺简介：
详细说明
店铺简介会加入到店铺索引中！
*经营地址：
请选择省/直辖市
目前不支持设置海外国家、地区、港澳台地区的地址，建议您遵循声明要求填写国内地址。
更多问题点此查看
*主要货源：
线下批发市场
实体店拿货
阿里巴巴批发
分销/代销
自己生产
代工生产
自由公司渠道
货源还未确定
*店铺介绍：
大小
字体

图2–8　“店铺基本信息”填写页面

课堂讨论　网店基本设置中，“店铺简介”和“店铺介绍”有何区别？分别需要填写什么样的内容？

任务总结

新手开店只有做好开店前的充足准备，才能为后续的发展打好坚实的基础。

1. 店铺定位要确定市场环境、消费者群体、店铺形象和产品类型。

2. 为网店准备好各种软、硬件设施，熟悉各种网络平台，选定个人或者企业的平台进行网店创建。

同步实训

1. 用已有的淘宝账号申请成为淘宝网店店主，根据淘宝网要求进行支付宝实名认证和淘宝开店认证。

2. 根据所选货源，对淘宝网店的名称、店标、店铺简介等进行设置，完善店铺的基本信息。

任务二　网店装修

通过本任务的学习，你将在以下三个方面进阶：

- 掌握网店的装修流程；
- 学会设置网店的各个装修模块；
- 学会编写高水准的文案。

导语

网店装修是成功开店的首要工作之一，也是非常重要的工作。网店装修得恰当与否，直接影响店铺的客流量，因此，每一个网店运营者都应在网店装修上下足功夫，并且要在思想上引起足够的重视。网店运营者需要从装修模块开始，一步步打造出适合商品风格的店铺，并要根据商品的更换和消费者的浏览体验更新店铺，使其为网店的有效运营提供坚实的后盾。

一、了解网店的装修模块

网络营销和实体市场营销有一些相似之处，店铺外观对于店铺经营的重要性都不可忽视。在影响消费者购买行为的因素中，店铺外观起到非常重要的作用，精致的店铺外观能提升潜在消费者转化为实际消费者的可能性，能帮助店铺取得成功。

网店的装修工作，主要围绕着商品的分类模块、图片优化等展开。网店装修工作做得合理与否，直接影响网店的销售业绩。一个漂亮的网店往往就是一张精致的名片，消费者因为网店美丽而会多“驻足”一段时间去浏览商品，并且也会因为网店的设计增加“回头率”，成为忠实消费者。装修过程中，网店运营者要合理地增加或删掉店铺模块，注重提升消费者的购物体验，促使其在浏览商品或是购买商品过程中产生信任感。

网店里的各个模块是支撑网店运营的灵魂。装修模块设置得合理、有创意，有利于突出网店商品的特点，能够有效地进行引流，提高网店的访问量，进而为提高商品的转化率做铺垫。网店的装修模块可根据网店特色、商品特色、网店运营者爱好等，组合得别具风格、独具个性。而要做好网店的装修工作，网店运营者需要了解清楚每个装修模块的特色、作用，这样才能设计出受欢迎的网店。

网店运营者在决定网店模块的增删时，需要根据商品的分类选项、类目做出综合评判后，再决定增加或者删除某些模块，然后，根据需要，将使用的模块做好图片优化。切忌跨越类目增加或删除模块，例如：选择了食品类目，就只为食品类目的商品挑选相关模块，而不能兼顾日用品模块，否则会降低消费者在网店的消费体验，凸显不出主营商品的特点。因此，在开店前，网店运营者一定要确定好商品类目，根据已定的品类确定网店的风格和样式。

最常见的网店装修模块包括公告栏 banner、分类列表导航、优惠券、搜索框、图片轮播、精品热卖区、网店介绍等几大板块，在实际操作中，网店运营者可根据销售的商品做出相应调整。

（一）公告栏 banner

进入网店后，在首页顶部模块的位置就是公告栏，如图 2–9 所示。公告栏 banner 用来进行商品、广告展示，以吸引消费者的目光，产生一种视觉冲击，最终达到促进网店销售的目的。换言之，banner 做得好，就有可能促使消费者产生购买欲望，消费者在网店停留的时间就会变长，反之则不然。同时，这张图也诠释了网店销售的主要商品，向消费者传达着网店的经营和服务理念。

图2-9　公告栏banner

图 2-9 的公告栏 banner 一目了然地诠释了这个网店销售的是奶粉——专门服务于孩子的商品，浏览者多为宝妈或者宝爸。如何设计出吸引主要目标消费群的 banner，这就是美工人员需要分析的问题。banner 设计得好，商品销售可能就成功了一半。使用作图软件，可以设计出更美观的公告栏 banner。

1. 图片处理软件Photoshop

Photoshop，英文缩写为“PS”，是由 Adobe 公司开发的图像处理软件。Photoshop 是网店设计模块图、优化图片时使用的主要专业软件，具有强大的图片修饰功能，设计人员通过对这些功能的运用，可以使图片在有效的编辑下变得更为美观，也有利于设计图产生更好的效果。

2. 矢量图制作软件Illustrator与CorelDRAW

Illustrator 是由 Adobe 公司开发的一种应用于出版、多媒体和在线图像的工业标准矢量插画的软件。作为一款图片处理工具，Illustrator 广泛应用于印刷出版、海报书籍排版、专业插画、多媒体图像处理和互联网页面的制作等，也可以为线稿提供较高的精度和控制，既适合进行小型设计，也可用于大型的复杂项目。CorelDRAW 是加拿大 Corel 公司出品的矢量图形制作工具软件，这个软件给设计师提供了矢量动画、页面设计、网站制作、位图编辑和网页动画等多种功能。

3. 网页代码编写软件Dreamweaver

Dreamweaver，英文缩写为“DW”，中文名称“梦想编织者”，是美国 Macromedia 公司开发的集网页制作和网站管理于一身的网页编辑器，2005 年被 Adobe 公司收购。DW 是第一套针对专业网页设计师制作的视觉化网页开发工具，利用它可以轻而易举地制作出跨越平台限制和跨越浏览器限制的、充满动感的网页。这款软件主要是用于网店后台的代码编程，比较多用于网店页面装修，是负责切图和替换图片的链接代码。

现在不少的网店都会将商品的包装和网店的商品设计作为装修的主要工作内容，如果想要在设计这条路走得更远，那么以上的软件都要熟悉。

（二）分类列表导航

分类列表导航是网店页面的第二大模块，它能向消费者展示网店内所有的商品类别，消费者可以通过分类列表导航自由、快速地找到自己想要的商品页面，进而快速达成供需链接。如果需要修改分类，网店运营者就要进入网站后台管理，找到管理商品分类列表，查看该分类下的商品数量，通过排序设置找到商品列表各分类的先后顺序，对商品进行删除或者修改。以下就是一个简单的分类页面设计，如图 2–10 所示。

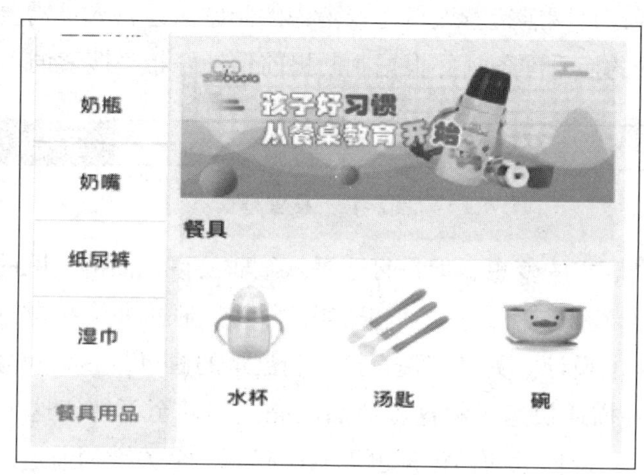

图2–10　分类页面设计

（三）其他板块

1. 优惠券

优惠券是为了回馈广大消费者，通过系统自动发放到平台上，在平台购物中可抵用同面值金额的券，如图 2–11 所示。消费者在下单时，若符合条件，即可使用相对应的优惠券。优惠券只能在其发放平台购物时使用，有使用范围和使用期限。优惠券有效期自消费者领取当天开始计算，以规定的截止日期为期限，过期自动作废。

图2–11　优惠券

优惠券使用范围以票面规定范围为准，超过规定的使用范围不得使用，特殊商品不能使用优惠券。通常，每笔订单可使用优惠券一张，使用过一次的优惠券自动过期；优惠券不予兑现，使用优惠券的订单如发生订单取消，系统根据判断会自动退还对应优惠券；如果消费者出现退单，且不愿接受换货，退款金额按本单实际支付的金额结算。以淘宝网为例，消费者获取优惠券的路径是：首页点击“优惠券”，进入优惠页面即可领取优惠券。在品牌活动专区，进入活动专区即可领取品牌优惠券。

2. 搜索框

搜索框看起来只是界面上的一个小按钮加上文本框，但其具体功能实现需要后台的代码支持。搜索框包括全网搜索和仅对单个网站数据库的搜索，如图 2–12 所示。通过搜索框，消费者可以在网店内快速、精准地找到自己想要的东西。有搜索就有关键词，如何合理地应用这些关键词，是网店运营人员需要考虑的问题。运营人员需要提前预计关键词的导向，做好相关货物的换季准备，并根据判断提前设计好相关搜索词。

宝贝 ⌄ 吹风机	搜家电	搜全站

图2–12　搜索框

爆款商品是每个店主的梦想，但是打造爆款绝非易事，而淘宝网的搜索框就可以打开爆款的大门。网店运营者可以做好预判和适当的设计，根据每个标题进行优化，这其中至关重要的就是关键词的设计。关键词是直接控制流量的窗口，一款商品的关键词模糊，消费者不能根据文字的描述快速了解这款商品的亮点，甚至不知道这个网店卖的是什么商品，那就彻底失败了，销售量和销售额也无从谈起。一个关键词通过好的设计和搭配，再进行合理优化改进就可以提高转化率。

3. 图片轮播

图片轮播的设计也非常重要，它一般展现的是网店中一些主销商品或者爆款商品。轮播图片的作用很多，网店运营人员可以根据各种因素实时更换，例如：库存中某款商品需要及时处理，这时就可以设计一张轮播图片，将流量引入这款商品进而提高销量，减少库存。

4. 精品热卖区

精品热卖区和图片轮播意义相同，同样是为网店的某款商品或者某个类别的商品引流，吸引更多的消费者注意，以达成一个更大订单量的效果。

5. 网店介绍

现在的网店销售，不但卖商品、卖服务，还卖情怀，一个好的情怀、好的品牌故事，自然能感动消费者。如果品牌能从某个点打动消费者、吸引消费者，就能提高转换率。当然，这个网店介绍需要全方位的设计，从品牌成立到获得一定的销售量，再到各个服务面的提升等，各个环节都要争取获得更多关注量。

（四）装修网店的注意事项

（1）切忌盲目跟随别人，不结合自己的实际情况，看别人怎么装修，自己也依葫芦画瓢，丝毫没有自己的主见。

（2）切忌图片太大，这样会影响加载的速度，影响消费者体验。加载速度过慢，消费者可能就会失去耐心，而跳转到其他网店。

（3）首页设计切忌太复杂，简单才是最好的。

（4）配色不宜过多，否则会降低美感，无法吸引消费者。

（5）导航切忌太混乱，视觉不清晰，也很容易造成跳单。

（6）网店装修一定要抓住重点，不能主次不分。

（7）充分利用首页的搜索功能，如果网店商品超过 100 个，一定要在网店导航区加入搜索框。

课堂讨论

1. 在收藏的网店中，你最喜欢哪一家的装修风格？说说你喜欢的原因。
2. 如何针对装修模块设计出一款高转化率的搜索模块？

二、明确网店类型与风格

现实中的店铺琳琅满目，网上的店铺也是五花八门。在网上开一个优质店铺，需要选好网店类型，并注重对网店整体排版进行设计。设计好和装修好一个网店，需要首先确定网店类型与风格。在这个基础上，对网店板块进行增删，对文案与图片进行融合，打造出符合自己风格和商品风格的网店。

在装修网店时，首先要明确网店类型与风格，只有做好了这项工作，网店的整体装修才会收到事半功倍的效果。那么，网店的类型和风格有哪些呢？

（一）网店的基本类型

类型决定风格，在设计时必须遵守的一个原则是——“什么样的模子做出什么样的陶瓷”，开网店也不例外。如果所售卖的商品跟木材相关，就不可能做出电子产品的风格，只有把它设计成有古木的格调才不会让人觉得别扭。未确定类型与风格的网店就像一幅只有轮廓的画，需要精心设计和润色才会变得美观。在确定风格之前，经营者必须确定网店的类型，最常见的网店类型有：数码、饰品、护肤品、男女装、宠物、家居、图书、母婴等。

（二）网店的风格

常言道，人靠衣装马靠鞍。好的网店风格和版式设计无疑是提高销售量的制胜法宝。人类是一种视觉动物，从进入网店看到的第一眼就已在心中划分了网店的档次。如果一个网店页面的设计不符合常规，或者设计得毫无新意，会直接影响消费者的购买欲望，进而直接导致网店销售量的降低。所以风格设计对网店的发展起到决定性的作用，是网店生存下去的命脉。

网店的风格既要符合所售商品的类型，也要符合目标群体的预期。要找出最能体现网店内商品风格的元素，并将其作为网店的特色加以强化、宣传。例如：可以选取一个可以让消费者联想到网店商品的颜色等。

（三）如何设计网店风格

网店运营者不能先入为主地认为只要好看、有个性就是好设计，这是一种非常错误的观念。网店运营者做的一切事情都必须从消费者出发，围绕消费者的需求开展，充当服务者的角色，所以不管做什么决定，一定要把消费者的需求放在第一位。网店运营者应认真思考消费者需要什么商品，网店要为他们展示什么商品，哪些是首要的，哪些次要的。

下面，就根据各个行业的特点介绍几个实用的店铺设计方案。

1. 数码行业

随着数码产品的多元化发展，多彩以及炫彩的设计元素越来越被人们推崇。数码的世界是丰富多彩的，过于沉闷的商业色调愈发少见。因此，数码行业一般使用的颜色有灰色、棕色、蓝色、黑色等重金属质感的颜色，与商业气氛紧密融合。如果以上几种颜色能与银色混搭，那么整体配色可以大大提高现代感和时尚的气息。因此，数码行业相关网店的美工必须考虑色彩的元素设计和搭配。在对店招的色彩创新和丰富的基础上，其他的页面则应该选择比较静谧的风格，如使用浅灰色、浅棕色，相对于重色彩视觉感受会有所调和，达到主次分明、具有视觉冲击的效果，参考效果如图 2–13 所示。

图2–13 键鼠套装海报

2. 饰品行业

饰品大多比较有质感，所以多选用金色、紫色、天蓝色、灰色、黑色、紫红色和粉色等，参考效果如图 2–14 所示。

图2–14　白色简约立体花饰品海报

3. 护肤品行业

护肤品行业使用较多的颜色有天蓝色、绿色、紫色和粉色。天蓝色主要突出洁净清爽、清新透气与水润；绿色主要彰显纯天然的气息；紫色突出纯净、优雅；粉色则是很多女士最钟爱的一个颜色，感觉非常可爱、亲切。参考效果如图 2–15 所示。

图2–15　化妆品海报

4. 女装行业

女装行业是包含风格最多的行业之一，粉色、灰色、天蓝色、草绿色、卡其色、黑色、紫色和红色等，都可以成为女装网店的主色调。因此，女装店的运营人员，首先要确定网店经营服装的特点，国际品牌可选择黑色、深蓝色、卡其色等深色系，以示高端与庄重；日韩格调的服装网店可以选择清新可爱风；欧美格调的服装网店可以选择彰显大方简洁的风格；高雅气质的服装网店可以选用紫色系；凸显民族、传统风格的服装网店可以选用大红色系。参考效果如图 2–16 所示。

图2–16　淘宝简约女装海报

5. 男装行业

男装行业一般较多使用深色系，如黑色、深棕色、深蓝色、深绿色等，参考效果如图 2–17 所示。

图2–17　男装海报

6. 宠物行业

宠物大多比较可爱，大多选用温馨的暖色系，如橙色系、粉色系、米黄色系，参考效果如图 2–18 所示。

图2–18　猫粮海报

7. 家居行业

家居行业偏重于温馨舒适，目的是将网店打造出一种家的感觉，因此浅棕色、金色、粉色和草绿色较为常见，参考效果如图 2–19 所示。

图2–19　家居海报

8. 图书行业

图书行业注重营造文化、学习的氛围，可以选择蓝色、黄色、灰色等作为背景色，参考效果如图 2–20 所示。

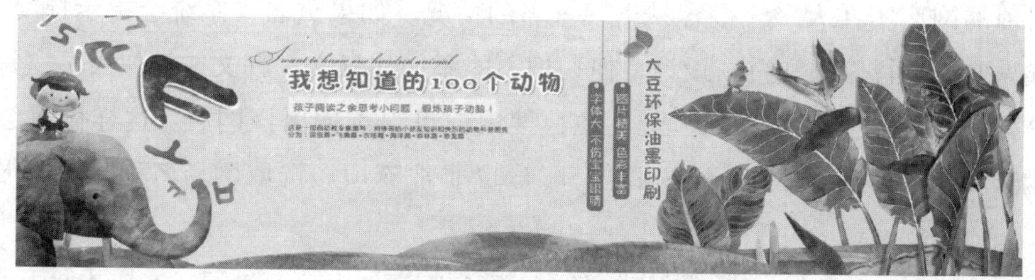

图2–20　卡通儿童图书海报

9. 母婴行业

母婴类网店重点体现母爱、呵护的气氛，以清新淡雅为主，粉色、浅绿色、浅黄色和天蓝色都是不错的选择，参考效果如图 2–21 所示。

图2–21　母婴食品用品类海报

课堂讨论　根据销售商品的特征，你会如何布局与设计网店呢？

（四）网店的整体设计与完善

在网店的基本设置中，重要的信息主要包括网店名称、网店标志和网店简介等。网上开店，不仅要有引人关注的商品，而且要有吸人眼球的网店形象设计。从网店名称到整体页面的直观感受，都需要进行整体规划和设计。好的形象不仅能提高商品的销售量，也会自然地吸引更多消费者的关注，使他们在浏览时能够感受到店主的用心，从而使网店间接地获取消费者的信任。

1. 网店名称

淘宝店铺分为个人店铺和企业店铺。一般而言，个人店铺名称的自由度比较高，但需遵循简洁明了、方便记忆、与商品关联、有特点等原则。企业店铺的名称则比较固定，通常与企业名称相同。

在注册完成后，网店名称就定了下来，不能随意修改。如果要真正做好一个网店的整体设计，网店名称就必须经过思考和选择。一目了然、让消费者能够看懂是基础。但是，目前的网店实在太多，很容易出现重名的情况。如果重名，系统会提示提交失败，这时候需要再进行修饰和重新设计，但切记不能添加如日文、韩文或类似火星字符的文字，这样不仅让消费者看不懂、记不住，搜索框也很难搜出该网店。这样做只会直接阻断销售渠道，就连平时自己登录这个账号也非常麻烦。选取网店名称时应遵循如下原则：

（1）朗朗上口，通俗易懂。网店的名称一定要响亮、上口、易记，这样才便于消费者查询。要做到这一点，不仅要讲究语言的韵味与通畅，还要抓住消费者的心理需求与精神需求，凡是能与消费者心理产生共鸣、比较幽默、具有深厚内涵的名称，消费者一般都容易记住，且乐于传播。

（2）具有消费特征，避免雷同。店名要体现网店的消费特征，包括经营项目、经营风格等方面。名称一定要结合所经营服务的项目和消费群体，不能随意称呼。例如：服装店的名称就要让消费者一看到店名就知道是卖服装的。

（3）富有文化内涵。网店名称一定要具有丰富、深厚的文化内涵。这样才能体现运营者的素质水平，消费者也容易接受。

（4）名实相符。网店的名称讲究名实相符，既要与经营项目实际相符、与经营实力相符，也要结合当地消费市场的实际情况，不能太过夸张。

2. 网店标志

每个成功的企业都有自己的标志，它是企业视觉识别系统（VIS）的主要组成部分。网店的标志即LOGO，代表网店的整体形象，可以是GIF、JPEG、PNG等格式。在店标设计过程中，要注意开店平台要求的尺寸，否则上传后图片会变形而影响视觉效果。店标的设计需要凸显网店或商品的特点，彰显网店或商品的文化内涵，店标必须醒目、易于辨识，且具有刺激性，可以给消费者留下深刻的印象。一个好的店标不仅能够给消费者留下深刻的印象，还可以提高网店的人气与点击量。

3. 网店简介

网店运营者在填写简介时，需填写“掌柜签名”“店铺动态”“主营商品”这三块内容。网店简介中的内容不仅会被淘宝搜索引擎抓取，其中的关键词也是可以被搜索出来的。因此，在填写简介的时候，内容一定要高度精密、重点突出，可以详细说明网店的起源、发展、定位等，使大家更好地了解网店及企业。商品信息的填写必须客观而且真实，否则不仅会影响相关性，还会影响消费者的信任度和体验，不能直接填写一些无用或与网店无关的信息。

实战经验 目前，第三方平台都提供了简单的模板供网店运营者选择，但这些免费的模板结构单一、没有特色，无法突出网店的个性。于是，一些第三方平台推出了付费式的网店装修服务，按月或按年收取装修费用。还有很多网店运营者愿意在平台上找寻一些提供装修服务的网店，根据自身商品特点请人代为装修，或买一些装修模板自行装修。

三、对图片做好美工处理

网店的装修需要修图技术的支持，也就是网店美工。有时，自己拍的商品图片会存在或多或少的瑕疵，这时，就需要对商品图片进行一定的美工处理，使其更符合人们的审美需求。同时，对商品图片进行技术处理，也有利于吸引更多的消费者在浏览商品时，产生强烈的购买欲望，以此促进网店商品的销量。

事实上，运营者把美工做好了，不论是对网店的促销活动，还是提升网店流量，均能起到事半功倍的效果。

（一）对图片进行加工处理

淘宝店的装修一般来说需要网页设计的支持，需要通过文案设计、图像编辑、音视频的结合，动画 GIF 等文件的搭配组合进行设计，最后呈现一款非常精致漂亮的网页，从而吸引消费者。网店装修现在使用频率最高的工具一般分为两大类：制作图片的专业软件和制作网页的专业软件。

在网店平台购物的时候，消费者看到的商品图片都是经过处理的，图片尺寸也是经过修改的。图片的尺寸和文件大小都要符合淘宝平台的规则，才可以上传到网店图片空间。拍摄的照片一般不能直接使用，有时文件太大，不能直接上传。

（二）主流制图软件 Photoshop

1. Photoshop的介绍与应用

前文已简单介绍过，Photoshop 作为 Adobe 公司旗下最为出名的图像处理软件之一，是集图像扫描、编辑修改、图像制作、广告创意，图像输入与输出于一体的图形图像处理软件，深受广大平面设计人员和电脑美术爱好者的喜爱。Photoshop 的应用非常广泛，包括：平面效果图的设计、广告图设计、图像编辑及修复、摄影摄像照片处理、影视及卡通制作、建筑效果设计、网络图像制作等。

2. Photoshop的工作界面

Photoshop 的主界面由菜单栏、工具箱、工具属性栏、图像窗口和调板组成，如图 2–22 所示。

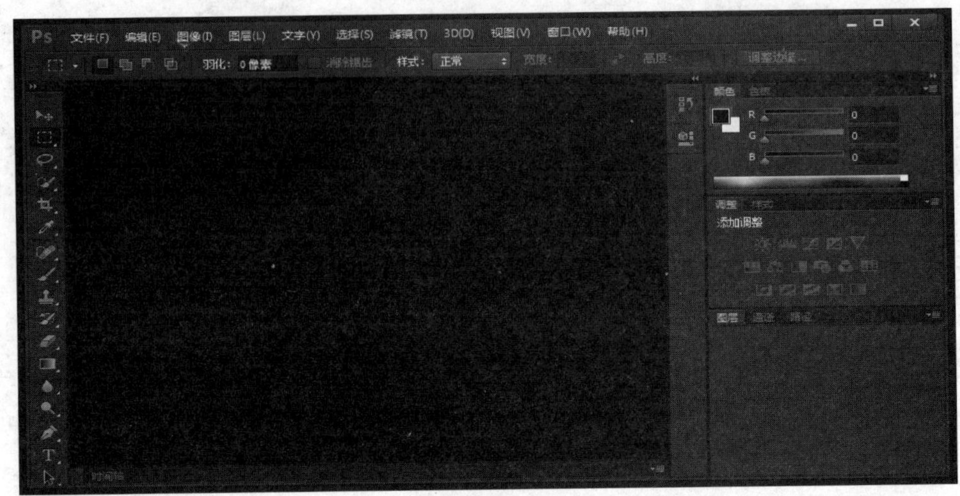

图2–22　PS主界面

（1）菜单栏：软件最上面的一行即为菜单栏，包括“PS 图标”“文件”“编辑”“图像”“图层”“文字”“选择”“滤镜”“视图”“窗口”和“帮助”。菜单栏中包括各种执行命令的选项，单击菜单名称即可打开相应的菜单，如图 2–23 所示。

图2–23　菜单栏

（2）工具属性栏：选中某种工具之后，菜单栏下面就会出现一栏，它就是工具属性栏，操作者可以利用它设置工具的具体参数，达到想要的效果，如图 2–24 所示。

图2–24　画笔工具的工具属性栏

（3）工具箱：工具箱包含各种制图小工具。这些工具大致可以分为选取制作工具、绘画工具、修饰工具、颜色设置工具以及显示控制工具等几类，通过这些工具可以更方便地编辑图像，如图 2–25 所示。

（4）调板：在 Photoshop 主界面的右边是调板，Photoshop 为用户提供很多调板，通过调板，操作者可以观察信息，选择颜色、管理图层、通道、路径和历史记录等，如图 2–26 所示。

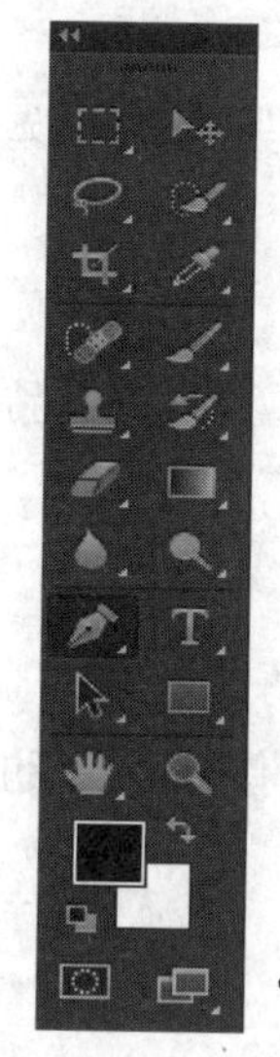

图2-25　工具箱

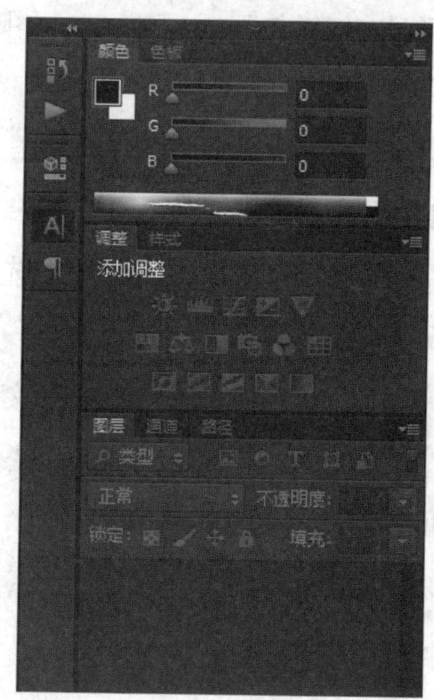

图2-26　调板

3. 调整图片尺寸大小的方法

拍摄好的商品图案不能直接在网店页面使用，是因为网店页面对图片的大小有所限制。因此，网店运营者需简单掌握修改图片大小的方法，如图 2-27 所示。

（1）启动 Photoshop 软件，单击“新建”选项，在“打开”指令中打开素材图片。

（2）选择菜单下的“图像”→“图像大小”指令，弹出“图像大小”对话框。

（3）单击“限制长宽比”链接符号，调整图像宽度像素，对应的高度像素数值也会跟着变化。

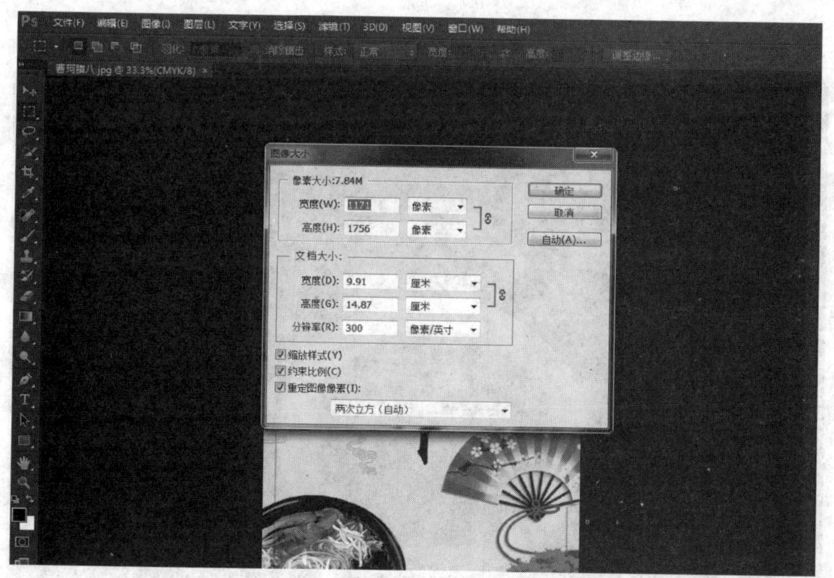

图2-27　改变图片大小

（4）单击“确定”或回车键，图像将改变大小。

（5）单击“文件”选项，弹出“另存为”指令，可见到“另存为”选择框，输入文件名，选择存储文件格式为 JPEG 格式。

（6）选择单击“保存”的按钮，会弹出“JPEG 格式选项”的对话框，可以在这里设置文件品质大小，在右侧“预览”选项下面可以看到文件的大小，随着品质的变化，文件大小也会发生变化。

（7）单击“确定”按钮，完成文件的存储。

淘宝主图的尺寸为正方形，且带有放大功能，因此，商品主图一般不低于 800 像素 × 800 像素。如果商品参加了“天天特价”等活动，则需要修改图片的尺寸以符合官方活动的要求，如 600 像素 × 600 像素或 400 像素 × 400 像素等。

4. 裁剪图片的方法

在拍摄商品图片的时候，应该将商品之外的画面内容也拍摄进来，这样便于商品图片在后期处理的时候进行适当的裁剪，以达到最好的构图效果。裁剪工具是 Photoshop 最常用的工具之一，但是要裁剪出漂亮的效果，也需要很多技巧。

下面以裁剪 800 像素 × 800 像素的主图为例，介绍裁剪工具的使用。

（1）打开素材图片，选择“裁剪工具”，在裁剪工具属性栏的下拉列表中，点击“大小和分辨率”选项，在弹出的“裁剪图像大小和分辨”对话框中，对“高度”“宽度”数值进行设定，可输入“800”，在下拉列表中选中“像素”选项，点击“确定”按钮即可。随后，返回至裁剪区域，把鼠标移至需要保留的图片范围内，通过按住鼠标左键不放，使其拖动至要保留的图片范围内，在图片范围处点击一下，便完成了主图的裁剪操作，如图 2–28 所示。

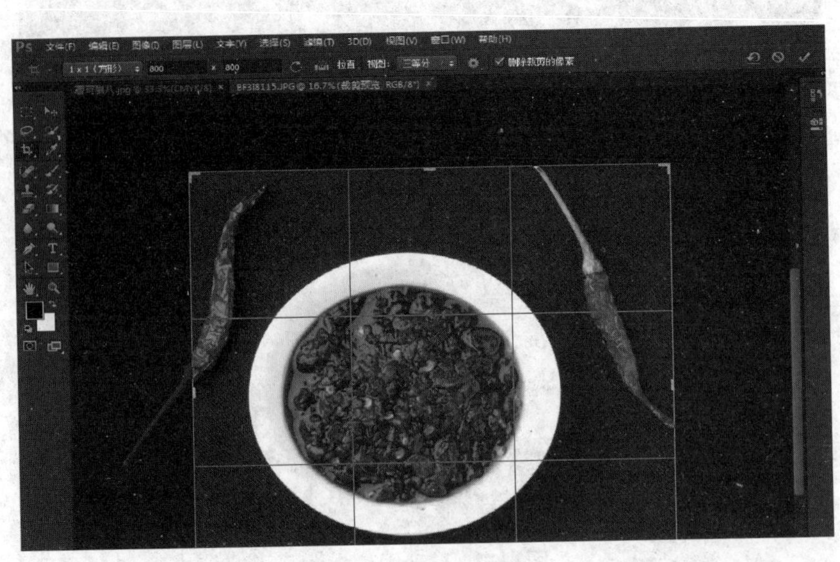

图2–28　裁剪图片

（2）从菜单中点击“文件”选项，弹出“存储为”指令，单击“保存”的按钮，会弹出“JPEG 选项”的对话框，输入文件名，选择存储文件格式为 JPEG，并修改图像的长宽比例、像素。

5. 抠图的方法

在制作商品主图或者海报的时候，需要将人物或者商品图像从照片中分离出来，我们把这个过程称作“抠图”。Photoshop 提供了大量的选择工具和命令，以便抠出不同类型的对象。但是也有一些复杂的图像，如人物毛发等，需要配合多个工具和不同的技巧方法才能抠出。下面介绍常见的四种商品素材抠图的方法。

（1）快速选择工具抠图法。启动 Photoshop 软件，打开图片素材。使用“快速选择工具”在需要抠图的商品图中部分抠取图片。使用快速选择工具抠图，可在其属性栏设置容差、取样大小等。当添加额外的区域或者减去多余的区域时，可通过属性栏点击“添加到选区”或“从选区中减去”的操作按钮，实现增减选区操作。如图 2–29 所示。

图2–29　快速选择工具抠图

（2）套索工具抠图法。套索工具抠图法是抠图的另一种方式。当美工人员要对商品图片的边界、基本几何形状等图片实行抠图操作时，便可通过套索工具完成。可选择一个边界清晰的商品图片抠图，查看抠图效果，能快速得到想要的效果，如图 2–30 所示。

（3）背景橡皮擦工具抠图法。背景橡皮擦工具是一种智能擦除工具，这款制图工具能够自动识别图像的边缘区域，被擦除的部分会以透明的状态显示。一般而言，当商品图片的主要区域与背景颜色存在很大差别时，便可使用背景橡皮擦工具抠图。边缘与背景的对比度越明显，使用这款抠图工具取得的效果就越好。

图2–30　套索工具抠图

（4）钢笔工具抠图法。钢笔工具往往用于图片的精细抠图。先打开需要处理的图片，在工具栏中选择钢笔工具，在工具的属性栏下拉菜单中选中“路径”选项，再在需要处理的商品图片中选取一个合适的边缘点进行点击，确定路径的起点，沿着图片的轮廓，按顺序单击，直到单击的终点与起点重合，便可闭合路径。随后，选择转换点工具，点击锚点添加控制柄，以拖动的方式调整路径的平滑度，并依次对其他的路径进行平滑度的调整，调整结束后，使用“Ctrl+Enter”组合键，把路径转换为选区。最后，通过移动工具，把选区拖动到背景文件中，对文件的大小、位置进行调整，点击“保存”按钮，完成操作。如图 2-31 所示。

图2–31　钢笔工具抠图

实战经验　在使用Photoshop软件进行抠图时，最常用也是功能最强大的工具就是钢笔工具。要想熟练使用该工具，需要针对不同的抠图物体进行反复练习，最终达到自由灵活使用该工具的水平。

四、高水准的文案策划

“无处不营销，无处不文案”是当今社会的现状。众所周知，网店的促销活动设计图、新品上架图等都是需要文字说明的。一个好的营销广告图的画龙点睛之处就在于文案，文案能表达亮点即卖点，使消费者一下就被吸引住，能够一目了然知晓商品的价值，这就是网店文案的魅力。在各大品牌的店铺中，文案需要专业人员进行策划，是一个专职岗位，而在中小网店中，美工与文案没有严格的区分。

（一）文案的作用

文案是一种神奇的“武器”，使用恰当会为网店带来流量、增加收入。一般而言，好的文案具有以下作用：

1. 突出商品亮点

网店商品的展示靠的是图片与文字的结合，没有文字的衬托，单独靠图片进行阐释是不可行的，例如：很难通过直观看图分辨出两款材质不同的衣服。同时，如果没有文字说明，商品深层次的亮点不一定能被消费者理解，所以少了文字的图片就少了“灵魂”。突出商品亮点的海报如图2–32所示。

图2–32　白土岗辣椒酱海报

2. 增强购买欲望

优秀的文案能更有效地吸引消费者的注意，甚至直接激起消费者下单购买的欲望。文案就像一个解说和引导的线上销售员，不仅能直接突出商品的亮点，还能最大限度地降低客服的工作量，减少消费者对商品的疑问。

3. 渲染品牌力度

商品需要融入品牌观念，一个商品的详情必然需要文字的说明，没有文字说明，不仅商品显得无力，而且很难让消费者有信任感。对于一些打造爆款的品牌网店，必然要通过专业的文案编辑对产品进行二次包装，增强品牌宣传力度。渲染品牌力度的海报如图 2–33 所示。

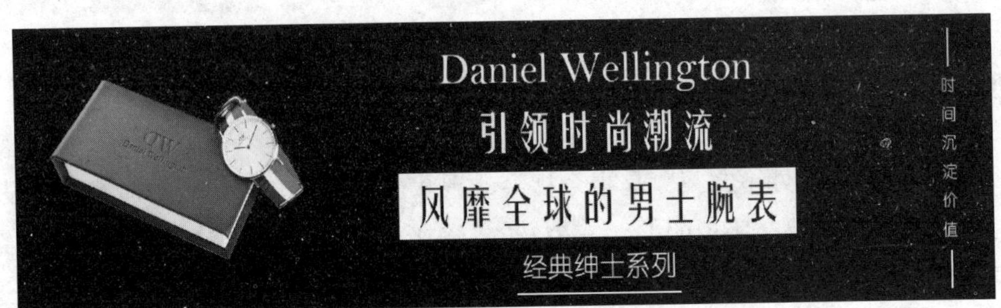

图2–33　DW手表海报

（二）如何策划文案

写文案就像写文章一样，并不是信口雌黄、张口就来。完成一份精致的文案策划需要做大量的准备。网店运营人员首先要对商品进行全面了解，其次要对消费者需求进行深究，两者结合才能完成一个好的作品。文案的前提是商品，商品的设计和亮点则是消费者的需求。因此，要首先从商品特色、商品材质、商品定位的人群开始进行撰写，提炼出商品文案的精华；接下来，可以了解同行商品的信息，取其有用的点和自己的商品进行对比，找出自己独有的特点进行撰写，通过比较，提升自有商品的价值，进而提高销售量。

（三）如何打造爆款文案

一篇优秀的文案需要考虑很多方面，以下将从四个方面进行介绍。

1. 注重文案的目标性

文案的最终目标是营销，好文案是用来提升商品销量的。除此之外，文案还可以提高品牌知名度，加深消费者对网店或品牌的印象。

2. 注重文案的大众化

大众化是指对于信息的接收者而言，大多数人能理解文案所传达的含义。写文案前，网店运营人员要对目标市场进行细分，弄清文案所瞄准的目标人群，这样写出的文案才“对口”。在获得目标人群的方式上，可以通过网购信息了解该商品的具体消费人群。

3. 注重文案与主题的结合

文案的主题有两个方面，一方面是商品的特点，通过简单的词汇表达出主题信息，以满足消费者的需求；另一方面是折扣和利益，以促销信息吸引消费者。图 2–34 是结合圣诞和元旦两个节日对商品进行活动促销的文案。

图2-34　DW手表活动海报

4. 注重文案的视觉结合

确定好文案的主题后，就要进行文案的视觉表现，以字体大小、颜色、粗细、疏密等对比来表达文案的主题，突出重点，如图 2-35 所示。

图2-35　文案视觉表现

（四）文案的具体布局

文案是展示商品特点和卖点的主要途径，针对店内不同的商品，需要设计和撰写不同的文案。

1. 店内页面

店内页面包括店铺首页、详情页和活动页等。这些页面的文案是为了给消费者提供良好的购物体验，包括活动的说明、商品的说明和网店的说明等。

2. 店外促销页面

店外的文案，如钻展和直通车等，一般以精简的文案吸引消费者，获得点击量。

3. 首页文案布局

首页是一个网店专业与特色的体现之处。一个首页通常由很多模块组成，不同位置的文案也不同。

（1）页头：即网店的顶部，包含店招与导航两个部分。

（2）店招：包括网店名 / 品牌名、标语、收藏、活动信息和优惠券信息等。

（3）导航：以热门产品分类、主推产品和热门搜索为主。

（4）页中：包括首焦、优惠活动、分类导航、主推产品以及商品展示区等。

（5）首焦：即首屏的大海报或轮播海报，需根据网店的活动来确定不同的文案。

（6）优惠活动：即优惠券信息和活动信息。

（7）分类导航：包括主推导航和产品分类导航。

（8）主推产品：主要以小海报的广告语展示，其中以活动主题、促销信息最为常见。

（9）商品展示区：根据不同类别展示商品，商品名、价格和购买按钮要突出显示。

（10）页尾：主要包括网店标志、标语、客服、返回首页、收藏和分类导航等。

4. 详情页文案撰写

详情页文案的第一步就是留住消费者。详情页制作的好坏很大程度上决定了成交量。详情页的文案目标只有一个，就是吸引消费者浏览下去，一步步引导消费者进行购买，这个过程包含以下五步：

（1）促销活动：通过网店促销活动来吸引并留住消费者，这是最常见的一种方法。

（2）突出卖点：尽可能地挖掘商品的卖点，将商品特色全部展示出来，以引起消费者的注意。卖点设计撰写也要戳中消费者痛点，如"皮肤出现细纹""头发干枯"等化妆产品文案。

（3）提升兴趣：文案要描述出本商品能解决所提到的问题和烦恼，提高消费者兴趣。

（4）刺激欲望：从商品细节、商品优势和效果图等方面详细展示商品的效果，刺激消费者的购买欲望。

（5）消除顾虑：通过品牌文化、权威认证和无理由退换货等服务展示，打消消费者心中疑虑，引导其下单购买。

5. 活动文案撰写

从吸引消费者注意到点击购买，活动文案都起到了不可取代的作用。在重大的节日里，如情人节、圣诞节和中秋节等，活动文案要特别制定。网店活动与促销，其中包括网店热门活动，如年终大促、双十一、双十二、上新等，要能通过活动文案刺激消费者下单。

6. 店外文案撰写

店外文案主要集中在钻展、直通车图和聚划算等活动上。店外文案的作用就是吸引消费者并获得点击量。

（1）卖点营销文案：用突出商品卖点的方式来吸引消费者的眼球，这类文案的撰写尽量使用简单的语句阐述卖点，使消费者看到文案后，立刻就能找到购买这个商品的理由。

（2）痛点营销文案：与前面提到的店内营销戳中消费者痛点有着异曲同工之处，通过痛点来吸引消费者。

（3）活动促销文案：利用促销信息抓住消费者，刺激消费者点击购买，从而提升网店或商品的销量。为了营造氛围，将字体进行加粗、加大处理，或使用突出、鲜明的颜色来形成冲击力和紧迫感，为消费者营造、渲染物超所值的感觉。

课堂讨论　在你喜欢的网店中，其所展示的文案都有哪些点吸引你？

五、管理和运用图片空间

网店所有的图片都是在“图片空间”进行添加与删除的，网店里上传的商品图片也都保存在这里。因此，网店运营者需要对这个有限的图片空间进行完善与规划，以便提高网店图片的利用率。

（一）图片的运用与管理

如何让设计的图片正常地显示在网店中，这是网店运营者必须重视和解决的问题。店铺的图片空间，对网店运营者上传商品、显示商品图片而言是非常重要的。每一个网店运营者都会面临对网店图片空间进行管理、运用的工作。只有做好了此项工作，网店运营者才能真正让图片在网店中显示出来。

1. 使用网店的图片空间

通常，在网店平台中，平台官方会为网店运营者提供一定的免费图片存储空间，一般为20GB。网店运营者在发布商品前，需要将使用的图片上传到图片空间里，并对需要使用图片进行操作，以此完成商品图片的展示。

以淘宝网为例，具体操作如下：

网店运营者先登录淘宝网，进入“卖家中心”主页，在主页的左侧找到“店铺管理”，点击“图片空间”链接，进入图片空间页面，如图2–36所示。在页面上方点击“上传图片”按钮。接着，页面会弹出“上传图片”对话框，在这个对话框的“通用”栏处，点击“点击上传”按钮。找到图片文件夹，选择需要上传的图片，点击上传后，会出现上传进度条。上传完毕后，点击网页刷新，就可以在图片空间查阅到最新上传的图片了。如图2–37和图2–38所示。

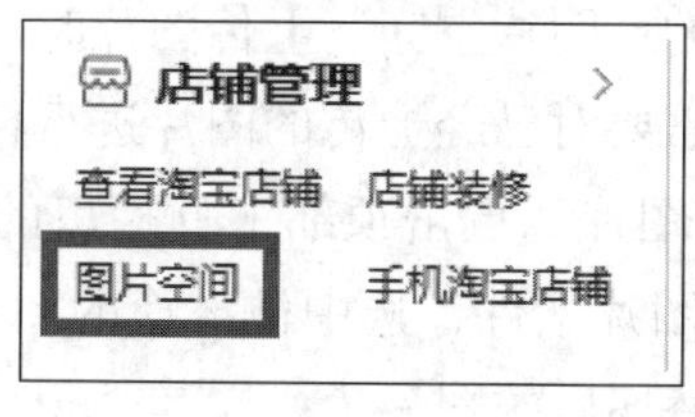

图2–36　店铺管理

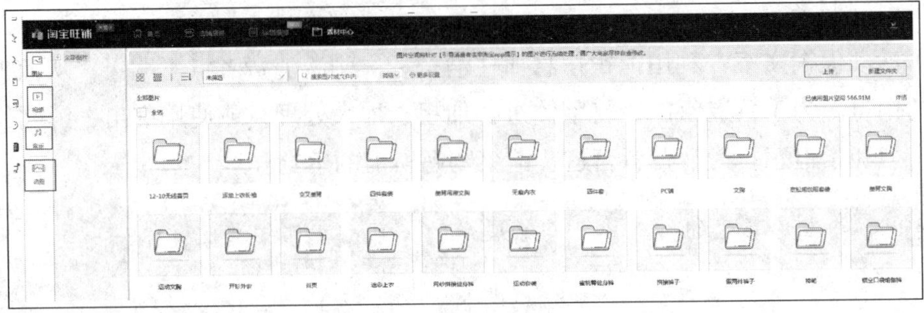

图2-37　图片空间

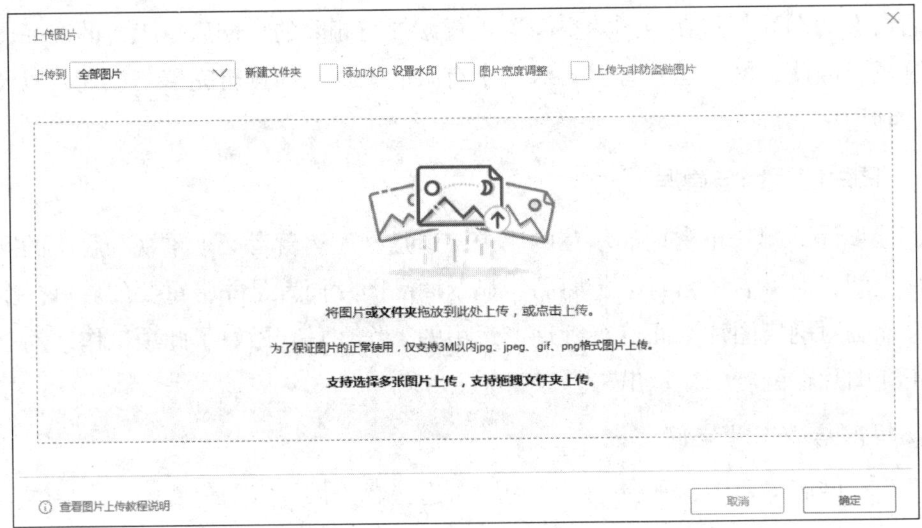

图2-38　在“图片空间”上传图片

随着网店的扩大和装修力度的加强，网店的图片储存空间会逐渐用完，这时就需要额外购买一定容量的图片空间，以满足商品图片在网店的存储、上传，从而加大商品图片在网店的显示率，提升网店的经济效益。

2. 管理网店的图片空间

在网店图片的上传过程中，如果没有选择图片分类，这些图片将会统一上传在“默认分类”选项下。为了更好地使用网店的图片，网店运营者可对上传的图片进行管理，通过图片的替换、移动等，为快速使用图片提供便利。

（1）图片的替换。在网店的“图片空间”上传图片时，难免遇到上传后的图片因种种原因不能使用的情况，这时就需要对已经上传的图片进行替换。具体操作步骤是：在“图片空间”页面选中需要替换的图片，点击顶部工具栏里的“替换”按钮，弹出“替换图片”对话框，选择需要替换的图片文件，选中被替换的图片，点击“确定”，待进度条加载完成、页面刷新后就能使用替换后的图片了。

（2）图片的移动。图片移动的操作也非常简单。如果需要将已经上传的图片移动到另一个文件夹里，可将需要移动的图片选中，再打开顶部工具栏里的“移动”按钮，在弹出“移动到”对话框中，选择“移动图片”的图片文件，点击“确定”按钮。做完该项操作后，便可返回到“图片空间”主页查看被移动的图片了。

（3）查看图片的引用情况。网店图片空间如果被使用，那么图片右上角会出现“引”字。如果网店里显示的引用图片需要进行替换，也是可以完成的。具体操作步骤是：网店运营者在“图片空间”里选中被引用的图片，打开工具栏点击“查看引用”按钮，接着打开“查看引用”对话框，此时便能看到引用该图片的具体位置，点击“替换”按钮，并打开“替换图片”对话框，点击“选择文件”的操作按钮，并打开“打开”选项卡，挑选需要替换的图片，再返回到“替换图片”对话框处，点击“确定”按钮，便完成所选位置的替换图片操作。

（二）网店空间相册的显示

如果网店运营者发布商品使用的是“图片空间”里的图片，那么“图片空间”中相应的图片删除后，网店中商品的图片也会被删除，建议重新上传图片至“图片空间”，然后编辑，并进行图片发布即可。

需要注意的是，网店图片的储存、使用、替换、移动均要使用符合手机端显示的尺寸，可将网店的图片尺寸自动调整为符合手机端大小的尺寸，以便网店运营者更好地进行移动端网店装修。具体操作步骤是：网店运营者进入网店的“图片空间”选择所用的图片，点击工具栏处的“适配手机操作”按钮，便可把图片自动剪辑为符合手机端大小的尺寸。

课堂讨论 对于日常存储的照片，你是如何管理和分类的？

六、设计与上传店招

店招是网店的“灵魂”，位于网店的最上方，代表着网店的形象和风格。当网店注册成功，在模块上有了初步定型后，就要对每个小板块进行精心打磨，尤其是店招的设计。如果网店顶部缺少店招，会显示一个长白条状的图片，不仅不美观，还浪费了资源。网店的店招功能与现实生活中店铺招牌的功能是一样的，可以展示店铺名称、店铺文化、经营项目、商品特色等。如果店招设置得不合理，会影响消费者对网店的认知，也会进一步影响网店的发展。所以，做好店招的设计，并将之上传到网店，是每一个网店经营人员必备的能力。

下面，我们就对店招的设计与上传进行讲解。

（一）店招的设计

1. 店招的设计规范与要求

店招的标准设计尺寸为 950 像素 ×120 像素，超过该尺寸，店招将不能正常显示。店招不仅可以设计成静态图片，也可以做成动态闪图。一般推荐制作动态闪图，因为在同一框架空间下，闪图可以显示多张图片的内容。

对店招风格进行设计的时候，可以选择多种风格，但主体方向不能变，如售卖木制材料的商品时，通常选用棕色古风风格，色调搭配、图片设计、文案编辑需要统一，让消费者一目了然，促进交易。

2. 店招的设计操作

在设计店招前，要事先准备好店招所需的图片、文字等素材，再利用相关软件进行制作。我们在这里介绍两种方法：一种是通过美图秀秀软件制作简单店招，另一种是通过 Photoshop 软件进行复杂合成制作。

（1）通过美图秀秀软件制作简单的店招。新建一个宽为 950 像素、高为 120 像素的画布，如图 2–39 所示。选择一个符合网店风格的纯色背景，如图 2–40 所示。再通过软件右侧的特效滤镜进行调整，选择自己喜欢的特效，同时利用上方功能栏中的“文字水印”“贴纸饰品”“边框”等修饰制作简单的店招，如图 2–41 所示。

（2）通过 Photoshop 制作店招。以天猫微叙旗舰店店招为例，新建一个宽为 950 像素、高为 120 像素的画布。选择颜色 RGB（60,113,165）进行填充。利用钢笔工具或者多边形套索工具绘制三角形形状，进行相应颜色填充，以同样的方法再绘制一个三角形，进行相应颜色填充。调整两个三角形的位置，呈现倾斜摆放效果，如图 2–42 所示。

图2–39　利用美图秀秀新建店招

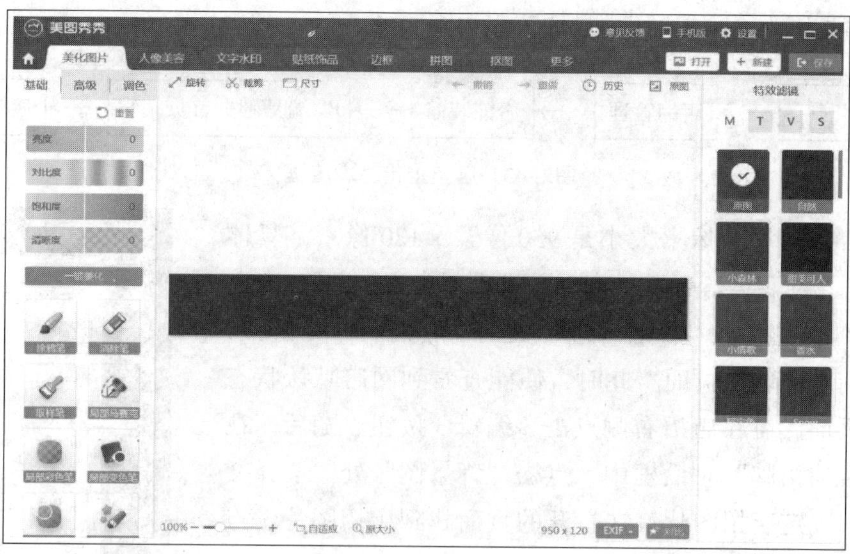

图2-40　利用美图秀秀新建画布

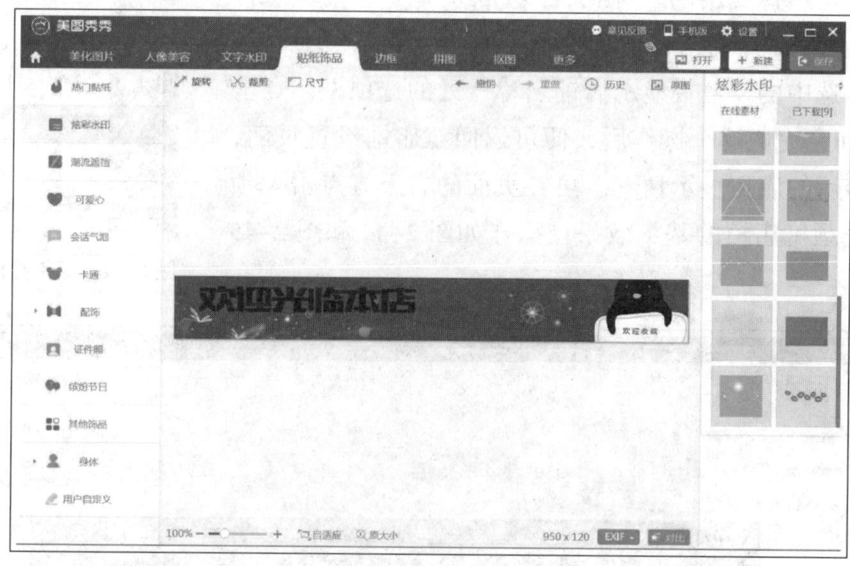

图2-41　简单店招的制作

图2-42　微叙旗舰店店招的制作

（二）店招的上传

店招的上传是装修网店的基础工作。通常，淘宝网为网店提供了店招、自定义店招、BannerMaker 三种店招风格。店招的风格不一样，上传方法也不一样。

以 PC 端为例，上传店招的具体流程如图 2–43 所示：

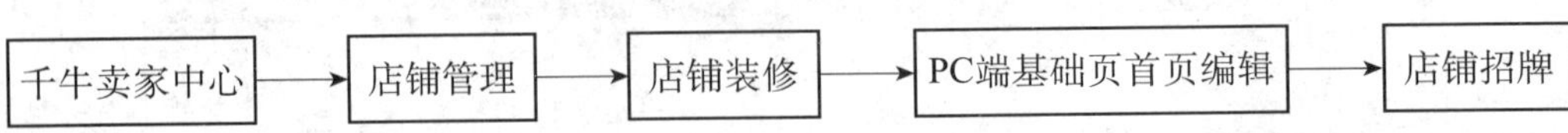

图2–43　店招上传基本流程

默认店招的尺寸像素大小是 950 像素 × 120 像素。具体操作步骤是：网店运营者登录淘宝，进入“卖家中心”，在左侧的下拉列表中点击“店铺管理”处的“店铺装修”链接，接着跳转到店铺装修页面。此时，便能查看到网店默认状态下的基础页面。可在店招右侧点击“编辑”按钮。随后，在打开的“店铺招牌”对话框中，点击“背景图”处“选择文件”按钮来确定店招图片。在打开的页面找到店招图片，点击“上传新图片”选项进行操作，点击“添加图片”链接，打开对话框，选择要用的“常规店招 .jpg”图片，点击“打开”按钮。返回“店铺招牌”对话框，便能看到插入的店招。同时可撤销选中的“是否显示店铺名称”处的选项框，点击“保存”按钮。完成这个操作后，便可返回至店铺设置页面，查看到上传后的店招显示情况。可在页面的右上方点击“预览”按钮，预览店招的基本效果。操作如图 2–44 和图 2–45 所示。

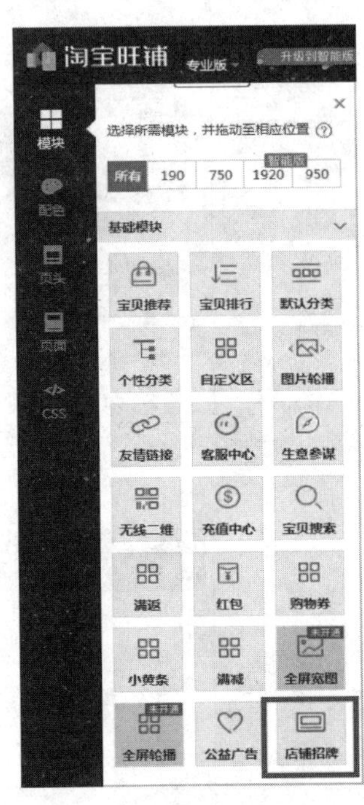

图2–44　店铺招牌功能模块

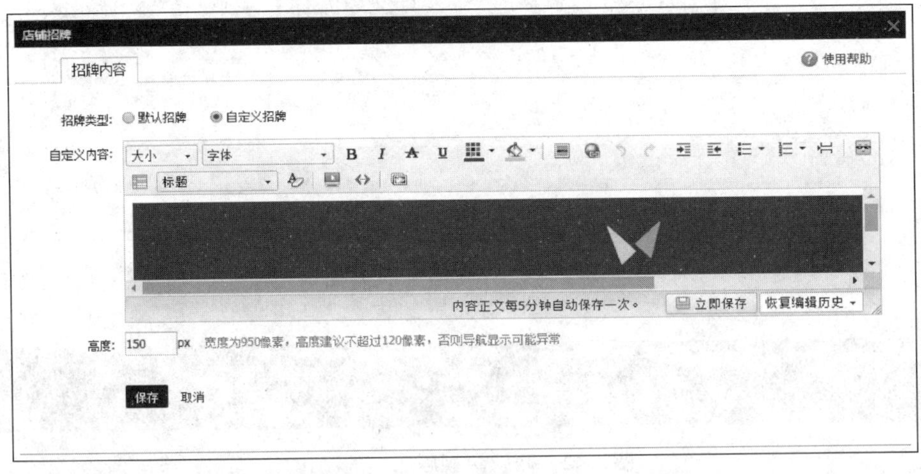

图2–45　店铺招牌上传

课堂讨论　如何才能让店招既符合商品属性又有创意？

七、设置分类导航

开网店并不是一件简单的事情。因为，网店里的商品品类丰富，离不开规范性的管理。而管理网店商品的最好方法之一，便是为网店设置分类导航，以便消费者浏览网店时，能够快速地搜索到自己想要的商品。

不分类，不成章法。网络上的商品琳琅满目、数不胜数，对商品进行分类不但有利于消费者的选择和寻找，也有利于运营者对商品的控制与管理。网店的分类管理必不可少，不同网店销售的商品不同，店铺的分类也就不同。

运营者可根据网店里的不同商品，分别设置分类导航。通常，分类导航是以文字的形式进行展示的，也有一些运营者善于个性化地装修自己的网店，因此在制作网店的分类导航时更加随意、个性化十足。通过网店设置的分类导航，消费者也可以更好地搜索商品、购买商品。

（一）设置分类导航栏

网店的分类导航栏都有默认的格式，但是对于不同的网店，导航栏的默认设定不一定合适。不同的网店可以自己设计导航栏，让它更加个性化，且便于消费者使用，进而提高转化率。

分类导航栏风格的设定，包括设计导航栏背景颜色、字体、修饰，以及网店商品分类的图标和文字底部的背景等。网店运营者可以在导航的主目录下面建子目录，一则提高导航模块的空间使用率，二则让界面看起来工整有序，便于商品上传和消费者使用。尤其要重视商品的分类图片分辨率，一般在 160PPI 以内。

（二）分类导航栏按钮的设计

分类导航栏按钮图片也可使用 Photoshop 软件进行制作。按钮图片的制作很简单，具体步骤如下：

（1）打开 Photoshop 软件，新建一个文件，设定大小为 150 像素高 × 200 像素宽，分辨率为 72PPI，名称为“分类导航栏按钮”，背景设成透明格式的文件，单击“确定”按钮，完成操作。

（2）用圆角矩形工具绘制一个图形，填充颜色为“#3e73a7”，描边为白色，设定好后进行绘制。

（3）在工具栏处选择文字工具，输入文字“运动套装”，将文本格式设为“微软雅黑，18 点，白色”，调整好文字的位置，如图 2–46 所示。复制图层，分别制作“首页”“所有产品”“上装”“下装”“配件”“尖货推荐”“关于微叙”等分类按钮。

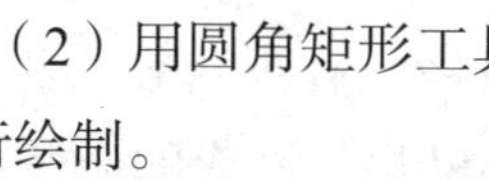

运动套装

图2–46　分类导航栏按钮的制作

（三）分类导航栏按钮的上传

当分类导航栏的设计制作完成后，就要将这些文件分别上传到网店图片空间内，然后选择传入网店分类导航栏对应的类别下，具体上传流程如下：

（1）登录网店，进入图片空间的后台管理处，将制作的图片全部上传。

（2）进入“卖家中心”的“店铺管理”页面，点击“宝贝分类管理”，进入分类管理界面，然后点击“添加手工分类”按钮，新建商品分类，名称自定。

（3）按以上操作将所有分类导航栏图标提前整理好，分类别全部上传后进行保存，操作即可完成。

对分类进行编辑时，一定要注意设计得当，因为最高分类子目录只有两层。第一层是总称，点击进去就是第二层——小分类，最后是单个商品页面。

八、添加网店的装修模块

消费者会根据自己的需求寻找合适的网店，但是由于电子商务的普及程度日益提高，网店数量成千上万，想要消费者有意愿停留在网店，点进去查看详情，就需要网店的装修模块展示得与众不同。

网店留给消费者的第一印象，是网店装修是否精致、是否吸引人，这不仅可以增加消费者的停留时间，还能把潜在消费者转化成实际消费者，并能提高消费者的购买欲望和再次购买的可能性。由此可见，网店装修对于成功的网店运营来说，是一个不能忽视的环节。

为了吸引消费者、增加消费者信任感、提高网店的浏览量，网店运营者都想尽量将首页和商品详情页装修得美轮美奂，客服模块和商品搜索模块也尽量方便、实用。由于投身开网店的人越来越多，网店美工的数量也呈现极速增加的趋势。但是运营者不可能都请美工来装修网店，因为这样不仅会产生美工费用，最后装修的效果也可能不令人满意。

网店运营者可利用购物网提供的模板，自行对网店进行精美装修，这些模板可为网店装修提供客服中心模块、商品搜索模块、公告栏等，可根据实际情况进行选择和调整，不仅可以让店铺美观，而且能提升流量。接下来，我们对网店的装修模块进行具体的介绍。图 2–47 为网店的装修模块。

在添加装修模块之前，要明确网店的整体装修风格，如田园风格、清新风格、摩登风格等，其实风格就是人们对于一类事物产生的审美和喜好的差异化结果。网店的风格并不单纯由装修来实现，还涉及商品的定位和目标人群等内容，也正是这些方面直接影响网店的个性化。

明确网店的装修风格之后，才能根据整体的效果来添加装修模块。为了有更好的装修效果，一般会添加以下三个基本装修模块。

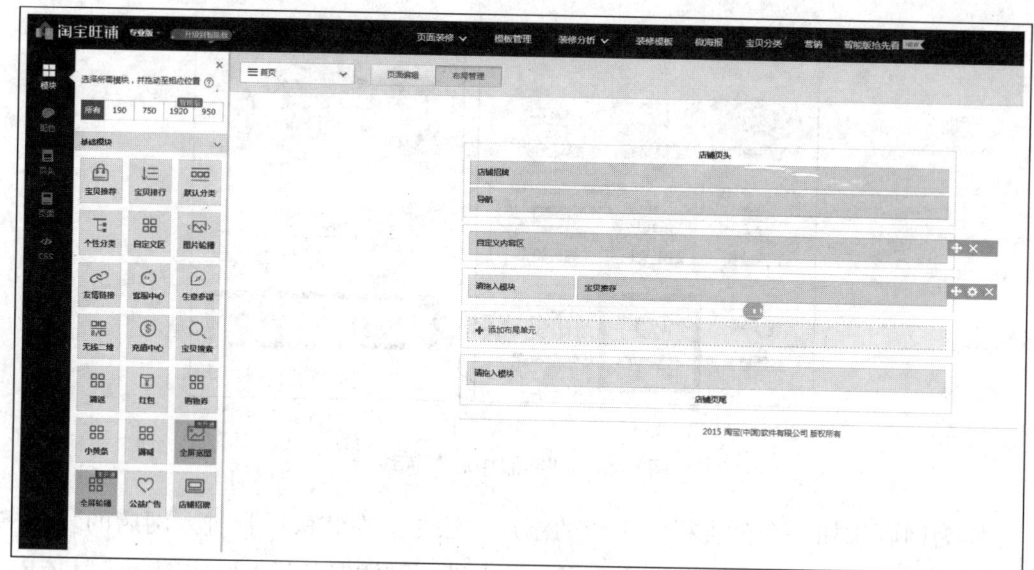

图2–47　网店的装修模块

（一）网店运营的助手——“客服中心”模块

在添加“客服中心”模块之前，应该意识到客服在网店运营过程中的重要性。在电子商务的各个岗位之中，只有客服可以和消费者进行直接的沟通。在交流沟通的过程中，好的客服可以带给消费者更舒服的购物体验，不仅可以提高网店的成交率，还可以因为令人满意的客服态度和服务提高网店的口碑和形象。由于网络销售的特殊性，买卖双方不能进行面对面的交谈，所以周全和优质的客户服务就显得尤为重要。如何在网店页面添加一个合适的“客服中心”模块也就是一个不可忽视的装修问题。

在网店的装修页面的左侧工具栏里找到“客服中心”模块，选择好之后点击选项框中的“添加”按钮，再返回到装修的主页面，这时应该能够看到网店内已经添加了“客服中心”模块。点击模块图标，对“客服中心”模块进行更详细的编辑和完善。通常来说，“客服中心”模块的进一步完善会有三个选项：一是编辑，是指改变模块标题、具体工作时间、联系方式等；二是向上、向下，是指改变模块在网店的位置区域，向上即前进一位，向下即后退一位；三是删除，是指将已添加的装修模块删除。“客服中心”模块的标题、智能回答语句的风格应该都与网店的整体风格一致，并且应该尽量人性化，如图 2–48 所示。

（二）吸引消费者的有力武器——“公告栏”模块

公告栏是网店运营者介绍商品和推荐商品的重要途径之一，其在吸引消费者和增加消费者购买欲望等方面也具有不小的作用，一个独特又新颖的公告栏不仅会为网店增色不少，还可以加深商品在消费者心中的印象，扩大商品销量，赢得消费者好评。

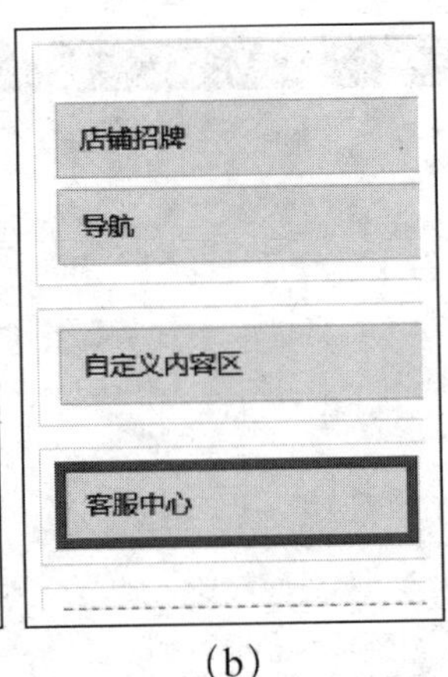

(a) (b)

图2-48 "客服中心"模块

怎样为网店添加一个公告栏？一般的添加方法是：在装修后台进入网店的装修主页面，公告栏的上方会出现"编辑"两个字，点击进入对话框，写下网店的公告具体内容，然后保存和预览就可以了。在编辑过程中可能会遇到一些异常情况或者其他问题，这个时候要保持镇定，将前面的操作再认真操作一遍，问题一般也会迎刃而解。

公告栏里的具体内容一般是最近的网店促销活动、打折优惠等比较吸引人的字眼，最好再写上网店的竞争特色和优势，还要标注好网店更多的联系方式，避免丧失潜在消费者。还要注意的一点就是应该详略得当，把握好字数，否则会让消费者产生不耐烦的心理。甚至还可以写上一些关于网店的经营理念等，保证吸引更多消费者的注意力，加深对网店的印象。

（三）提高网店浏览量的主要途径——"宝贝搜索"模块

由于有些网店的商品数量较多，因此商品搜索对于消费者和运营者来说都是一个十分便利的装修模块。它不仅可以帮助消费者快速地找到自己需求的商品，还可以为网店提高消费者满意度。添加商品搜索模块的方法是：进入装修主页面，保证装修模块处于编辑状态；点击左侧工具栏里的"添加模块"选项，找到"宝贝搜索"的选项面板，然后选中"宝贝搜索"模块，将"宝贝搜索"模块添加到网店里一个合适的位置；添加成功之后，再进行进一步的编辑，例如模版标题、价格区间、产地、按钮文字等信息；最后保存设置，就可以在首页预览效果了，如图 2-49 所示。

首页还可以添加许多其他的装修模块，不过在添加的时候要保证与主色调一致。主色调就是网店里面最显眼、使用最多的色系。不仅如此，随着互联网和电商的发展，现在能做的网店装修也越来越多，为了达到网店整体装修风格和整体氛围的充分展示，优质的板块设计也不可忽视。需要注意的是，网店装修色彩不能过于混乱和杂糅，装修风格也要符合商品的特色和定位。

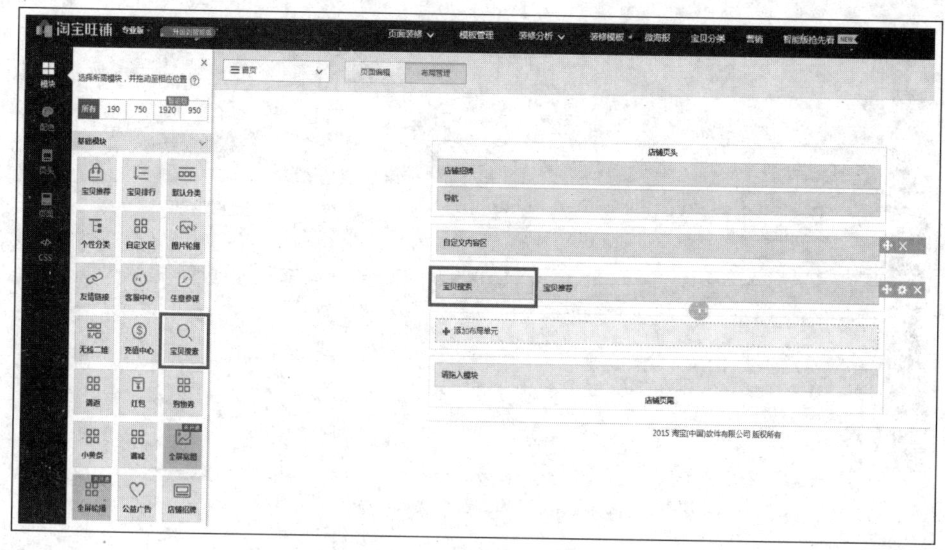

图2-49 “宝贝搜索”模块

网店装修的目的是打造有质感的店铺，给消费者信任感，让消费者感觉到商品都是高质量的。网店装修可以多借鉴别家的经验，既可以看看付费模板寻找自己的装修灵感，也可以看看别家网店的主要特色和版式设计。

总之，消费者到网店浏览时，第一印象就是首页的视觉呈现，所以对于网店而言，精致的装修是必不可少的。

九、合理运用轮播模块

在给网店添加轮播模块之前，首先要了解什么叫轮播模块。简单来说，轮播模块就是将多张商品展示图以滚动播放的方式在网店首页进行动态展示。运营者可以根据网店的首页风格和板块设计对轮播图片的高度进行调整，一般在 100 像素～ 600 像素之间。

（一）轮播模块的设置

轮播模块的设置相比于直接拖拽装修模块的操作稍难一些。在进行轮播模块的图片设置之前，要先准备好用于动态展示的图片，提前将它们上传到图片空间里，数量要合适，过少会缺乏轮播效果，过多则显得冗杂。一般而言，第一张图片会设置成网店的欢迎页面，风格和网店整体风格一致，要注意的是文字内容不宜太多或者没有条理；第二张图片是重点图片，也就是用于展示商品的图片，所以这张图片应尽量清晰又吸引人；第三张图片可以根据需要做成价格单或者促销海报的形式，例如特价商品、秒杀商品等。轮播模块相当于一个动态的广告牌，若价格具有吸引力，商品也令人满意，网店的浏览量自然就会增加，轮播模块设置的操作如图 2-50 所示。

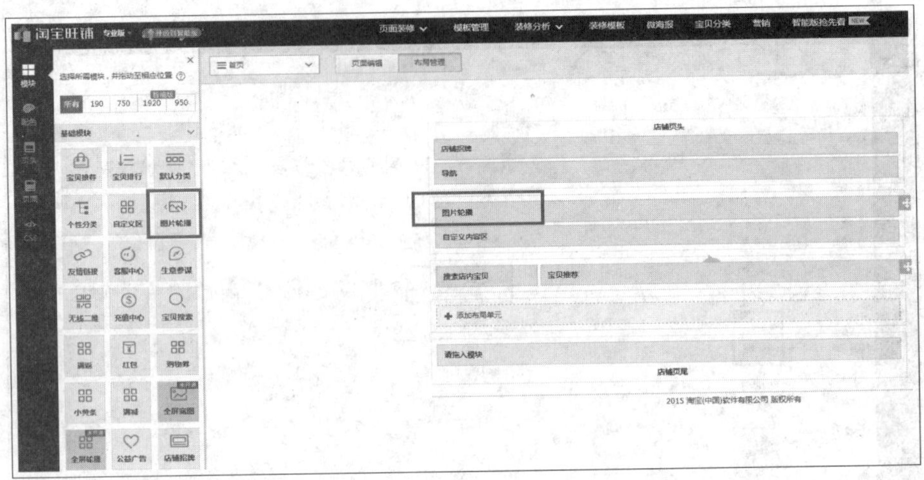

图2–50　“图片轮播”模块

（二）把商品图片作为轮播图片

在消费者浏览购物网站的时候，不管是商品的主要展示图还是网店首页的海报轮播图，消费者看到的第一张图都具有非常重要的作用。只有消费者对第一张图产生了兴趣，才会愿意点击进入网店查看商品详情。所以只有第一张图做得足够精致又具有吸引力，网店的点击率、浏览量和成交量才有机会提高。

以淘宝店装修为例，它的默认模块系统一般会自动加载商品信息，刚开网店的新手可以不用修改，直接使用。但是轮播模块不太一样，这里面的图片都是系统设置的官方图片，所以运营者需要修改为自己网店的商品图片，并且加上商品图的链接才足够完美。新手可以在网站上搜索相关教程进行学习，操作如图 2–51 所示。

图2–51　多链接轮播模块

（三）轮播模块和首页布局

要做好网店首页的装修，首先要把首页进行区域划分，可大致分为店招、轮播海报（主推商品展示海报 / 活动页）、商品分类页（大致商品概要页面）、页尾四个部分。在具体的装修过程中还有更详细的分类，我们在这里主要介绍简单的“图片轮播”模块的添加（如图 2-52 所示）和首页布局。

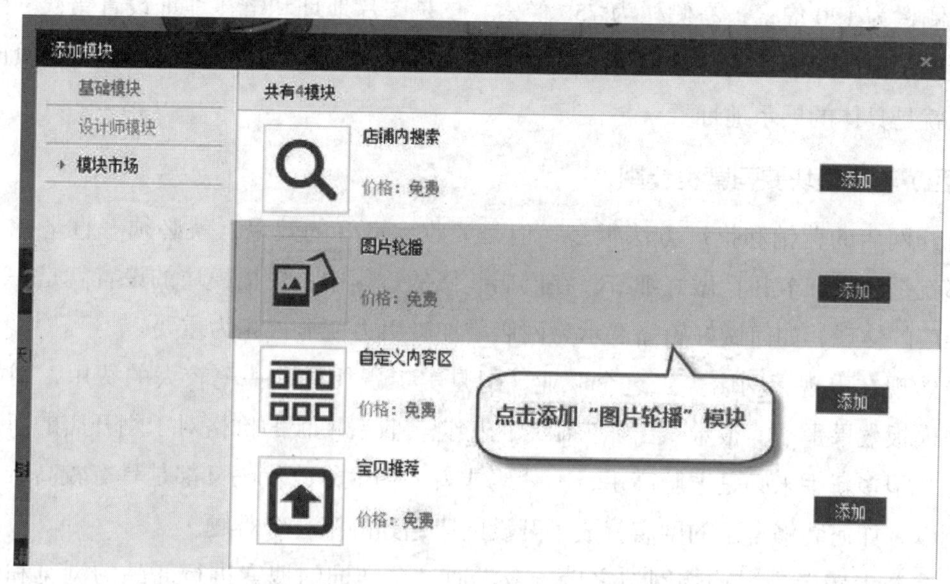

图2-52　添加“图片轮播”模块

第一，要根据商品特色确定整体风格，也就是首页装修和轮播展示的主要基调。例如：网店商品是跆拳道服装，大多数人的第一印象会是黑白相间的色彩和韩国特色，所以网店整体采用古风的设计是十分合适的。首屏的商品展示可以通过背景及字体的选用，进行商品文化的丰富。如果网店的商品不多，可以不用根据商品进行分类页的板块划分，有一个准确的定位就足够，消费者浏览时也不会觉得页面烦琐。

第二，要依据分类页所布置的商品进行具体展示。首页的装修对于商品详情页来说，每一个页面和板块都具有一定的关联性，环环相扣，这样的装修和板块设计才能使消费者一目了然，清楚地知道网店定位及销售的主要商品。

第三，页尾设计作为全局的收尾，其操作和设计看着简单，却是影响销售额的重要一步。首先要保证页尾和店招协调一致，店招酷炫，页尾也不能过于草率。通常页尾设计会引用品牌介绍、公司实力、售后服务等简要文字信息。

轮播板块是为网店增色的一个有力武器，如果在相关网店装修的网站上能够找到可以设置图片轮播效果的代码，可以将代码复制粘贴在自定义内容区，然后通过部分修改，达到自己需要的轮播效果。

在制作轮播模块的过程中，可能会遇到一些问题。一是设置的图片不能根据需要的效果放大，不能铺满图片轮播的范围。之所以会出现这样的情况，是因为图片的轮播尺寸设置错误，需要重新设置。图片轮播的具体尺寸和网店的板块设计有关，图片高度可以根据实际的需要进行调整。至于图片宽度，通栏布局轮播图片的宽度为950像素，两栏布局中，左侧栏为190像素，右侧栏为750像素。二是图片地址和链接地址设置错误。图片地址是所展示商品等图片的链接地址，链接地址即所展示图片的详情页面或自定义页面等地址，也就是具体的展示地址。

（四）轮播模块要有营销作用

新开网店的营销和推广方法很多，但是要收到良好的效果，就必须一直坚持一个原则，那就是注重细节并且做好细节。在网店装修的过程中，轮播模块的设置就是一个网店细节推广的体现，如何做好轮播展示为网店增加吸引力就显得尤为重要。

虽然现在出现了网店美工这个职业，但是美工费往往是一笔较大的费用，网站提供的免费模板效果平平，很难做出抓人眼球的感觉，收费模板的价格对于刚开店的新手来说也不低。很多新手未必是电脑高手，写代码或者大幅度修改代码又都是具有较高难度的事情，所以，如何装修自己的网店就成了开设网店遇到的第一个难题。

大多数消费者进入购物网站之后，会先通过精准词的搜索进行商品的浏览和价格区间的定位，但是更多时候，在消费者大致了解了商品参数、评论等商品详情页的内容之后，会直接返回到网店的首页，这时网店的装修就显示出其在促进交易成功时的重要性。评论、售后服务和商品展示是凸显网店实力的一个重要方面，但是首页作为一个网店的门面，也是决定销售额的重要一环。

网店的外观决定了消费者对产品的印象，消费者能够从网店的装修风格和精美程度进一步猜测出店内商品的整体质量。网店首页的装修本身就具有一定的美学价值，在商品同质化的今天，同类商品的质量和价格都没有较大的差异，装修设计的美学价值在消费者的购买选择中起到了关键性的作用，越来越多的消费者会因为网店设计的美观程度而购买商品。

实战经验 在具体的网店装修过程中，操作人员会面临各式各样的问题，遇到问题，我们可以参考淘宝大学中的相关视频、文章等进行学习、借鉴。

任务总结

网店装修风格、各个模块的搭配设置如果让消费者在逛店时体验舒服，这无形中会提高网店的销量，因此网店装修不但是成功开店的首要工作，也是提高商品销量非常重要的一个操作环节。网店美工要根据实际情况，制定合适的网店装修计划。

同步实训

选择一个现有的网络零售平台（如淘宝网、易趣、拍拍网等）开设网店，对该网店进行整体设计装修等一系列实训操作。

项目三 网店日常管理

学习目标

掌握商品发布的流程及要点；学会对网店进行日常管理；在网店管理中熟悉运营规则并学会使用相关软件提高工作效率。

知识目标

学会为商品选择适合的类目；学会撰写商品标题；学会使用淘宝助理发布商品；学会使用千牛工作台管理网店，并掌握网店运营的具体规则。

能力目标

能够安全高效地管理网店；能够为后期网店的运营与推广打下坚实的基础。

任务一 发布商品

通过本任务的学习，你将在以下四个方面进阶：

• 学会为商品选择适合的类目；

- 学会撰写商品标题；
- 掌握网店商品发布的步骤；
- 学会使用淘宝助理发布商品。

导语

网店日常管理中，发布商品是其中最重要的环节。商品信息的编辑，商品分类的设置，商品标题的拟定，商品详情页的制作等，都直接关乎着网店的生意。做好商品发布的每一个环节，可更好助力销售。

一、发布商品

商品信息发布就是将商品基本信息清楚地呈现给消费者，包括商品名称、产地、性质、外观等，这些信息应该尽量详细全面，突出特色和卖点。在设置商品属性和类目时，应该尽可能地将信息填写完整、详细，争取做好每一个细节，因为商品在进行排名时，属性和类目选择的合理性、完整性都是评判的标准。详细的商品描述可以更加清楚地定位商品的消费人群，也为消费者提供更加详细的商品细节，便于进一步了解商品，增加成交率，给消费者留下良好印象的同时提升商品在消费者心中的可信度。

（一）选择商品类目

发布商品时，类目是很重要的，放对类目能够提升商品的曝光率，提高浏览量，是决定商品是否畅销的关键因素之一。目前市场上的所有商品都有其相对应的类目，在发布的时候，一定要把商品放在合适的类目中，如果放错了类目，就违反了电商平台的规则，很有可能受到相应的惩罚，如降权。降权后，网店曝光率严重下降，生意自然会受到影响。

设置商品类目时，点击淘宝首页的“千牛卖家中心”，进入页面后，在“宝贝管理”栏目点击进入“发布宝贝”页面。首先进行商品类目的设置，如图 3-1 所示。

在类目搜索框中输入自己想要发布的商品名称，单击快速找到该商品所属类目，例如：在类目搜索框中输入“连衣裙”这个关键词，系统会给出与连衣裙相关的类目，根据提示选择与所售商品相匹配的类目，如图 3-2 所示。

选择商品类目时一定要准确，如果放错了类目，那么就需要下架商品，重新修改其类目，上传之后经系统审核，商品会在 48 小时内自动恢复上架。

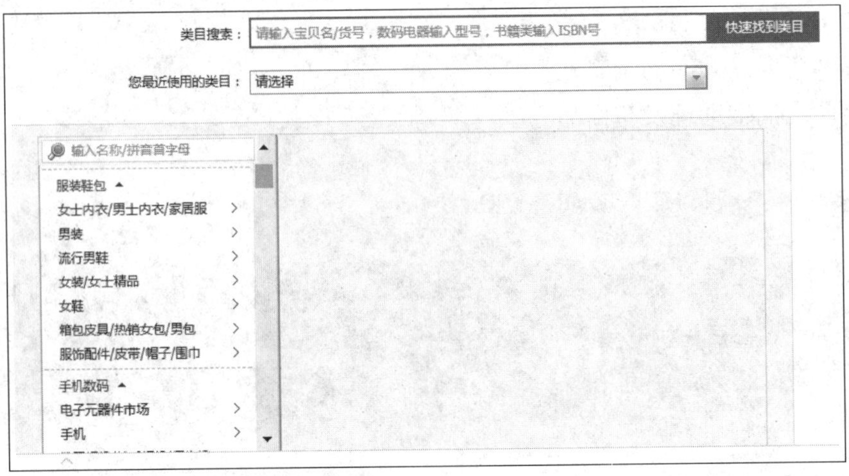

图3–1　商品类目设置页面

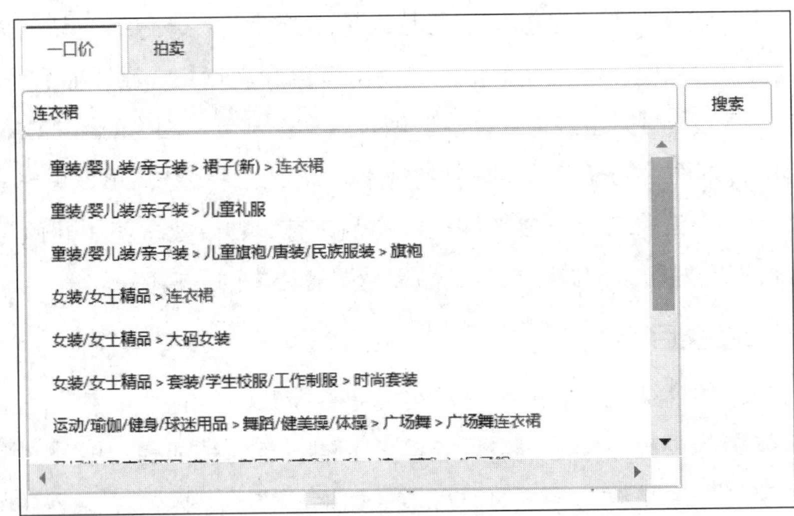

图3–2　准确选择商品类目

（二）设置商品标题

消费者购物的目的不同，但是购物的顺序大同小异，一般都是从搜索商品名称开始。当消费者用关键词在平台中搜索时，所有包括这个关键词的商品都会出现，然后消费者会比较哪个商品的主图更漂亮。被某个商品的主图吸引后，消费者会点击该商品进入到该商品的单品页面，商品详情页的制作好坏会直接影响其是否下单购买。明白了这个购物顺序，我们就清楚商品标题在销售过程中的重要性了。商品标题是吸引消费者进入的第一步。

通常情况下，要在互联网上寻找相关的信息，使用关键词搜索是最快、也最省力的方式。在交易平台上海量的商品里面，消费者要想尽快找到自己需要的商品信息，也会使用各种关键词。因此，为商品选择一个准确的标题，能够让消费者在搜索过程中通过关键词搜索到商品。商品标题设置页面如图 3–3 所示。

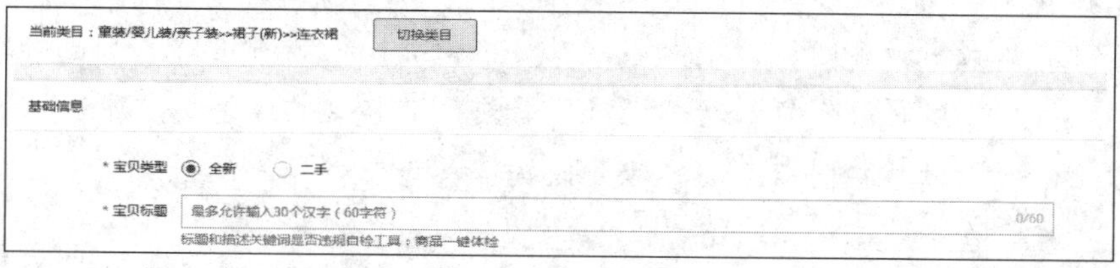

图3–3　商品标题设置页面

商品标题应限定在 30 个汉字（60 个字符）以内，要选取适当的关键词，让消费者容易搜索到，而且能从标题中就知道商品的主要特点。例如：服装类目的商品中，“新款”“纯棉”“雪纺”“同款”“长袖”“短袖”等都是常用的一些关键词。通常情况下，网店运营者可从以下几方面挑选关键词组成商品标题：

1. 品牌关键词

品牌关键词包括商品品牌和网店品牌两种，例如：三全、兰蔻、金斯顿等属于商品品牌关键词，秀石头、西藏传说、凤雅琴坊等属于网店品牌关键词。增加商品品牌关键词可以给消费者提供更精确的搜索信息，增加网店品牌关键词可以为消费者提供一个具体的、可记忆的、便于查找和有利于口头宣传的网店形象，对于提高网店知名度有显著的效果。

2. 商品名关键词

商品名关键词是指商品的名称或俗称，由于消费者的语言表达和搜索习惯不同，对同一件商品会使用不同的商品名来搜索，例如：马铃薯、土豆、洋芋指的都是一种物品，网店运营者就可以选择里面最常用的 1 ～ 2 个习惯称呼来作为商品名的关键词，使商品能够被更多的消费者搜索到，让商品主图展现在更多人的面前。

3. 属性关键词

属性关键词是指商品的类别、规格、功用、材质等介绍商品基本情况的字词，这类词要求准确、无误地表达商品的基本属性，如“棉麻”“无线”“128G”等，让消费者从商品的基本功能和材质等方面准确找到自己所需要的商品。

4. 促销关键词

促销关键词是指关于清仓、折扣、甩卖、赠礼等信息的字词，这类词往往是最容易吸引和打动消费者的信息，可以有效地吸引更多人的关注，提高商品和网店的浏览量。同时，也可以加入一些口碑关键词，例如：X 钻信用、皇冠信誉等。这类关键词不仅能够满足消费者寻找可靠的商品、可信的商家的需求，还更容易获得消费者的好感和认同，打消他们的顾虑，从而实现购买转化。

实战经验 设置商品标题时要避免出现以下问题：

1. 在标题中加入其他无关本商品的名字和功效。
2. 乱用淘宝网热推关键词，或与本商品无关的关键词。
3. 使用非该商品制造或生产公司使用的特定品牌名称。
4. 出现与其他商品和品牌相比较，甚至贬低他人的情况。
5. 在标题中使用“最高”“最好”等最高级陈述。
6. 在标题中添加对赠品、奖品的描述。
7. 在同一件商品中使用多种属性关键词。
8. 添加未获得的授权及未加入的服务。

（三）上传商品主图

为商品选取了适合的标题后，在发布页面就需要对商品主图进行设置。因为商品在淘宝搜索中是以图片的形式展示给消费者的，商品给消费者的第一印象直接影响其点击率，间接也会影响其曝光率，从而影响整个商品的销量，所以商品主图的设置是做淘宝优化的重要因素。

主图的作用就是吸引消费者进入商品页面，这就要求商品主图能够在众多同类商品中脱颖而出，如此才能够吸引客流量，才能够让消费者点击、查看、购买商品。如果商品主图直接复制别人的，丝毫没有个性，就会显得过于普通。

目前，淘宝网店的主图编辑允许网店运营者上传五张静态图片和一个主图视频，第一张图片将在消费者搜索页面展现，如图 3–4 所示。为了吸引更多的点击，第一张主图的设计尤为重要。当消费者进入单品页面时，可选择点击不同的主图进行查看，也可以播放主图视频，增加对商品的了解。

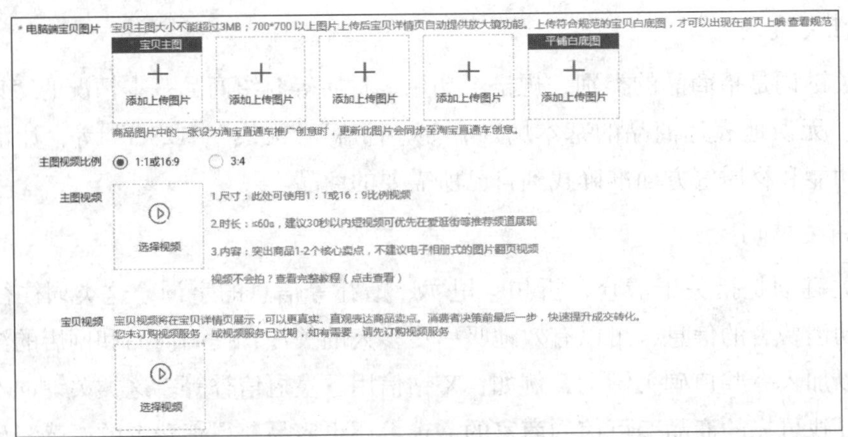

图3–4　商品主图上传页面

五张主图在设计时要分别通过整体、不同细节和角度来展现商品的亮点，主图视频不宜过长，视频内容主要展示商品的卖点，特别是在图片中无法清晰展示给消费者的内容，可利用视频进行补充。

主图上传时有一定的规格要求。一般来说，主图不能超过3MB；图片在700像素 × 700像素以上的会自动提供尺寸放大功能。此外，在上传商品长图时，横竖比例是2:3，最小长度为480像素，最佳尺寸为800像素 ×1200像素。如果不上传商品长图的话，商品就无法在列表、市场活动等页面的竖图模式中得到展示。此外，对于主图还有一些其他的要求：

1. 突出商品卖点

如要打动消费者点击进入页面，就需要主图有足够的卖点勾起消费者的购买欲望。突出商品的主打性能、特点、卖点等，把消费者的需求和商品的优势完美结合起来，要直击消费者的痛点。如果能有相对于其他商品的独一无二的卖点则更好。

2. 设计风格统一

因为主图对于一款商品来说是极其重要的，而且其设计风格能够体现出商品的整体概况，所以五张主图和视频的风格要统一。

3. 注重视觉的主次

主图和视频不仅要给人美的感觉，还要通过这种美实现营销的目的，不能为了美而放弃那些可以吸引消费者关注的细节，例如：可以在主图上适当地加上一些文字说明，但也不能将促销打折等字眼做得太大，甚至比商品本身还要显眼，这样就喧宾夺主了。

4. 水印制作

水印制作是必要的，既有利于保护自身权益，又是一种品牌推广。水印制作一般有两种方法：一种是将店名、店标制作成图片，使用“拷贝”加“粘贴”的方法与商品主图合二为一；另一种是将店名、店标制作成“填充图案”，然后在商品主图上进行图案“填充”。

实战经验 在淘宝网，主图制作时还有一些需要注意的事项：主图最常用的格式是PNG；主图的背景要根据商品的颜色来选择等。一般而言，第五张主图上传商品白底图往往可以提高淘宝首页曝光率。

（四）编辑商品详情页

商品详情页，顾名思义，是详细介绍商品价值及其独特性的页面，进而促使消费者购买。详情页是由文字、图片、视频等构成的，向消费者介绍商品属性、使用方法等，是向消费者推荐商品的关键页面，它的主要作用是完成订单，是关乎实际转化率的关键页面。

和实体店相比，网店中的商品更抽象，人们看得到却摸不着，要想让消费者买单，关键就在于对商品的描述。商品详情页是否足够吸引消费者的眼光，能否留住消费者，决定着商品是否能够售卖出去，实现最终成交。

课堂讨论 “设计是美工的事情，网店运营者只需要做好商品就可以了。”这种想法对吗？为什么？

在进行描述准备时，网店运营者必须有完善的策划案。首先要有一个清楚的思路，然后是策划、文案、美工的密切配合，商品的全方位精拍，商品卖点的挖掘，以及关联商品的准备。做好详情页，总体来说有两个基本点：一是将消费者都看作非专业人士，对商品信息进行详细介绍；二是找准商品的价值点，而不是促销点。价值带动价格，让消费者觉得物有所值、物超所值。

1. 商品详情页的组成

商品详情页是超级推销员，在 25 000 字节的空间内向消费者介绍商品。按照内容的组成，详情页中必须介绍如下内容：

（1）商品的基本功能和详细说明。这部分内容一般包括商品的品牌、型号、材质、规格、功能、功效、包装、价格等基本信息，以及生产加工工艺、优势等有利于销售的信息。如图 3–5 和图 3–6 所示。

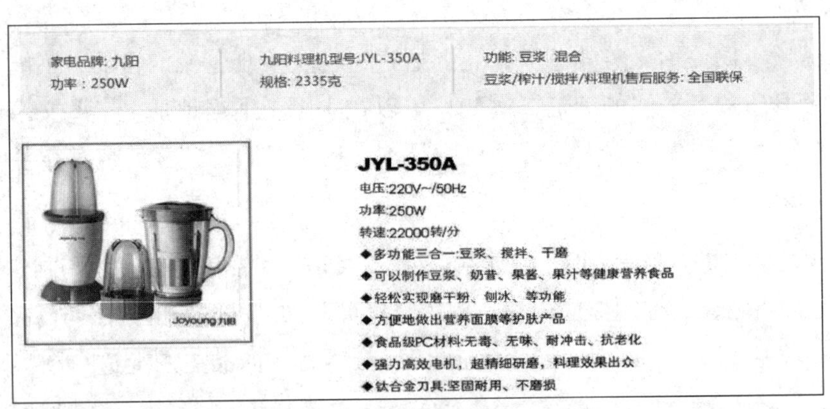

图3–5　某品牌料理机的基本信息

尺码测量表/INVENTORY

尺码	衣长	胸围	肩宽	袖长
S	81cm	92cm	38cm	61cm
M	82cm	98cm	39cm	62cm
L	83cm	104cm	40cm	63cm
XL	84cm	110cm	41cm	64cm
XXL	85cm	116cm	42cm	65cm

温馨提示：以上为纯手工测量，数据仅供产考。因不同的测量方法，尺码会有细微差异，误差为1-2cm。

图3–6　某网店的服装尺码表

（2）商品的交易说明。交易说明可以用“买家必读”“购物须知”等方式来体现，相当于交易双方的“君子协议”，今后在交易过程中一旦出现某种状况，双方有一个可以参考的依据。这也是独立于平台规则以外的一种双边协议，消费者一旦购买商品，就代表对该条款的认可。同时，把合作条件放进交易说明里也是一种有效的纠纷规避方式。

如图 3–7 所示，商家在售前先对退换货的要求进行了详细的说明，消费者在购买之前就已经对此情况有所了解，一旦出现争议，双方可以在遵照平台规则的基础上，根据图示的协议酌情处理。其中，签收提示其实也可起到规避纠纷的作用。

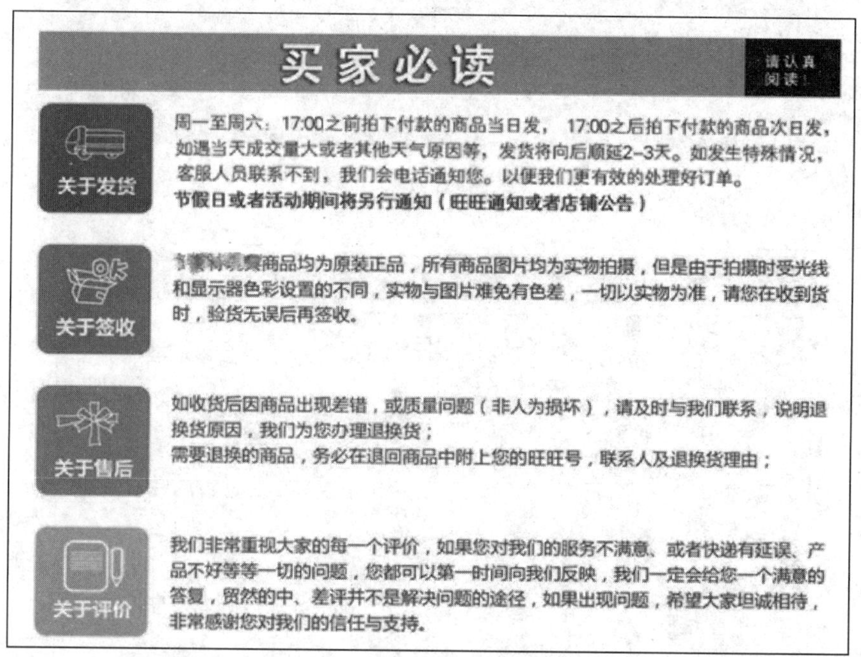

图3–7　某网店的“买家必读”

（3）商品的配送说明。配送说明是关于邮寄的费用和物流配送周期的说明，因为消费者毕竟不是专业的商家，可能对发往各地的运费标准和到货周期不甚清楚，做到预先告知既是商家的职责，也是优质服务的一种体现。

如图 3–8 所示，该商家对邮费有很详细的说明，除了到货周期和超重要增加费用以外，还提醒消费者平邮是一周发一次，而且到货周期也较长，善意地提醒急着收货的消费者最好不要选择这种邮寄方式，也可以避免将来因物流问题出现争议和纠纷。

（4）商品的售后服务。售后服务也是商品的生产厂家或者商家自己拟定的服务内容和交易条件，提醒消费者一旦成交即代表认可和同意了这样的交易条件，享受售后服务将照此规定办理。如图 3–9 所示。

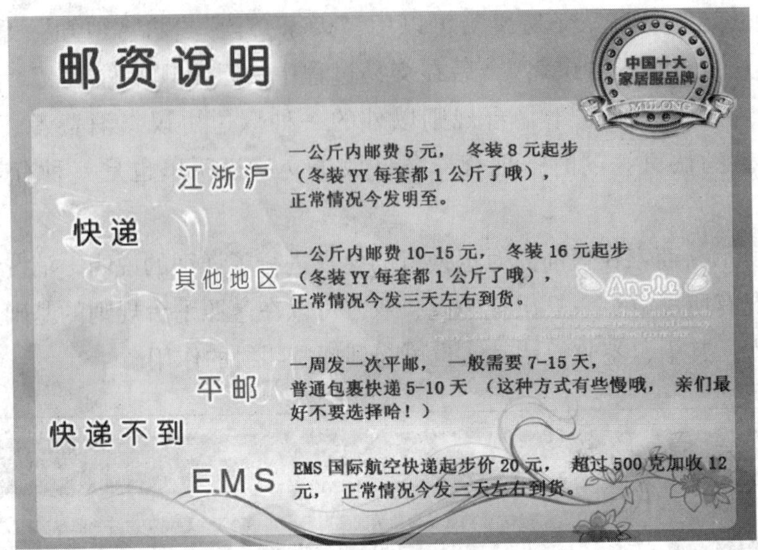

图3–8　某网店的产品配送说明

图3–9　某网店的售后服务说明

对于一些操作比较复杂、保养难度比较大的商品，需要通过查看说明书和在网上搜索相关内容才能了解到正确的保养方法。可以把这些内容放在店铺里展示，或者建立一个常见问答的文档，以供消费者随时查阅。

2. 编辑商品详情页

编辑商品详情页时可以选择模板，直接插入图片、视频，添加文字资料，组成图文并茂的商品详情页。为了满足消费者更方便地查看商品详情页的需求，网店运营者在编辑时需要分别设置电脑端和手机端，电脑端设置页面如图 3–10 所示。

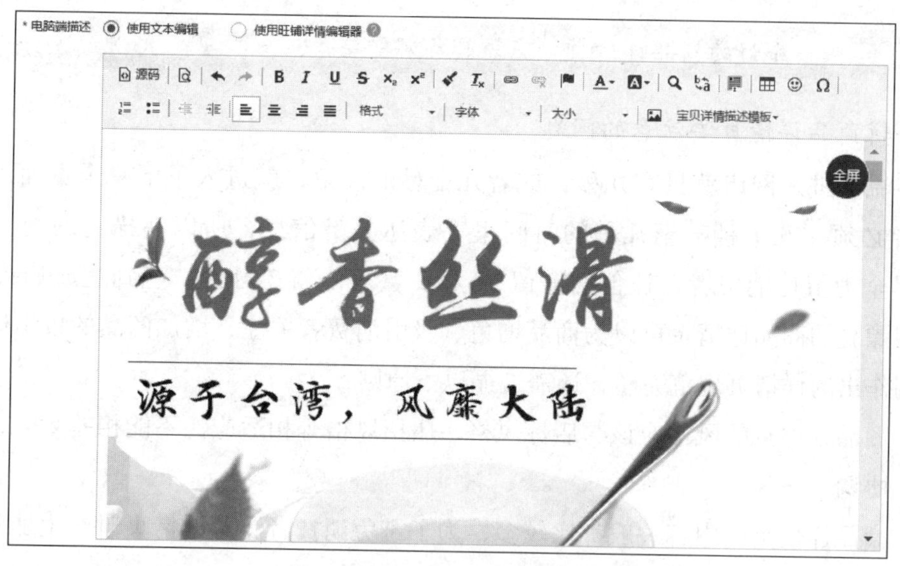

图3-10　某网店商品详情页制作页面

设置好电脑端的商品详情页后，再单击“手机端”，以此生成手机端的商品详情页。目前，大多数的淘宝订单都是在手机端完成的，如果手机端的商品详情页设置得不恰当，会为成交带来很大的阻碍。

对于新开张的网店来说，电脑端的成交率要比手机端的成交率低，所以设置好手机端商品详情页是非常重要的事情。一般情况下，在电脑端设置的图片，也可以用于手机端商品详情页的设置。单击“导入电脑端描述”，就可以生成手机端商品详情页，如图3-11所示。除了这种方法外，也可以手动添加事先制作好的手机端商品详情页。

图3-11　某网店手机端商品详情页制作

课堂讨论 一个好的商品详情页，应该具备哪些要素？

3. 编辑商品详情页要注意的问题

很多流量进入网店就只有几秒，或者几十秒的停留，就进入了下一个页面，那么网店运营者必须在几十秒甚至几秒的时间里去表达关键信息，所以在描述的前三屏，一定要竭尽全力留住消费者，让他们停留 30 秒，甚至停留 3 分钟，直到达成购买。

美观漂亮的商品详情页可以为商品增色、吸引消费者关注、增加商品的售出概率，而为了使制作出的详情页规范完整，还需遵循以下原则：

（1）商品详情页的风格应该与店标风格、店招风格等相适应，不能相差太大，以免页面整体不协调。

（2）商品详情页的内容一般都比较多，为了避免消费者浏览详情页时产生加载过慢的问题，建议不要使用太大的图片。

（3）商品详情页主要通过浏览器进行浏览，因此要保证图片链接正确，其设计也应该符合 HTML 语法要求，防止出现浏览错误的问题。

（4）在管理页面中直接制作商品描述十分不方便，因此建议先通过 Photoshop 制作好商品详情页再上传。

（5）商品详情页的宽度和高度没有具体要求，但是宽度一般在 750 像素以内。

（五）网店商品的分类

在开网店的过程中，给商品分类也是极其重要的环节。当消费者进入网店时，点击商品分类，就能够对网店中的商品类型有一个大体的了解，能够知道网店主要经营的品类。分类得越详细，消费者越容易找到自己想要的商品。给商品分类，也方便网店运营者的统一管理。网店需要提前对所售商品进行分类，上传单品时直接选择相应的分类就可以了，如图 3–12 所示。

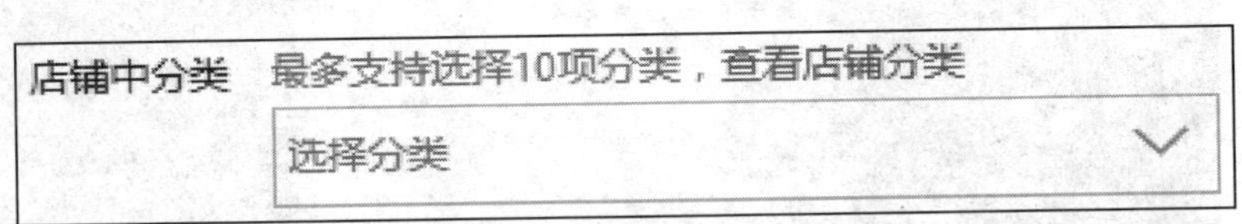

图3–12　商品分类选择页面

商品分类一般也分为电脑端和手机端。在电脑端首页，“所有宝贝”的下面会出现各种分类，如图 3–13 所示；手机端的分类一般出现在网店的首页右下方的“宝贝分类”图标下，点击之后就能够看到分类详情。

图3–13　某网店电脑端分类页面

1. 设置商品分类的依据

（1）按照商品的类别分类。如上装、下装、内搭、外套、裙装。

（2）按照使用场景分类。如卧室用品、厨房用品、客厅用品。

（3）按照适用人群分类。如男童装、女童装、妈妈装。

（4）按照使用的季节分类。如春装、夏装、秋装、冬装。

2. 设置商品分类的详细步骤

（1）打开浏览器，进入淘宝网，点击右上方的“千牛卖家中心”，在“店铺管理”一栏找到“宝贝分类管理”栏目，如图 3–14 所示。

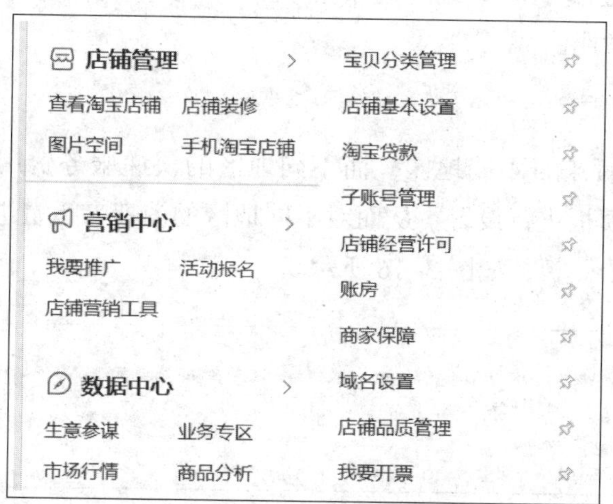

图3–14　“宝贝分类管理”栏目

（2）在“宝贝分类管理”中编辑分类。有两种方式，可以手工分类，也可以添加自动分类。

添加手工分类只要单击“添加手工分类”的按钮，对话框最下方会出现一个未写明的分类项，把所需要的分类名字手动输入即可。另外，也能够点击它来添加子分类。

添加自动分类要比手工分类简便，单击“添加自动分类”按钮，会自动生成商品的属性、类目、品牌等，除了时间和价格外，其他基本上都能够通过自动分类完成。

（3）所有设置完成之后，点击“保存更改”按钮，设置完成。

（六）设置支付信息

在进行支付设置时，网店运营者通常会选择普通交易模式，即设定“一口价”，消费者可以立即购买。如果商品没有现货，需要延期发货，可以采用预售形式提前在网店销售，选择“预售模式”，如图 3–15 所示。

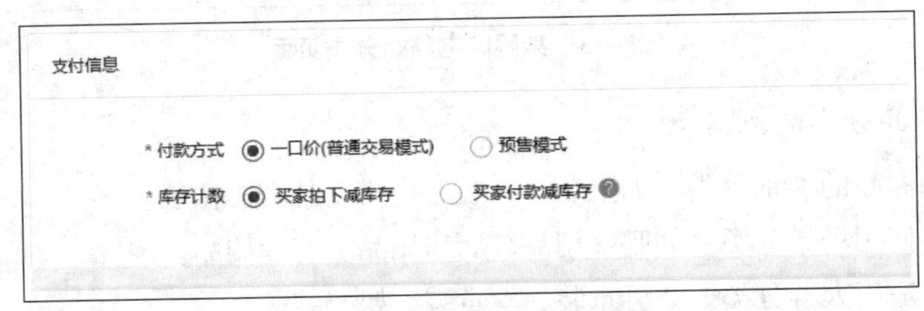

图3–15 支付信息设置页面

在“库存计数”中有两个选项，“买家拍下减库存”代表着消费者确认购买商品之后，库存就会相应减少，会有恶拍的风险。对于秒杀、超低价的商品，可以选择这个方式，能够有效避免超卖。“买家付款减库存”的意思是消费者确认购买商品并且付款后，库存才会相应的减少，会有超卖的风险，但是却能够提高回款率，降低恶拍风险，对于新手来说，这个方式是比较常用的。

（七）设置运费模板

由于网店的消费者来自不同地区，而不同地区的快递服务费用存在差别，因此，网店运营者需要对运费模板进行设置，从而对不同地区的消费者运费进行区别。在“物流信息”页面中可设立多个模板，如图 3–16 所示。

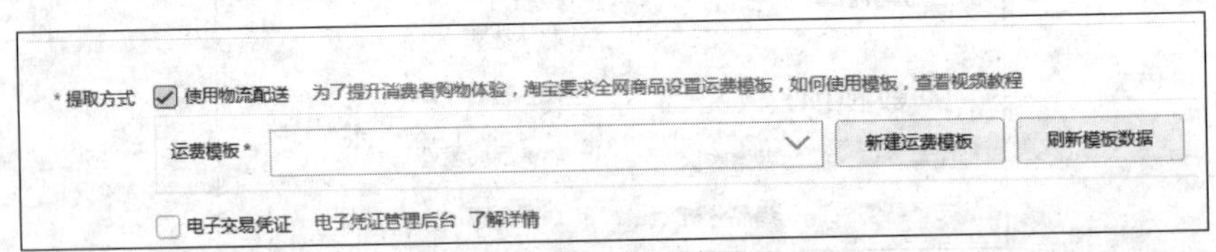

图3–16 “物流信息”页面

如果在运费模板中选择了“卖家承担运费”，也就意味着在商品运输过程中所有的费用由网店承担，如图 3–17 所示。

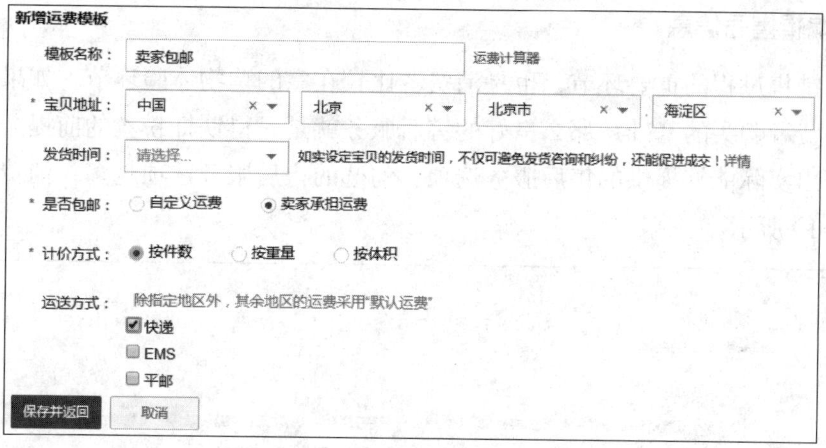

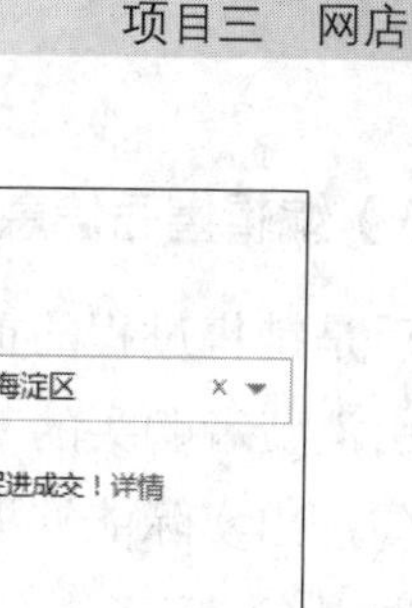

图3–17　“卖家承担运费”模板

如果在运费模板中选择了“自定义运费”，则意味着运费由消费者承担，就需要针对运费收取细节进行设置，计价方式可以根据网店的具体情况进行设置，如图 3–18 所示。

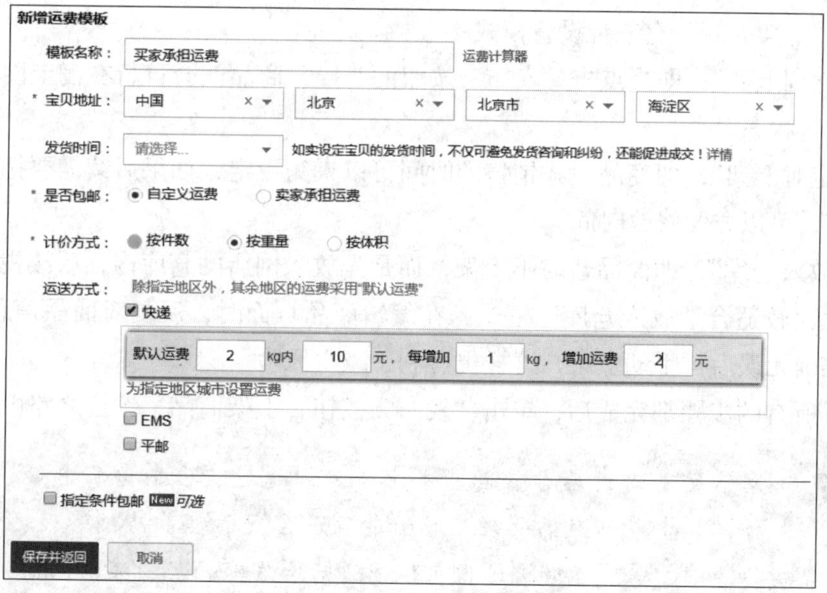

图3–18　“自定义运费”模板

如果设置的运费模板计价方式是“按重量”，那就需要填写商品的重量；如果设置的运费模板是按件计算，那就按件数计算运费。

实战经验　一个网店可以设置多个运费模板，例如：可以根据距离远近分别设置不包邮和特定地区包邮。

（八）编辑售后信息

售后是销售过程的重要环节，也是消费者比较在意的购物体验环节。如果说商品详情页是吸引消费者购买的基础，那么良好的售后服务就是赢得铁杆粉丝的前提。网店运营者应如实勾选出实际能够提供的售后服务选项，勾选的售后服务选项越多，消费者体验会越好，如图 3-19 所示。

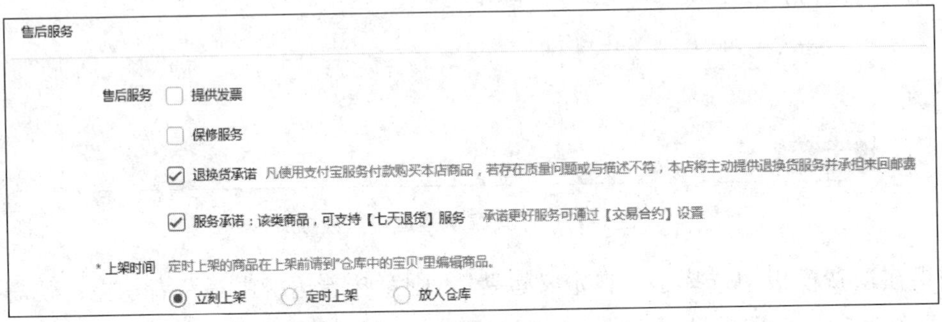

售后服务

售后服务 ☐ 提供发票

☐ 保修服务

☑ 退换货承诺 凡使用支付宝服务付款购买本店商品，若存在质量问题或与描述不符，本店将主动提供退换货服务并承担来回邮费

☑ 服务承诺：该类商品，可支持【七天退货】服务 承诺更好服务可通过【交易合约】设置

* 上架时间 定时上架的商品在上架前请到"仓库中的宝贝"里编辑商品。

◉ 立刻上架 ○ 定时上架 ○ 放入仓库

图3–19 售后服务设置页面

其中，“上架时间”有三种设置模式：

（1）“立刻上架”，即当点击“发布”按钮的时候，商品就会自行在淘宝网上架，并且立即进入销售状态。

（2）“定时上架”，即商品正式销售的时间可以人为设定，如果后续需要把商品下架或者继续优化，可以方便修改时间。

（3）“放入仓库”，即商品暂时不上架，而是先放入网店的仓库内，后续视情况再手动上架。新手比较适合“放入仓库”模式，在编辑商品页面时，反复对商品信息进行核实，确保信息准确无误后再手动上架，这样更有利于减少风险。

至此，所有的步骤都完成后，单击“发布”按钮，上架商品，销售之路由此开启。

实战经验 网店运营者的后台管理基本上都可以通过“千牛卖家中心”来进行操作，其中包括交易管理、物流管理、宝贝管理、店铺管理、营销管理、货源中心等。运营者不仅可以通过后台发布商品、装修网店，还可选择营销工具推销商品、分析相关数据等。

二、用淘宝助理发布商品

淘宝助理是淘宝网管理商品的官方工具，比较简便、易操作。在商品发布时，可直接在“千牛卖家中心”进行操作，也可以直接使用淘宝助理发布商品。

在淘宝助理工具中，可以创建商品、发布商品、批量编辑商品信息等，以实现商品的快速发布、批量修改以及导入数据包等。

（一）商品的创建

（1）下载“淘宝助理”客户端，为了方便起见，可将其放置于桌面上。

（2）双击“淘宝助理”，在登录页面输入用户名和密码，进入淘宝助理的主界面。如图 3-20 所示。

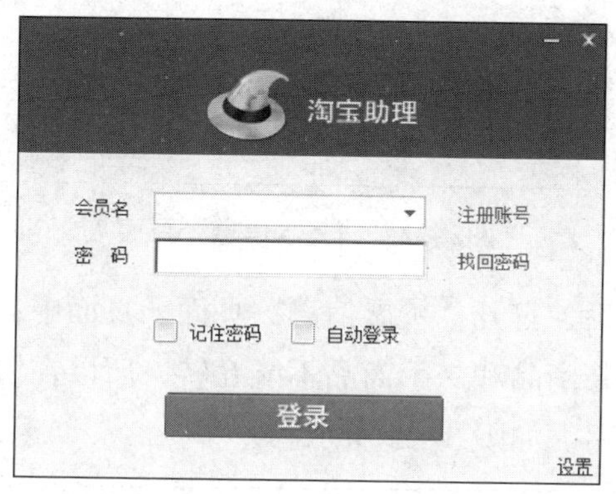

图3-20　“淘宝助理”登录页面

（3）单击页面中的“宝贝管理”，选择“创建宝贝”，填写页面下方的相关商品信息。如图 3-21 所示。

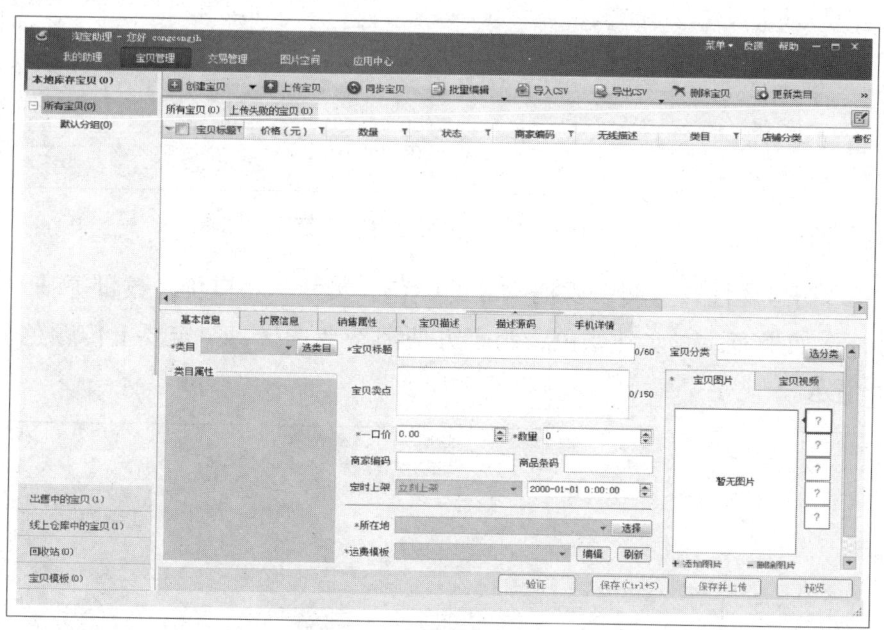

图3-21　“创建宝贝”页面

（4）填写商品信息，包括“基本信息”“扩展信息”“销售属性”和“宝贝描述”等。图 3-22 中带“*”的是必填信息，如标题、图片、描述、一口价、数量、所在地、运费模板等，其余信息可以根据商品情况选填。

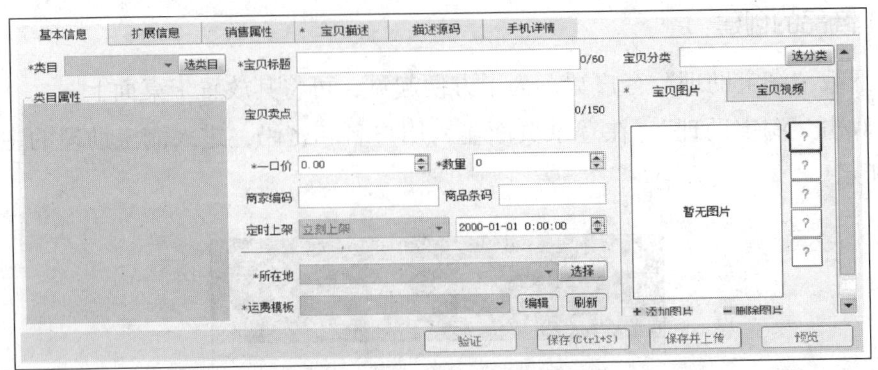

图3–22　“基本信息”页面

（5）填写好基本信息后，打开“扩展信息”页面。页面中，有一项“新旧程度”的选择，根据淘宝的规定，全新商品和二手商品不能互转，所以在填写这一栏的时候，网店运营者一定要如实、正确填写。如图 3–23 所示。

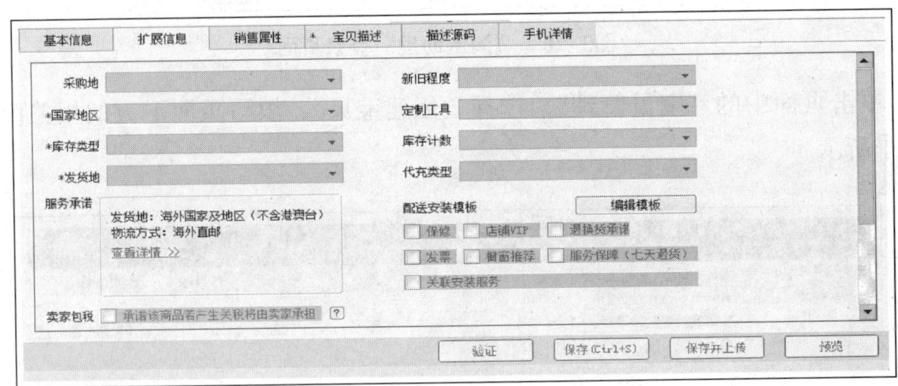

图3–23　“扩展信息”页面

（6）在“销售属性”页面，要把商品的颜色、尺寸、一口价、数量等基本信息填写正确。另外，如果商品有多种颜色，为了方便消费者选择，一定要上传颜色分类图片。如图 3–24 所示。

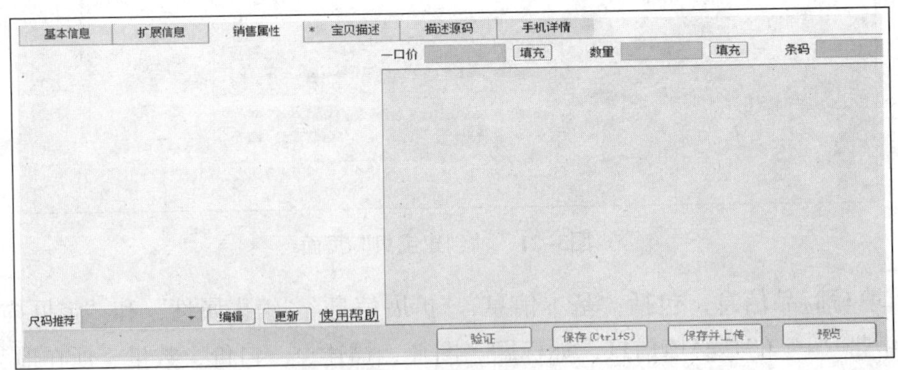

图3–24　“销售属性”页面

（7）打开“宝贝描述”页面，上传商品描述文字及图片等信息。如图 3–25 所示。

图3–25　“宝贝描述”页面

（8）虽然手机详情页不是加“*”项，但目前，手机使用人数飞速增加，人们使用手机网购的频率要远远大于使用电脑网购，因此，手机端的描述一定要进行编辑。发布了手机端描述，就得到了优先展示手机端的机会。如图 3–26 所示。

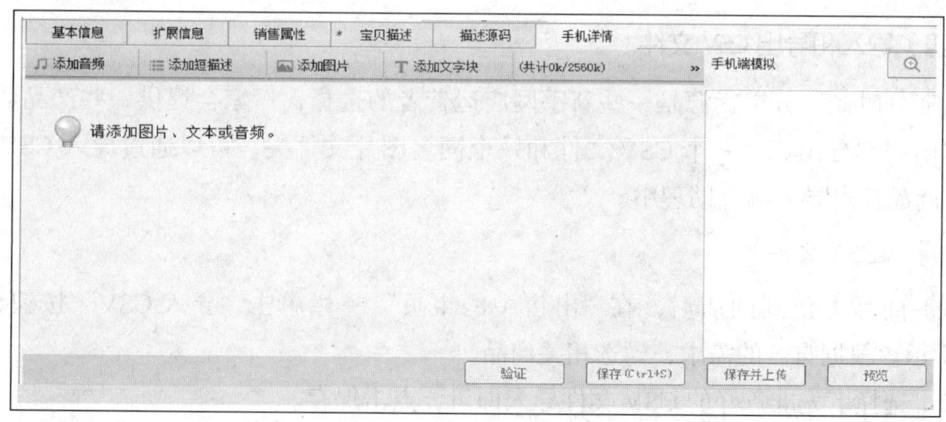

图3–26　“手机详情”页面

商品信息创建完成后，还要检查信息的完善情况。单击“验证”按钮，淘宝助理便会自动检测有无未完成的项目。如果有未完成的，在页面左下角会出现提示，单击“详细”字样，就能够看到详细的信息，然后根据提示信息逐一修改就可以了。如果没有出现提示，那就可以直接保存数据了，也可以单击“预览”，查看电脑端的详情页情况。

（二）商品的上传

1. 上传一个商品

单个商品的上传，即勾选需要上传的商品，单击“上传宝贝”按钮，淘宝助理就会自行检查。系统提示“上传成功”后，就表明商品已经上传到网店了。网店运营者可以进入后台查看。

2. 批量上传商品

如果需要批量上传商品，单击右键，根据自己的实际需求，在弹出的窗口内操作“勾选”“全选”“取消勾选”等。

和单个上传一样，系统自动检查后会把多个商品传入网店，网店运营者可进入后台查看。

（三）批量编辑

（1）单击“宝贝管理”，选择“批量编辑”，勾选需要批量编辑的商品。单击“批量编辑”下拉按钮，选择“标题”→“宝贝名称”。

（2）批量编辑商品标题有三种模式：批量添加前缀、后缀，批量查找并替换，批量全部替换。如在勾选的商品前面加上“冬季新款”，就可单击“增加”→勾选“前缀”，填写“冬季新款”，再点击“预览”可查看，最后点击“保存”。

（3）保存之后，还需要上传商品。点击“上传宝贝”按钮，批量编辑的商品才能够更新到网店。

（四）导入和导出 CSV 文件

大部分时候，分销货源是一些新手网店运营者的选择，厂家会提供一些产品数据包。数据包由两部分组成：一个 CSV 文件和一个同名图片文件夹。可以通过导入 CSV 文件，将这些商品信息导入淘宝助理中。

1. 导入CSV文件

（1）商品上传到网店后，在“出售中的宝贝”一栏单击“导入 CSV”按钮，如图 3–27 所示。根据自己的需求，勾选相关商品。

（2）选择事先准备好的 CSV 文件导入即可，点击保存。

另外，厂家的代理商有很多，所以代理们拿到的数据包是一模一样的。为了和别家代理商区分开来，在上传商品时，应该进行适当的编辑，适当改动原标题，调整一口价、所在地等。重新编辑商品之后，再上传到自己的网店。

2. 导出CSV文件

（1）商品上传到网店后，在“出售中的宝贝”一栏单击“导出 CSV”按钮，根据自己的需求，勾选相关宝贝。

（2）选择适当的文件夹，重新命名数据包之后，点击保存。

淘宝助理是一款免费软件，即便不登录淘宝网也可以编辑商品信息，上传商品，省去了网店运营者很多时间。另外，淘宝助理还能够打印快递单、管理淘宝图片、打印发货单

等，大大提高了开店效率，为网店运营者提供了很大的便利。

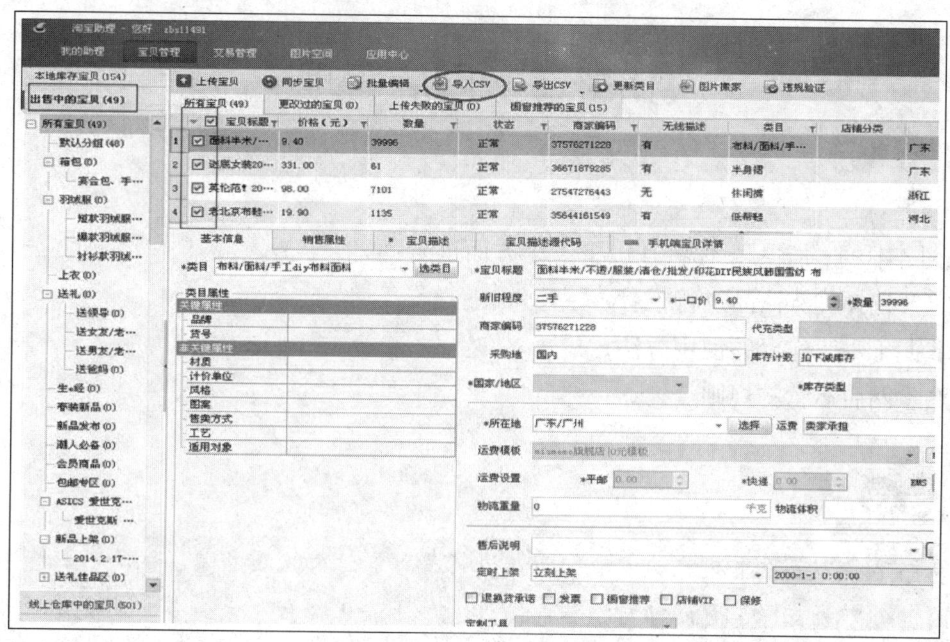

图3–27　导入CSV文件

任务总结

商品标题的选取、商品主图的制作和商品详情页的编写是商品上传中的三大法宝，上传商品前要事先做好商品信息的采集，再完成如下工作：

1. 为商品选取合适的标题，能够让消费者通过关键词顺利地搜索到商品。

2. 做好商品主图，展现商品卖点，可以在搜索页面吸引消费者，从而点击进入商品详情页。

3. 制作好商品详情页，可以让消费者了解更多的商品的卖点和优势，顺利下单，实现购买。

同步实训

1. 根据网店实际需要，选择合适的商品进行发布，发布时需要先准备好相关的商品资料：

（1）为商品选择合适的标题。

（2）制作有吸引力的商品图片作为商品主图。

（3）制作图文并茂的商品详情页。

2. 利用“千牛卖家中心”或淘宝助理发布商品。

任务二 网店管理

通过本任务的学习，你将在以下三个方面进阶：

• 学会选择优势商品进行推荐；

• 掌握千牛工作台的使用方法；

• 熟悉网店运营的规则。

开网店，需要运用一定的专业知识来进行管理。运营人员所具有的专业知识在网店管理的各个方面发挥作用，包括推荐商品、使用千牛工作台、懂得基本的交易管理、使用支付宝管理等方面，把这些事情处理好了，网店也就可以正常运转。

一、优势商品推荐

要想运营好网店，店铺管理尤为重要。在店铺管理的诸多环节中，优势商品推荐必不可少。做好优势商品推荐的前提条件是网店运营者充分了解相关的商品信息，并有选择地对商品进行推荐。

（一）商品推荐的形式

商品的推荐可以通过店铺海报、橱窗推荐以及客服推荐等，也可以通过一些付费的方式进行。对商品进行推荐主要体现在两个方面：一是对商品本身的推荐；二是对商品进行搭配推荐。

1. 商品推荐

商品推荐要因人而异，做到精准营销。因为不同的消费者有不同的需求，消费者购买某个商品，或是看重商品的实用性，或是看重商品的美观性。所以，网店运营者应根据消费者的不同需求，给予最合适的推荐。

2. 搭配推荐

搭配推荐是指网店运营者在推荐某个商品时，应重视商品的搭配，这主要包括风格搭配、色彩搭配、效果搭配等方面，并配上店内模特、流行元素给予形象讲解。这样既增加了商品的吸引力，也提高了客单价。

（二）商品推荐的原则

网店运营者在为消费者推荐商品时，应本着合适的推荐原则，以这种方式推荐的商品更具吸引力。通过推荐某几款商品，还可以提高更多商品的浏览量，因此，选择合适的商品进行推荐非常重要。

1. 选择合适的商品进行推荐

从消费者角度出发，选择最适合消费者的商品。网店运营者在为某个消费者推荐商品前，先要了解消费者对商品的需求，在此基础上，为消费者推荐最适合他们的商品。为消费者推荐合适的商品，有利于提高商品的成交量。

（1）人气高的商品。人气高的商品是消费者十分青睐的商品，这些商品能够很快吸引消费者的眼球，更容易被消费者信任，留住消费者并实现转化。

（2）性价比高的商品。性价比高的商品往往物美价廉。向消费者推荐这类商品，能够快速地抓住消费者的购买欲望，也能提高商品的交易质量。

（3）新奇有趣的商品。新奇有趣的商品很容易得到年轻消费群体的喜爱，网络消费的主体以年轻人为主，推荐这类商品往往能够带来较高的关注，引起消费者的兴趣。

2. 选择合适的方式推荐商品

合适的方式，体现在特别的节日、纪念日、狂欢节等时机，用回馈消费者等活动的形式，为其推荐不同类型的商品，也可以直接通过客服人员在线为消费者推荐重点商品。需要注意的是，网店运营者在向广大消费者推荐商品时，图片的展现一定要精美，尤其是主图，只有遵循这样的推荐原则，才能使推荐的商品更具特色，进而产生经济效益。

3. 选择合适的时间推荐商品

商品的上下架时间是网店运营的一个重要技巧。按照淘宝的规则，下架时间越近，其推荐位越靠前，相应获得展示的机会越多。一般商品上架的时间设置以七天为一周期，所以，即将上架满七天的商品要好好利用展示的机会。

二、用千牛工作台管理网店

不论是消费者买商品，还是商家卖商品，都需要一个有效的沟通工具，这个沟通工具非千牛莫属。千牛工作台是买卖双方实现高效沟通交流的一款软件，它由阿里巴巴集团打造，淘宝网、天猫商家均可使用。对网店运营者来说，千牛算得上是生意上的好帮手。

千牛工作台不仅有具备沟通功能，还包含卖家工作台、消息中心、阿里旺旺、订单管理、商品管理等主要功能。千牛工作台的核心是为网店运营者整合店铺管理工具、经营咨询信息、商业伙伴关系，借此提升经营效率，促进彼此间的合作共赢。目前，千牛工作台有电脑版和手机版，让网店运营者更加直观、便捷地进行操作。

（一）下载和安装千牛工作台

网店运营者要想用千牛工作台与消费者及时沟通，需要先下载和安装千牛工作台。千牛工作台分为电脑端、手机端两种，这里主要介绍电脑端千牛工作台的安装使用。网店运营者可在阿里巴巴官网下载千牛软件，在下载页面选择“电脑客户端”安装千牛软件，如图 3–28 所示。

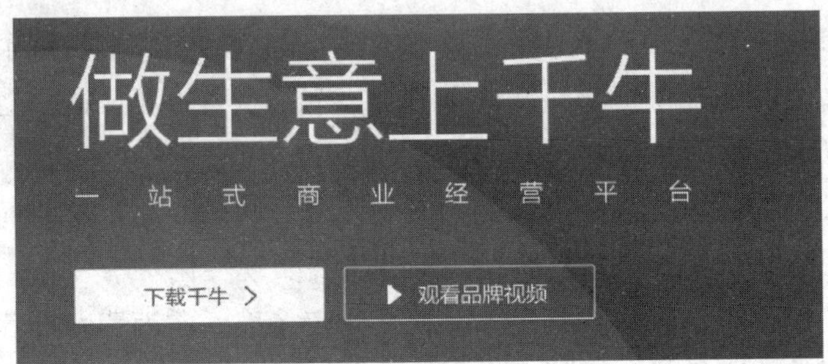

图3–28　下载千牛工作台

千牛工作台的登录账号和密码与淘宝网、天猫的账号和密码一致，不需另外注册。登录页面如图 3–29 所示。

图3–29　千牛工作台登录页面

（二）千牛工作台的基本功能

千牛工作台的功能较多，网店运营者在工作台的主要操作主要有以下几个方面：

1. 接待中心

接待中心是千牛很重要的模块，该模块完成的就是阿里旺旺的功能，网店运营者可通

过接待中心模块及时接收和查看消息，与消费者更好地进行沟通交流。与此同时，接待中心还可用于查看订单消息、商品信息、管理交易等，如图 3–30 所示。

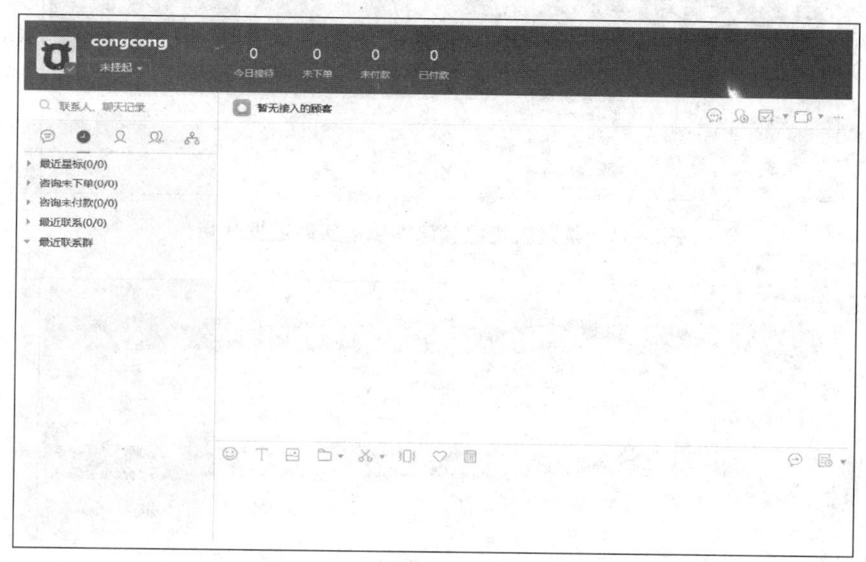

图3–30　千牛工作台交流页面

2. 工作台

工作台是千牛工作台的重要组成部分。工作台的主要功能包括：查看订单数量、交易数量、待付款订单、待发货订单、访客流量等情况，也可对商品发布、员工、物流等进行管理，如图 3–31 所示。

图3–31　某网店的千牛工作台页面

在工作台中，有一个非常重要的模块—生意参谋，可用于分析网店的基本数据，包括每天的流量、核心指标等。生意参谋的数据分为免费和付费两种，免费数据基本上都是基础数据，要想获得更多精准的数据，需要另外付费，如图 3–32 至图 3–35 所示。

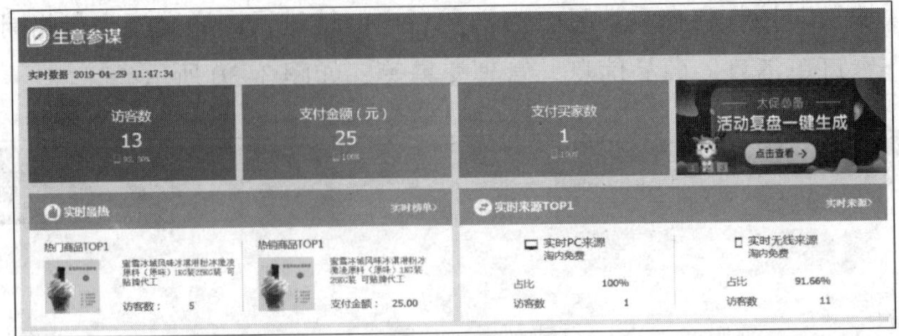

图3-32　某网店生意参谋提供的实时数据分析

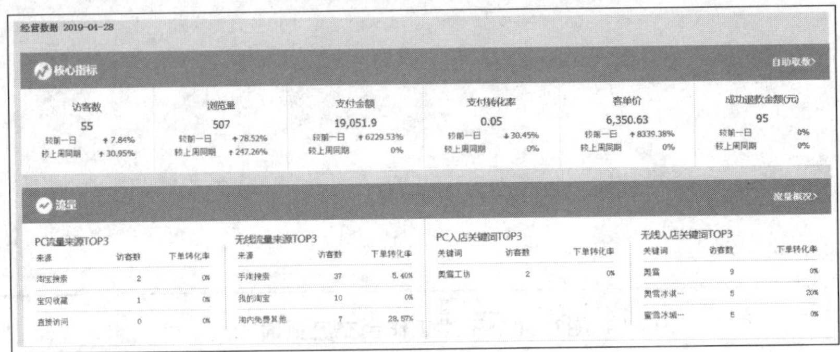

图3-33　某网店生意参谋提供的核心指标分析

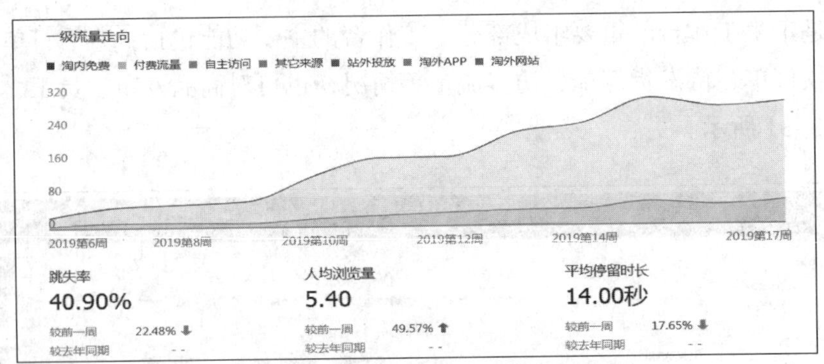

图3-34　某网店生意参谋提供的一级流量走向分析

访客榜 商品	访客数	加购榜 | 收藏榜 商品	加购件数	支付榜 商品	支付件数
蜜雪冰城风味冰淇淋粉冰激凌原料（原味）1KG装25KG装 可贴牌代工	79	伊斯特竹炭黑冰激凌黑炭冰淇淋粉商用软冰淇淋粉原料（纯黑色）	25	蜜雪冰城风味冰淇淋粉冰激凌原料（原味）1KG装25KG装 可贴牌代工	608
蜜雪冰城风味冰淇淋粉冰激凌原料（抹茶）1KG装25KG装 可贴牌代工	78	蜜雪冰城风味冰淇淋粉冰激凌原料（原味）1KG装25KG装 可贴牌代工	18	蜜雪冰城风味冰淇淋粉冰激凌原料（抹茶）1KG装25KG装 可贴牌代工	501
蜜雪冰城风味三合一咖啡粉速溶咖啡粉1kg装	46	伊斯特奥雪（特级）软冰淇淋粉商用圣代粉 冰激凌原料1KG装	13	伊斯特竹炭黑冰激凌黑炭冰淇淋粉商用软冰淇淋粉原料（纯黑色）	25
伊斯特奥雪（特级）软冰淇淋粉商用圣代粉 冰激凌原料1KG装	32	蜜雪冰城风味冰淇淋粉冰激凌原料（抹茶）1KG装25KG装 可贴牌代工	9	伊斯特奥雪（特级）软冰淇淋粉商用圣代粉 冰激凌原料1KG装	14
伊斯特奥雪（A级）软冰淇淋粉商用圣代粉 冰激凌粉原料1KG	30	蜜雪冰城风味三合一咖啡粉速溶咖啡粉1kg装	4	伊斯特奥雪（A级）软冰淇淋粉商用圣代粉 冰激凌粉原料1KG	4

图3-35　某网店生意参谋提供的榜单

3. 消息中心

消息中心的主要功能是查看和阅读系统消息、服务号消息，如图 3–36 所示。在消息中心模块，网店运营者可以轻松地查阅商品消息、营销活动通知、商家成长攻略等信息。除此之外，网店运营者还可以通过该模块查看淘宝官方、千牛官方发布的一些新闻消息。

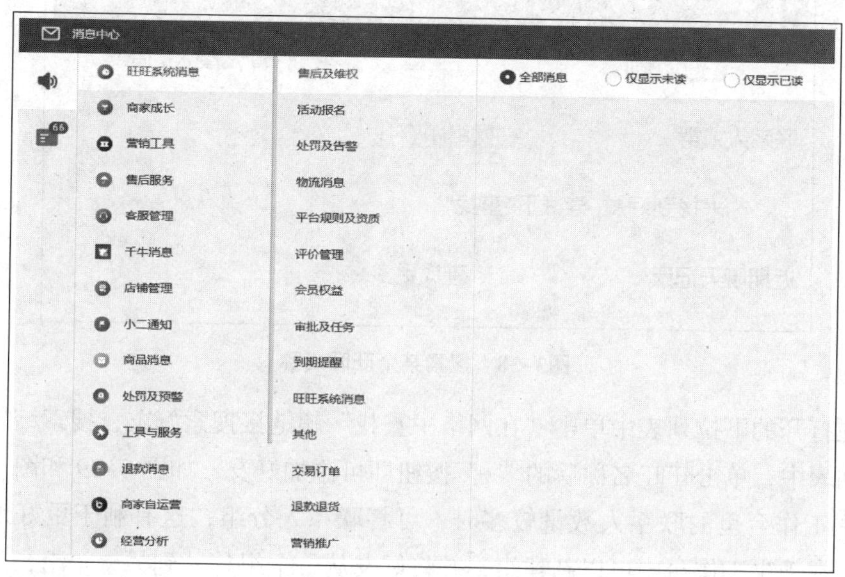

图3–36　“消息中心”页面

（三）对千牛工作台进行系统操作

千牛工作台可以帮助运营者对网店进行一系列的管理，如店铺管理、交易管理、物流管理、宝贝管理和客服管理等，如图 3–37 所示。

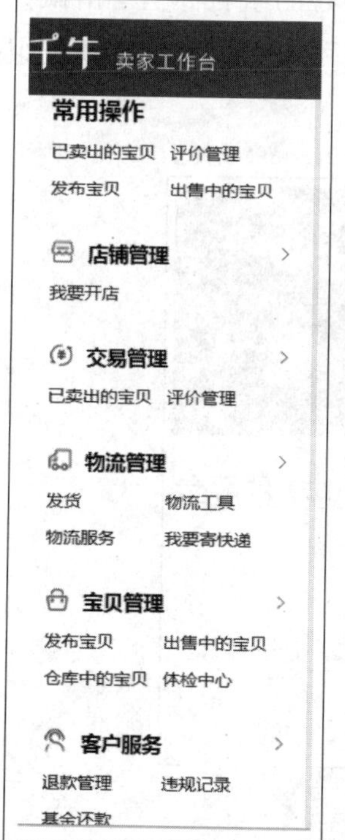

图3–37　千牛工作台的各项管理

1. 对千牛工作台的联系人进行管理

对千牛工作台的联系人进行管理，是管理网店客户的重要环节。有效地进行客户管理，对留住老客户、发展新客户、提高网店销量，均能产生积极作用。

网店运营者在管理客户时，可从查找与添加联系人开始。对那些经常光顾本店的客户以及有购买意愿的潜在客户，可将其添加为好友，主动与客户进行沟通交流，一则了解他们的购物需求，二则巩固与他们的关系，时间一长，也有利于将其发展为长期客户。

使用千牛工作台查找和添加好友的操作步骤如下：

（1）在千牛工作台打开“接待中心”页面，在左上方的搜索文本框中搜索想要添加的旺旺名称，如图 3–38 所示。

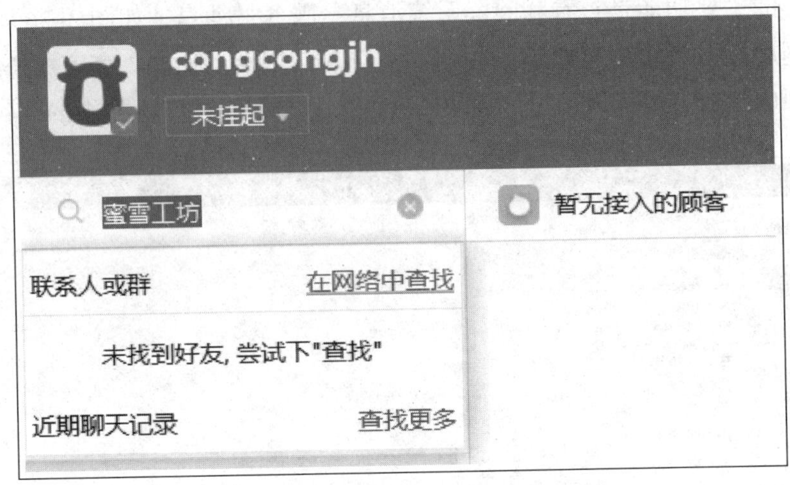

图3–38　搜索某个旺旺名称

（2）在打开的下拉列表中单击“在网络中查找”超链接搜索好友，搜索结果将显示在搜索下拉列表中，单击旺旺名称后的“+”按钮即可添加好友，如图 3–39 和图 3–40 所示。

当千牛工作台里的联系人数量较多时，可将联系人分组，这有利于更好地查看、管理联系人。在千牛工作台中可以新建组，并将好友从一个组移动到另一个组，也可以对好友的备注名称进行修改。具体操作方法：网店运营者可在接待中心的组名称上单击鼠标右键，在跳出的快捷键菜单中选择“组管理”指令，点击“添加组”按钮，就可以新建组并为该组命名，如图 3–41 所示。

图3–39　通过网络查找到用户

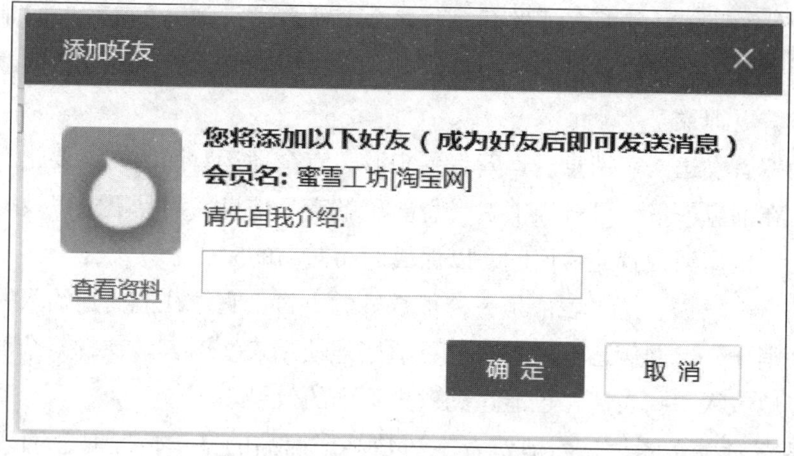

图3-40　添加为好友

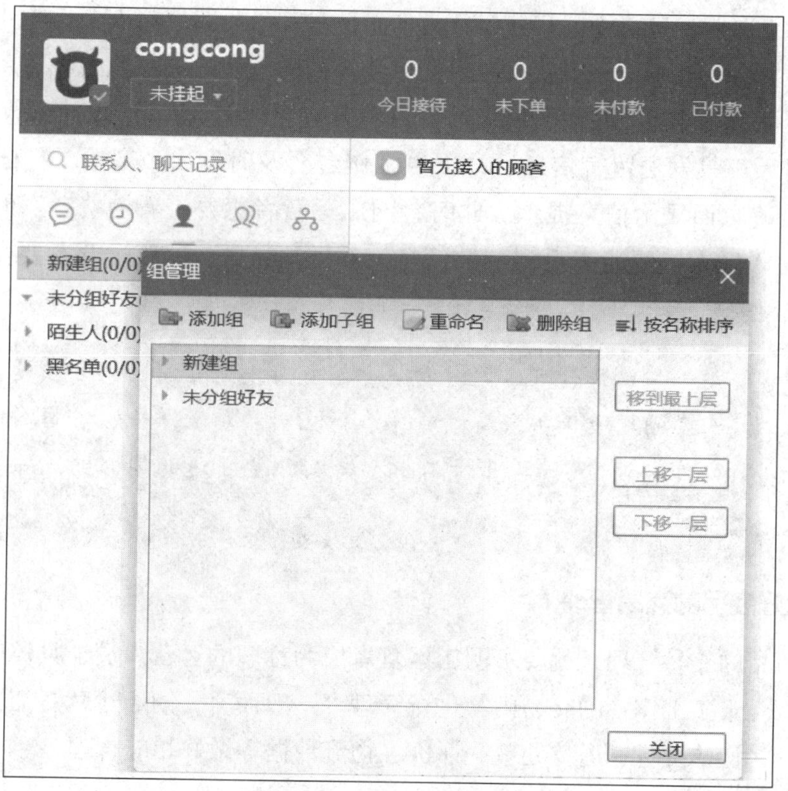

图3-41　为好友添加分组

课堂讨论　在阿里旺旺里为好友添加分组时，可以按照什么规则来分？

2. 与消费者交流

千牛工作台最大的功能就是能让买卖双方就某个商品问题进行沟通交流。网店运营者

在实践该款软件的聊天功能时，能够同时与多个消费者进行聊天，还能及时地查看当天聊天对象的相关信息，包括订单信息、商品信息、客户信息等，处理好这些问题就能把沟通交流的工作做得更细致。

（1）向消费者发送文字消息。运营者要想游刃有余地运营网店，就要学会向消费者发送文字消息，在消息框里，可输入消费者想要了解商品信息、商品需求以及网店最近所进行的一些活动，提高消费者的信任度，以促成商品交易的完成。

（2）向消费者发送表情。表情是一种很奇妙的语言，它往往能传递给人一种特别的感觉。除了文字消息外，网店运营者有时也可适当地使用表情语言。在就某个商品沟通相关问题时，适当地嵌入一些表情，也能达到意想不到的效果。

（3）向消费者发送图片。当消费者不清楚某个商品的基本情况时，网店运营者为了更好地让其了解情况，可通过图片的形式发送需要解决的问题。有时，使用图片解决问题会比文字消息更客观、更清晰。具体操作方法有两种：一种是直接在聊天栏中选择图片按钮，点击图片发送；另一种是直接在聊天栏中选择截图按钮，进行截图后，点击发送。

（4）回复消费者信息。在运营网店时，经营者会遇到消费者留言的情况。当消费者通过阿里旺旺聊天工具发送留言信息后，千牛工作台会及时发出声音给予提醒，并会在千牛工作台的接待页面显示信息提示。此时，网店运营者想要查看消费者发的信息，可单击发出信息的联系人，便能查看到相关信息。看见消息后，网店运营者要在输入栏中及时回复相关问题。

实战经验 使用千牛工作台可以同时向多个消费者发送信息，其方法是：在需要群发消息的组上单击鼠标右键，在弹出的快捷菜单中，选择“向该组成员群发即时消息”，打开对话框，输入需要发送的内容，点击“发送”按钮即可。

（四）做好商品的交易管理

要做好商品的交易管理，就要求网店运营者成为称职的运营人员，具体就体现在网店运营者要善于对千牛工作台的交易内容进行管理。一般而言，网店运营者需要对千牛工作台的商品信息、订单发货、退款处理、评价、物流数据等做好相应管理。

1. 对商品信息进行修改

消费者在浏览到中意的商品后，会下订单，并且会因价格、快递费或地址等问题，要求网店运营者对商品信息进行修改。此时，网店运营者便可在千牛工作台实现对商品信息的修改。

（1）对商品的价格进行修改。网店运营者可登录千牛工作台，找到“接待中心”，在页面右侧点击“订单”选项，从该选项中可见“全部”“未完成”“已完成”“已关闭”四

个选项操作，点击“未完成”选项操作，在订单状态下点击“改价”按钮，输入商品价格折扣，便完成了商品的改价。还有一种改价操作方法是，点击“一键改价”超链接，在打开的文本框中输入双方商定好的商品价格，点击“确定”按钮。进行这个操作后，点击“保存”按钮，便完成了商品的改价操作。

（2）对商品的地址进行修改。网店运营者可在商品信息下方点击“地址”按钮，便能看到消费者填写的地址、联系方式等信息，可在右下角点击“发送地址”按钮，把地址发送给消费者，方便其对相关地址进行核实确定。

当双方对价格、地址等都表示满意时，便可操作付款。付款以后，如果消费者还想对收货地址进行修改也是可以的。网店运营者可点击商品信息下的“地址”按钮，在打开的列表中点击“修改”超链接，便能在页面中修改收货地址、联系方式等相关信息，做完这项操作后，点击“保存”按钮便完成了整个操作。

2. 对订单发货进行管理

当消费者完成付款操作后，就需要网店运营者对需要邮寄的商品进行快递操作，其中，填写快递单号、在千牛平台中完成发货尤为重要。

（1）对需要发快递的商品进行发货操作。当网店运营者对需要邮寄的商品信息确认无误后，便可操作发货。网店运营者可在“接待中心”的下方点击“卖家中心”按钮，打开“卖家中心”的操作界面，在“交易管理”页面点击“已卖出的宝贝”超链接，通过查看已卖出的宝贝后，点击“发货”按钮，如图 3–42 所示。接着在打开的发货界面中选定快递公司，点击“选择”按钮，输入订单号码，点击“确认”按钮，并根据页面提示完成相关的发货操作。

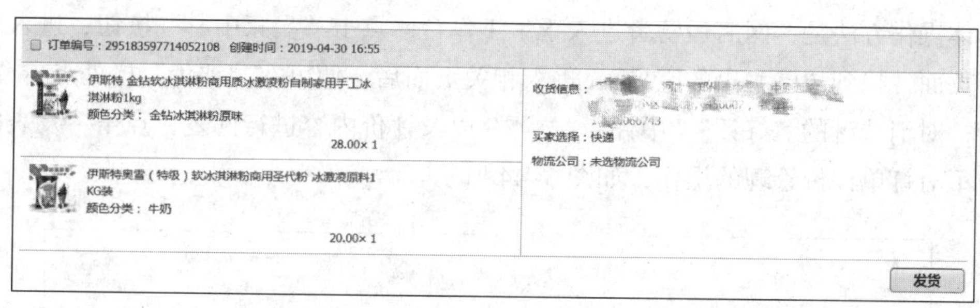

图3–42　商品发货页面

（2）对不需要发快递的商品进行发货操作。在网店运营中，有的商品是不需要发快递的，如电子商品等，对于这类商品的发货，也有特定的发货操作。具体来说，网店运营者可先进入发货页面选择“无须物流直接发货”，这个操作意味着无须填写快递单号便可完成商品的发货操作。对不需要发快递的店铺，在掌握了相关的发货操作后，能节省许多成本。

3. 对退款处理进行管理

运营网店，免不了要对商品交易中的退款情况做出处理。通常，这种情况是消费者下订单后，由于某种原因不得不申请退货或退款，此时就需要买卖双方在充分协商的基础上达成一致，再进行退款操作。

网店运营者登录千牛工作台后，进入“接待中心”，点击“卖家中心”按钮，进入“卖家中心”页面，在“客户管理”处点击“退款管理”超链接，进入“退款管理”页面，此时便能看到申请退款的商品。如果同意退款，网店运营者可点击“同意退款申请”按钮，便进入退款处理页面，如图3–43所示。做完了这个操作步骤后，网店运营者可在打开的页面输入支付宝密码，便完成了整个退款操作处理。反之，如果不同意退款申请，网店运营者可在打开的页面里填写拒款退款理由，相关的操作就此告一段落。

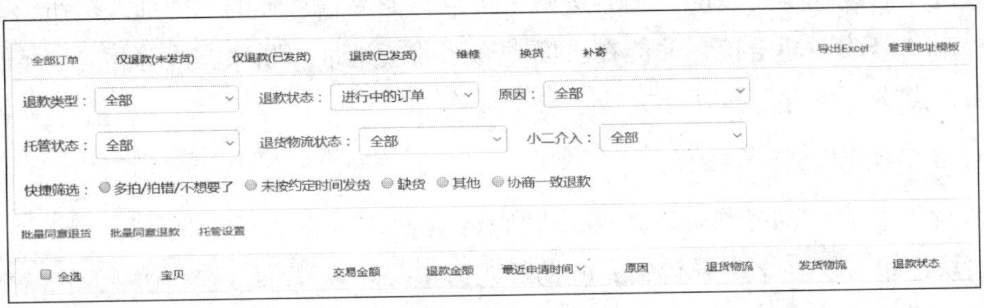

图3–43 退款处理页面

一般情况下，买卖双方的退款处理最好双方协商解决，因为找第三方平台介入后，如果判定为商家责任，就会大大地影响网店的退款率。

4. 对评价进行管理

网店运营者完成了相关的订单后，需要对评价进行管理。

具体操作方法是：网店运营者进入千牛工作台，点击“卖家中心”按钮，进入“卖家中心”页面，找到“已卖出的宝贝”，进入相关页面后，便可在“评价”栏处点击“评价”超链接，对消费者的“好评”“中评”“差评”以及评价内容进行回复，点击“发表回复”，便完成了对订单评价管理的操作，如图3–44所示。

图3–44 评价后台回复页面

5. 查看物流数据

千牛工作台中的智选物流为网店运营者提供了物流监控、物流绩效监控等功能，通过该功能，网店运营者可以实时查看和分析物流数据。如图 3–45 和图 3–46 所示。

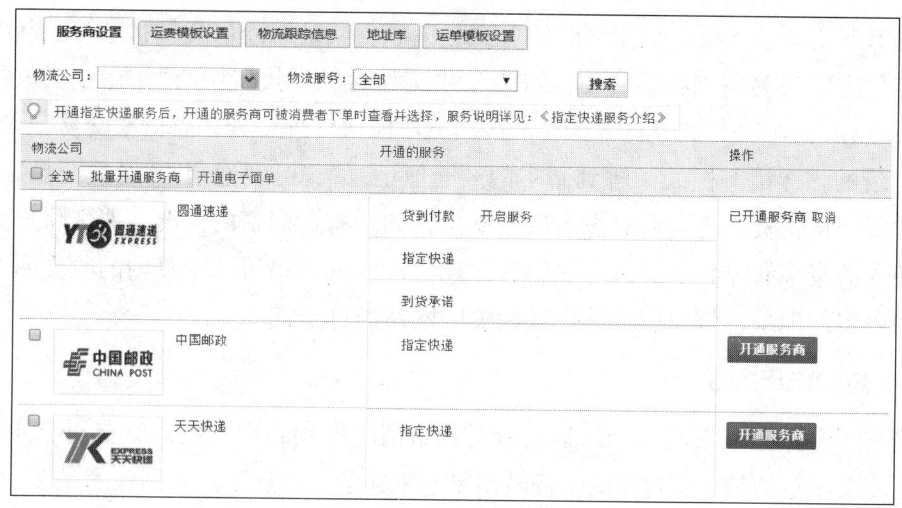

图3–45　定制物流服务

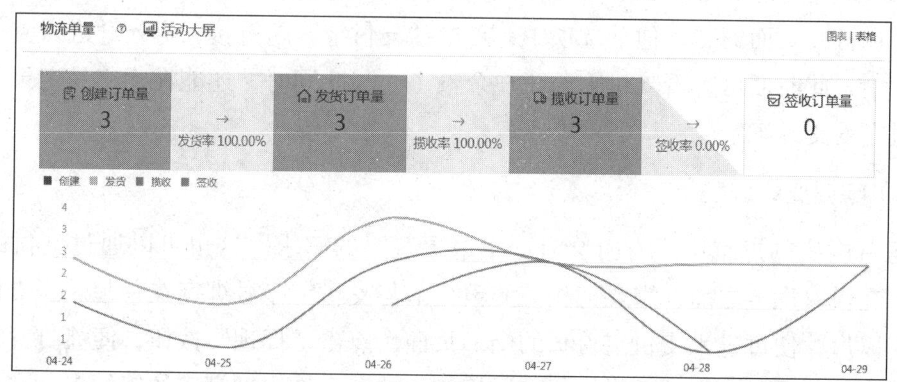

图3–46　网店物流数据

三、用支付宝进行账目管理

支付宝是国内最常用的第三方支付平台之一，是一种简单、快速、方便、安全的支付方式。随着社会的发展，越来越多的人使用支付宝进行支付。运营网店，少不了对商品交易中的各个账目进行管理。一般而言，网店里的账目管理大多是通过支付宝实现的。通过支付宝，网店运营者可进行查看账户明细、账户余额、提取现金等操作。网店运营者用支付宝来管账的好处就是不用到银行去查账，消费者的付款到账后可以马上知道，既省时又省力，还可以帮助网店运营者清楚地记录每一笔交易账目。而且当消费者收到自己购买的商品时，就可以在网上确认收货，这时支付宝就会将货款打到网店账户上，运营者可以通过支付宝进行提现。

（一）查看账户明细

支付宝账单明细主要包括交易时间、交易金额、交易原因、交易状态等。网店运营者要查询支付宝的交易明细账目，可以进入千牛工作台的“接待中心”，在左下角找到“卖家中心”，点击进入“卖家中心”首页，在“工作模块管理”处，点击“交易记录”，便能在交易记录的“详情”栏处了解到基本的“充值记录”“提现记录”“退款记录”等情况。在查询时要注意，资金进入后有没有后续支出，如果有过消费的情况，那么账户内的余额就会与转入的资金有差异。另外，手机客户端只能查询到最近一个月内的收支明细，如果需要查询更多的记录，就要用电脑登录相关的网站进行查询。

（二）查看账户余额

定期查看账户余额有利于网店运营者对资金情况做到心中有数，更有利于其分配资金的用途。需要注意的是，支付宝的余额转出是有限额的，一般账户最高额度是 20 万元 / 年。目前，如果页面提示超出了支付限额，就要以别的支付方式进行支付了。

如果要查询账户余额，就需要进入千牛工作台主页面，通过点击“常用网址”选项卡，就可在打开页面的“其他”选项中，点击“支付宝”超链接，进入“进入支付宝”超链接页面中，此时便可查看支付宝的账户余额了。与此同时，还能在“交易记录”中查看近期支付宝的交易记录。

（三）申请提取现金

在运营网店的过程中，有时会有“申请提现”的需求。这也可以通过支付的提现功能实现。在提取现金之前，需要把相关的银行卡与支付宝账号绑定在一起。当支付宝绑定好银行卡以后，便可进入支付宝首页的余额页面，点击“提现”按钮，便能打开支付宝提现的操作页面，通过点击“选择银行卡”把相关的资金转入到绑定的银行卡，在“提现金额”处输入提现金额，并在“到账时间”处设置到账时间，点击“下一步”操作按钮，便可在打开的页面输入支付宝的支付密码，点击“确定提现”按钮即可完成操作。

实战经验

支付宝有登录密码和支付密码，很多人为了图方便，将这两个密码设置为相同密码，这给不法分子提供了便利，因为登录密码受到撞库攻击的可能性很大，所以一定要将这两个密码设置得不一样。如果还是担心被不法分子破解密码，我们可以使用指纹解锁和指纹支付来代替密码，这样就会降低风险。无论如何，一定要对账户进行安全维护，定期对电脑进行杀毒，定期更改支付密码并进行实名认证，降低损失发生的概率。

四、懂得商品的违规处理规则

为了更好地管理网店，网店运营者应懂得商品的违规处理规则，这样能够有效地规避违规现象的发生，也有利于商品在违规情况下找到最佳的处理办法。

（一）违规行为的具体划分

有关部门会根据违规行为的情节轻重进行划分，主要分为严重违规行为和普通违规行为。如果网店运营者出现以上两者其中一种违规行为，平台会通过扣分、累计扣分等方式进行处罚。值得注意的是，如果网店运营者出现出售假冒伪劣商品等严重违规行为，在扣分方面会单独累计，不会同其他的违规行为放在一起扣分。

（1）严重违规行为，是指网店运营者破坏了市场秩序，在商品的出售上，涉嫌违反了国家的法律法规行为。

（2）一般违规行为，是指除了严重违规行为以外的违规行为。

（二）违规行为的纠正方法

当网店发生违规行为时，淘宝网官方会对其运营人员的违规行为及时给予纠正，并会公示三天作为警示。如果网店运营者因为分销商品引发违规行为，被淘宝网官方判定为非分销商责任，那么分销商不会被扣分，仅对网店运营者的违规行为做出纠正处理。

淘宝网官方对网店运营者违规行为的纠正包括：

（1）针对在平台上公然发表违规、违禁信息内容的行为，淘宝网官方将介入并且有权删除网店运营者所发表的发表违规、违禁的信息内容以及商品交易评价。

（2）针对出售的商品属于假冒伪劣商品的行为，淘宝网官方将介入并有权删除假冒伪劣商品的信息，包括正在出售或者在仓库中待出售的商品。

（3）针对盗用他人账户出售商品的行为，淘宝网官方将介入并且有权追回被盗账户，并让账户的原始主人通过账户诉讼程序重新获得该账户。

（4）针对泄露他人重要信息的不法行为，淘宝网官方将介入并有权对网店运营者所泄露的隐私资料信息进行删除。

（5）针对以不法手段骗取他人财物的行为，淘宝网官方将介入并有权对网店运营者以骗取他人财物出售的商品或信息，实行交易评价上的内容删除。

（6）针对滥发信息的行为，淘宝网官方将介入并删除商品信息，并对出售相同商品的两家以上网店降低信用积分，并实施相应的关闭处罚。

（7）针对虚假交易中网店运营者以不正当、不正规的方式提高账户信用积分的违法行为，淘宝网官方将介入并删除因虚假交易产生的店铺评分、信用积分，并对网店的所有商品实行下架处罚。

（8）针对网店运营者对商品的成分、材质、品相等信息的描述与实物不相符，售出的商品给消费者造成损失（体现在商品无法正常使用）的行为，淘宝网官方将介入并删除与该商品不符的描述信息。如果网店运营者没有对商品存在的问题进行披露，淘宝网官方将介入并删除该商品信息。

（9）针对违背承诺的行为，淘宝网官方也有相应的处罚措施。若网店运营者未能对售出的商品如实介绍商品信息，或是未按约定时间发货（延迟发货），则需向消费者支付期间产生的违约金。

（10）针对网店出现的恶意评价行为，淘宝网官方或评价方有权删除该评价。

（11）针对不是正规渠道出售的商品，淘宝网官方有权对其进行查封，并对产生的订单给予关闭惩罚。

（三）针对严重违规行为的处理方式

淘宝网官方对出售假冒商品等严重违规行为，会采取以下处理方式：

（1）针对网店严重违规，且扣分累计达 12 分的，淘宝网官方会对店铺进行屏蔽、限制开新店、限制发商品、限制站内信功能、限制社区功能，并进行 7 天的公示警告。

（2）针对网店严重违规，且扣分累计达 24 分的，淘宝网官方会对店铺进行屏蔽、限制开新店、限制发商品、限制站内信功能、限制社区功能，并进行 14 天的公示警告。

（3）针对网店严重违规，且扣分累计达 36 分的，淘宝网官方会对店铺进行屏蔽、限制开新店、限制发商品、限制站内信功能，限制社区功能，并进行 21 天的公示警告。

（4）针对网店严重违规，且扣分累计达 48 分的，淘宝网官方会给予封停账户的处理。如果网店单次违规的扣分较大，在累积扣分上满足多个情节公示警告或处理条件且在违规处理期间又在执行同类节点处理的，只需接受最重的节点处理。

（四）针对一般违规行为的处理方式

淘宝网官方对一般违规行为的处理方式包括：

（1）网店因一般违规行为，在每扣 12 分后，会受到店铺屏蔽、限制发商品的处罚，并进行 7 天的公示警告。

（2）如果消费者因竞拍不买，或是给予恶意评价，导致网店扣分，淘宝网官方会在随后的相关处理中限制消费者的行为。

（3）参与淘宝网官方处理的网店，在全部违规行为被纠正，并且违规处理期满、违规处理措施结束，可通过规则考试恢复正常经营状态。

（五）针对其他违规行为的处理方式

（1）网店的违规扣分，会于每年的 12 月 31 日 24 时清零。

（2）如果网店出售假冒商品，或扣分累计达到 24 分及以上，违规扣分在当年不会清零，并会以 24 分的档案计入次年。若次年新增的违规扣分未超过 24 分，则扣分会在该年

12 月 31 日 24 时清零。当网店的累计扣分达 48 分以上，淘宝网官方会查封网店的账户。

（3）如果网店是第一次、非故意造成违规行为，淘宝网官方将给予教育和纠正，并要求网店自检自查。

（4）网店在被违规处理之日起，总计天数在 15 天内，可通过线上违规的申诉入口提交相关的违规申诉申请，以自证清白。

> **实战经验** 为了方便团队其他成员也能够登录后台进行网店管理，网店负责人可以为团队成员设置子账号，同时为子账号分配不同的权限。

任务总结

日常管理是运营网店的过程中一项既基本又重要的工作，新手在对网店的管理中可以借助一些管理工具，如千牛工作台等，更好、更直观地完成网店的运营。同时，在网店的管理过程中还要熟悉网店运营的各项规则，以免出现违规，从而受到处罚等问题，规避各种风险。

同步实训

1. 分析网店商品，选择优势商品，并利用多种方法进行商品推荐。
2. 使用千牛工作台对网店各方面进行管理。
3. 使用生意参谋查看网店的详细数据，下载数据制作网店“日报表”“周报表”。

项目四 网店运营与推广

学习目标

掌握商品的自然搜索排名优化；学会使用淘宝网官方的营销工具和活动提升网店的流量和转化率。

知识目标

掌握淘宝搜索引擎的商品排名规则；学会对商品标题、主图及详情页的优化；学会使用直通车、钻展、淘宝客等工具对网店进行推广。

能力目标

能够利用搜索引擎优化技术最大限度提升商品搜索排名；能够合理使用官方营销工具及活动提升网店流量，获取最大收益。

任务一 网店的排名与优化

通过本任务的学习，你将在以下四个方面进阶：

- 熟悉影响淘宝搜索引擎排序的因素；

- 学会优化商品标题和图片；
- 学会优化商品描述页；
- 掌握其他类型优化方法。

网店的运营与推广分为站内推广和站外推广两种形式。在经营初期，由于网店还未达到参与站内活动的标准，因此流量的来源只能大量依靠店内的促销活动和自然搜索。如何通过优化商品的标题、图片和商品详情页，优化页面结构、上下架时间等达到引流的目的，是本任务的重点。

一、提升商品搜索排序

（一）影响搜索排序的因素

网店要产生流量，必须让网店商品的搜索排名靠前。排名靠前的商品，自然能够得到更多展示的机会。淘宝搜索排序是自然流量的首要条件，排名越靠前的商品，获得的展示机会越多，得到的流量也越多。

目前，影响淘宝搜索排序的因素很多，如成交量、关键词匹配、商品下架时间、收藏量、好评率、商品促销、橱窗推荐、消费者保障、店铺动态评分、商品价格、点击率、商品主图、商品属性完整度、停留时间、跳出率、金牌卖家、公益宝贝、动销率、退款纠纷率、客单价等，不同的因素权重不一样，对商品排序的影响也不相同。其中，较为重要的影响因素包括：

（1）点击率：新品上架后的随机展示概率是相似的，在固有的展示次数里，如果点击率高，如 100 次展示机会中获得 20 次点击量，则表示该商品的标题和图片搭配比较合理，能够获得不错的点击率，淘宝网则会继续增加该商品的展示机会。反之，点击率过低则可能降低商品排名。

（2）跳出率：跳出率是商品描述质量的一种体现，淘宝网会根据消费者在网店的停留时间和跳出率来判断商品描述是否吸引消费者，消费者停留时间越长，在网店中浏览的页面越多，跳出率越低，则越有利于提升排名。

（3）转化率：转化率是商品能否得到消费者认同的一种表现，一般而言，转化率越高，说明商品描述越真实，消费者信任度越高，淘宝网将对这类商品的排名进行提升。但如果检测出有刷信誉、刷单等嫌疑，网店则会被降权。

（4）综合评分：综合评分包含多种因素，如人气、销量、信誉、价格等，其中，人气又包括浏览量、收藏量等。总而言之，不论是商品质量还是服务质量，都需赢得更多消费者的好评，才可能提高综合评分。综合评分越高，商品排名就越靠前，综合评分越低，则会被降低排名和权重。

（5）动态评分（DSR）：动态评分是网店综合服务水平的体现，动态评分越高，对排名越有利。

（6）上下架时间：淘宝网中的商品在即将下架的时候会获得排名提升和更多展示机会，所以要慎重设置商品上下架时间。

（7）消费者保障：参加消费者保障的商品，排名会更靠前。

（8）退款率和纠纷率：退款率和纠纷率是判断商品质量和服务质量的重要指标，退款率比同行高的网店，排名也会降低，而有纠纷或纠纷率高的网店，会被淘宝网进行降权处理。

（9）动销率：动销率是指网店商品的动态销售率，也是营销搜索排名的一个因素，建议网店运营者将长时间未出售的商品重新进行编辑或下架，这样有利于提升网店排名。

（二）建立搜索链接的方法

1. 网店运营者向搜索引擎提交网店地址

网店运营者要进行搜索引擎的推广，最重要的就是要让自己的网店网址被搜索引擎所收录。要被这些搜索引擎收录，除了可以通过更大的搜索引擎的爬虫程序找到网站进行搜索，网店运营者还可以主动地把自己的网店地址提交给搜索引擎。如今，国内大概有百余家搜索引擎服务提供商，大多可以直接进行提交网址的服务。如果网店运营者可以在百度、谷歌、新浪等大型网站进行登录，效果应该会更好。具体操作方法是，网店运营者首先在浏览器上输入搜索引擎网站的地址，并将自己网店的地址输入进去，然后点击提交即可。

2. 让搜索引擎快速收录自己的网店

让搜索引擎收录网店最有效的方式，就是在已经被搜索引擎收录的网站上发布网店的链接，让这个搜索引擎通过链接找到网店。如果网店的链接重要性很高，搜索引擎就会不断对其进行访问，这样就会让网店更快被收录。网店运营者可以通过以下几种平台或网站，发布自己的链接：

（1）微博或微信平台引流。网店运营者可以在微博或微信上发布链接，甚至直接把商品发到微博或微信上，吸引粉丝的关注，为网店带来流量。

（2）论坛引流。网店运营者可以选择在百度贴吧这样的大型论坛上发布一些信息，这些信息中也可以包含自己网店的链接。在发布信息时要掌握一定的技巧，发布的信息要对消费者有一定的价值，切勿发布垃圾信息，引起消费者反感。

（3）网站引流。选择与网店有一定相关性的网站，通过网站首页进行链接也是引流很好的方式。首页是网站中相当重要的页面，也是访问最多的一个页面。对于一些大型网站而言，首页的一个链接比得上内页的几十个链接。

3. 选择精准的关键词

很多人在网上寻找信息都是通过在搜索引擎中输入关键词找到自己需要的内容。据研究，人们搜索时输入的关键词个数平均是 2 ～ 5 个。因此，对于网店运营者来说，选择合适的关键词对网店的推广具有至关重要的作用，因为搜索引擎只提供与关键词相关的内容，其他的内容是不会展示的，如果网店在搜索引擎中有相关的关键词，那么在该网站的排名就会靠前。

二、优化商品标题

标题对于商品来说至关重要，因为大多数网购消费者在购买商品时都是通过输入商品的相关词汇来进行搜索的。想让网店的排名靠前，就需要在商品标题、商品图片上下功夫。把网店里的商品标题、商品图片做好了，自然容易被消费者搜索到，且商品在排名上也不会太差。

商品标题优化的重要性大致体现在以下四个方面：一是标题优化可以为网店引入更多流量；二是标题优化可以稳定排名和流量；三是通过搜索商品标题引入的流量都是非常精准的客户源，并且有着极高的转化率；四是通过搜索引擎进入的流量都是免费流量，不会花费任何的推广费。

（一）商品标题的结构设计

构思符合网购消费者搜索习惯的商品标题，是网店运营者进行标题优化时首要考虑的事情，之后才能根据商品特点设计相关热搜词汇。商品标题优化包括三个环节，分别是核心关键词、属性关键词、热搜词。这里的核心关键词是指商品名称，消费者可以通过它来了解自己是否需要该商品；属性关键词是指介绍商品的一些属性所用的词语，如商品的材质、颜色、风格等；热搜词是消费者在搜索商品时用到的最高的词汇，能够增加商品被搜索到的概率。

在构思商品标题时，核心关键词是必须具备的，且描述一定要与商品相符，例如：若商品是连衣裙，则标题中的核心关键词就必须是连衣裙，不能是半裙或套装等属性不同的商品名称。属性关键词和热搜词都是对商品标题的扩展，是增加搜索量和点击量的重要部分，建议尽量选择消费者常用且适合商品的词语。需要注意的是，商品标题中的所有描述均需客观真实，不能宣传虚假信息。

（二）进行关键词的搜索

查找商品的关键词步骤为：先进入淘宝网的“千牛卖家中心”，在“营销中心”里选择“生意参谋”以后，单击“选词助手”；然后点击“行业相关搜索词”，选择“查看”按钮；最后在搜索结果中设置日期，进行下载即可，如图 4–1 所示。

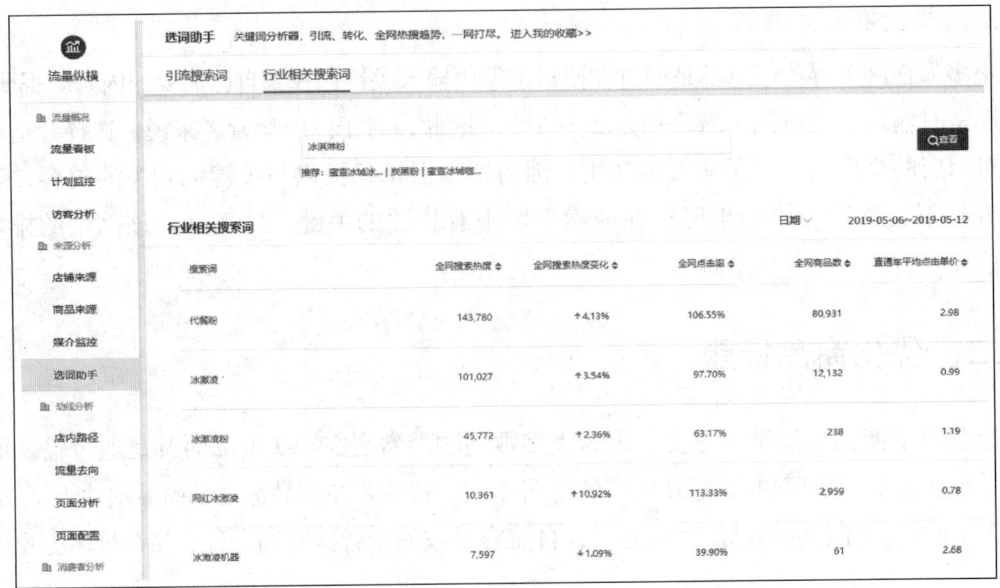

图4-1 关键词的搜索

（三）对商品标题优化的相关规则

1. 商品标题的编写原则

（1）商品标题要直奔主题，突出商品特点。

（2）标题的字数要在30字以内，核心是商品名称+卖点。

2. 商品标题的编写规范

（1）标题中只能写商品有关词汇。

（2）标题尽量多样化，避免重复。

（3）不能使用特殊符号。

（4）标题中不能包括网店名称。

（5）不能使用敏感词汇。

实战经验 在淘宝网首页的搜索文本框中输入关键词后，在打开的下拉列表中将显示与该关键词相关的一些词语，这些词语也是网店运营者应经常关注和使用的一些词语，也可作为商品标题的选词来源。此外，商品标题不建议直接使用关键词进行生硬堆砌，需对关键词的顺序和搭配进行优化调整。

三、优化商品图片

网店的点击量和转化量的高低有一大部分取决于图片质量的好坏，所以说，要想吸引更多的消费者就要提高图片的质量，这样既能给消费者留下深刻印象，还能将商品细节及特点展现得更完整，更有利于增强消费者的购买欲望。

（一）商品图片优化的原则

高品质的图片能够让消费者眼前一亮，给他们留下好印象，从而引入更多流量，提高转化量、增大交易量。所以，网店运营者有必要掌握商品图片优化的相关技能，在进行商品图片优化时要遵守以下规则：

1. 图片要实拍

要想交易成功必须取得消费者的信任，而消费者的信任主要来源于商品的实拍图片，尤其是商品实物图。图片的用途就是让消费者更好地了解商品的各个方面，因此，图片的拍摄就要选择相对适合的环境，使商品看上去更真实。

2. 保证图片清晰

商品的展示图片最基本的要求就是清楚，只有商品图片清楚了，才能看出商品的材质、质量等细节问题，才能带来视觉上的冲击，提高消费者的好感度、增大购买欲。如果图片不清楚，消费者则会质疑商品的质量，会降低其信任度。

3. 要将细节进行详细展示

了解一件商品，除了外形、颜色、款式之外，还有一些细节问题，例如：做工是否精细、质量是否达标等。这就需要一些局部放大图对商品细节进行展示，这样就能使消费者充分了解商品，增加他们对商品的信任，加深他们对商品的好感，达到让他们购买的目的。

4. 图片要突出重点

图片最主要的功能是服务于商品，商品才是图片的重点。在优化商品图片时要有主次之分，突出商品的主要特点，这样可以一下抓住消费者的眼球，引导消费者关注商品。如果不分主次，容易让消费者混淆视线，不清楚商品到底是什么，从而影响销量。

5. 要有一定的美感

相同的商品要想突出，就要保持图片有一定的美感，这样才能得到更多的关注。网店运营者可以在保证图片效果的基础上适当加一些文案内容，但是要保证文案不能太复杂，否则会影响视觉效果，起到反作用。

（二）商品主图优化的方法

因为商品主图的质量在很大程度上影响商品的销量，所以主图优化很重要。主图优化的注意事项如下：

1. 主图要完整美观

商品主图作为获取商品流量最关键的五张图片，除了要满足商品图片最基本的要求之外，还要求完整性和美观度。特别是第一张主图，容易给人留下先入为主的印象，是商品销量好坏的关键。

2. 主图要展示出商品卖点

如果想引入更多流量，对于以功能性为卖点的商品来说，除了要让图片美观完整，还要通过更多的卖点展示来吸引消费者。卖点展示需要抓住重点，以简洁干练的方式表达出来。一般情况下，只要抓住消费者的需求，与商品特点进行结合，解决消费者的痛点，就能收到较好的效果。

3. 主图要善于利用环境引导

环境引导是指将商品放入实际的使用环境中，使消费者产生代入感，刺激消费者的购买欲望，提高成交量。

四、完善商品详情页

由于商品详情页是消费者进入网店查看商品、了解商品的相关信息的主要方式，因此，消费者的购买量和商品的销量主要取决于商品详情页的质量。网店运营者要想使消费者更多地关注自己店铺的商品，就要制作一个好的商品详情页。

（一）商品的展示

商品的展示是构成详情页的主要部分，也是网店运营者需要投入较多心思的部分。首先，商品展示要以消费者的购物心理为主；其次，商品展示要具有逻辑性和规律性。商品的展示主要分为两部分：

1. 引起消费者的购买欲望

商品通常是以图片的形式展示在消费者面前的，因此要想引起消费者的购买欲，就要有吸引人的效果图或出彩的文案。有些商家会在不影响商品效果的前提下加入一些多媒体元素，但有一点需要注意的，那就是一定要掌握好度，不要过度美化商品，让消费者觉得不真实，影响商品的销售。

2. 充分展示商品卖点

挖掘商品卖点是商品展示的核心，网络商品的种类很多，每种商品的卖点也不尽相同。卖点提取的方式有很多，可以根据商品自身的特点进行提取，也可以根据商品的使用环境进行提取，还可以从与其他同类型商品的对比中提取。但是不论以哪种方式进行卖点提取，都不能离开消费者的需求。

（二）商品详情页优化的注意事项

主图能够吸引消费者的眼球，当消费者点击进入商品详情页时，详情页的好坏直接决定了消费者是否会顺利下单、实现转化。在进行详情页优化时，要注意以下几方面的内容：

1. 把所有的消费者都当成非专业人士

涉及专业领域的专业知识往往只有专业人士才能了解，所以大部分的消费者都是在不了解商品的基础上进行购买活动的。因此，网店运营者要把所有消费者当成非专业人士，遇到问题要细心讲解，使消费者充分了解商品、认可商品。

2. 三秒注意力原则

三秒注意力原则是指每个人在找寻所需商品时，都会有很多选择摆在面前，如果在消费者看到商品的前三秒内不能有眼前一亮的感觉，商品就不会在消费者的脑海里留下深刻的印象，更不会对他产生较大的吸引力。如果消费者在看了三秒之后，觉得这个网店里没有他想要的东西，就会离开去寻找下一家。所以商品详情页要保证在三秒钟之内打动消费者。

3. 消费者是否购买商品取决于商品描述的前三屏

网店运营者要站在消费者的角度去分析，消费者的耐心是有限的，他们希望在最短的时间里找到最符合他们要求的商品，所以一般情况下，消费者决定是否购买商品取决于商品描述的前三屏。因此，商品描述的前三屏一定要尽量包括商品的所有卖点，尽量让消费者产生购买的欲望。

4. 商品的描述要能与消费者产生共鸣

如果消费者看到了一个特别喜欢的商品，那么一定是这个商品能跟消费者产生共鸣，让消费者觉得其理念跟自身有相通之处，才能够更快地接受这个商品。反之，如果这个商品不能使消费者产生共鸣，那么可能是花再多时间都很难接受的。基于这一点，网店运营者也要在感情方面跟消费者产生共鸣，让这一切购买行为都有情感认同作保障，这样更容易让消费者购买商品。

5. 商品的描述要让消费者集中注意力

网店运营者要让消费者专注在一件商品上，尽可能地多推主推商品，不要让别的商品分走他们的注意力，让他们专心了解主推的商品，以达到更多的交易成交量。如果让别的商品分走太多注意力，消费者就没有办法好好了解主推商品，主推商品的成交量就会大大降低，就无法达到网店预期的效果。

五、改善页面布局

对商品详情页的编辑和优化，主要体现在页面布局的内容设计和页面布局的版面展现上。

（一）页面布局的内容设计

1. 通过活动来促进有意向的消费者收藏商品

通过网店的最新活动来促进有意向的消费者收藏商品，这表现在消费者在浏览商品时对商品产生兴趣并能一键收藏。对那些收藏商品的消费者，可以给予相应的奖品、小礼物或是优惠，这对增加客流量、网店粉丝数和快速提升销量都有直接作用。

对中小型网店来说，针对网店的商品做一些活动，能够帮助快速地增加客流量、网店粉丝数，让有意向购买商品的消费者下单，让暂没购买想法但感兴趣的消费者产生一键收藏行为，这样一则是促进了销量，二则是通过收藏店铺，也能成功地留住消费者。

消费者买东西的时候会按照一定的风格和喜好产生购买行为，因此一旦某些商品符合消费者的审美与爱好，大多数消费者在第一次商品购买成功并满意以后，会选择再一次回到这家网店进行二次购买。所以，网店运营者要做的就是紧紧地抓住消费者的购买需求，优化商品活动、优化页面布局，促使其产生购买或“一键收藏”行为，从而触动消费者的购买冲动与欲望。

2. 网店的商品要有独特之处

网店商品的独特之处体现在标明明星款式、网络爆款、品牌效应等方面。在介绍商品时，要把商品独特之处展示出来。基于此，需要网店运营者对拥有商品的独特之处充分做好功课，在做到深入了解的前提下，找到商品的卖点或独特之处，然后给予着重突出与强调。在表现商品的独特之处时，可在页面布局中体现三方面的要点：一是网店的商品是否是明星款式；二是网店的商品是否是当前网络爆款，销量能不能满足月销千件；三是网店的商品能否做到重视品牌效应。在网店商品的页面布局中体现了这几点以后，更有利于促进商品的销量。

3. 要重视网店商品的图片展示

重视网店商品的图片展示，体现在重视整体图片、细节图片、真假鉴定、商品包装的展示图片等方面。事实上，网店的商品图片在页面布局中的分量是不言而喻的。因为，消费者在购买商品之前，是无法看到、触摸到真实的商品的，他们仅仅能对商品图片进行可视化感受，并在可视化感受中决定是否购买商品。网店在向消费者展示商品的图片信息时，应从商品图片中列出商品的正面详情、侧面展示、内部构造等方面，这些细节能让消费者更加直观地了解商品、感受商品，就像在实体店购物一样，然后直接下单，也可以极大地提高下单率。

4. 从商品的总体介绍、优评、优质晒图做起

从商品的总体介绍、优评、优质晒图做起，体现了在页面布局上充分发挥页面布局带来的经济效益。网店通过改善页面布局，能将商品的整体图片、细节图片、真假鉴定、商

品包装、商品总体介绍、优评、优质晒图等进行淋漓尽致的展现。这样，不仅有利于网店突出商品的基本情况，还有利于增加消费者的信任感，从而促进商品的销量。

5. 优化温馨提示和注意事项

网店的温馨提示和注意事项，能够让消费者有更好的购物体验，并且在体验的过程中为网店进行潜意识加分。

网店里的商品，从下单、发货，再到收货的整个过程，物流是不得不考虑的一大因素。消费者购买完商品后，在运输的过程中可能出现的问题，如玻璃制品、陶瓷制品等易碎品或有些化妆品、饮品等可能发生液体侧漏的情况等，都需要网店运营者提前在温馨提示和注意事项中，以图片或文字的形式，提醒或是忠告消费者，这样能够保证消费者在下单之后产生心理预期，如果遇到类似情况，能够极大地避免消费者收到货物后的怒气，这样就不会给网店带来不好的口碑或是分数了。

（二）页面布局的版面展现

网店为了更好地进行销售，一定要关注页面布局的版面展现。页面布局的版面展现，是指商品详情页的整体布局效果，好的布局效果可以带给消费者良好的视觉感受，还可以引导消费者深入查看商品详情页信息。

1. 整体布局

商品详情页的整体布局应该遵循统一整洁的原则，即颜色统一、风格统一、版面整洁规范。同时，商品详情页在内容安排上应该具备一定的逻辑性，如在挖掘商品痛点时，应该先列出消费者关注的痛点，再提出解决方案，引导消费者进行阅读。

2. 图片布局

网店的商品详情页描述均以图片为主，因此需要突出图片的表达效果。在布置图片时，尽量做到同等级的图片大小统一、颜色和谐。如果要学习图片布局的技巧，应尽量多看一些优秀的商品详情页的布局方式。

3. 文案搭配

虽然图片是商品详情页的主体，但文案也是其中必不可少的一部分。将文案中的设计元素与目标群体的喜好、商品详情页的风格等相结合，不仅可以使文案起到描述说明商品的作用，还可以使图片中的内容更加生动充实，为商品增色，实现商品的软性营销。商品详情页的文案内容一般较少，并且为了图片美观，文案不能覆盖图片本身。此外，还需要在文字大小、字体搭配、颜色搭配上进行优化和处理。

在商品详情页的布局过程中，若是能够重视页面内容设计、页面布局版面展现，就能吸引更多消费者的眼球，也更能促进网店的收益。

六、优化类目与价格

若网店善于优化类目与价格，会对消费者更好地搜索商品、购买商品有着良好的助益。在类目的优化上，主要是对一些特定商品的类目选择进行优化，即根据所售卖的商品，选择精准的类目，以促进消费者更快地找到相关商品；在价格的优化上，体现在设定符合大众接受度的价格，更有利于提高商品的销量。

（一）优化类目

1. 选择合适的类目

淘宝网在分类上进行了很详细的商品类目划分，网店运营者在进行商品信息的发布时，就可以根据商品的属性进行类目选择。但有的商品属性不是只有一个，可能横跨好几个商品类目。例如：女鞋是一个大的类目，而女鞋还可以分为低帮鞋、高帮鞋、凉鞋、拖鞋、运动鞋等二级类目，如果商品同时拥有拖鞋和凉鞋两种属性，就可以放到这两种的二级类目中。在选择类目时，选择不同，对商品的影响也会不同，例如：网店经营的商品中凉鞋的种类比较多，这样竞争力也会变大，如果把商品放到凉鞋的类目下，就可以在排名上占据优势，加大销售量。

2. 避免属性错放

商品的类目属性错放是指商品在进行发布时，选择的类目与淘宝网的规定不一致，或者是在填写商品的材质、品牌、规格等方面与商品的标题描述有出入，对消费者进行误导。淘宝网将这些行为视为违规，会将商品进行降权处理，对于商家的利益有影响，所以在选择时要格外注意。

例如：在运动鞋类目的设置上，如果选择户外运动一级类目下的运动鞋类目，就不可以选择户外运动一级类目下的登山鞋类目，更不能直接选择男鞋、女鞋类目下的其他下级类目。在设置鞋类的属性时，要根据其类型进行选择，如果是绑带式的，就应该选择系带类目，不能选择扣带等其他类型。为了提高类目选择的准确性，商家在发布信息时，可以根据淘宝网商品发布类目选择的提示进行判断，避免选错类目，带来不必要的麻烦。

3. 商品要设置详细的类目和属性

在设置商品类目和属性时，应该尽可能将信息填写完整、详细，争取做好每一个细节，因为商品在进行排名时，属性和类目选择的合理性、完整性都是评判的标准，详细的商品描述可以更加清楚地定位商品的消费人群，也为消费者提供更加详细的商品细节，便于进一步了解商品，增加成交率，同时会拉近买卖双方的关系，增加彼此的信任感。所以在商品的属性选择上，带有“*”为必须填写的内容，不带“*”为选填项目，要根据商品自带的属性认真填写。

为了提高商品的品质，在选择商品属性和类目时应该格外注意，避免错误的出现，例如：商品的标题中出现的品牌与属性中的品牌不一致也会被视为违规，所以在细节方面要格外注意。

4. 商品的类目要与标题相对应

在确定了商品类目之后，在选择标题时，可以包含相关的类目词，例如：可以在淘宝网的首页搜索关键词“帆布鞋”，就会出现帆布鞋类目下的商品。同样的道理，在标题的关键词选择上，应该与商品的类目相一致，如果商品的类目是“运动鞋”，而在标题中却出现了“登山鞋”等关键词时，会被淘宝网视为类目不相符，进而对商品进行降权处理，影响网店的信誉，所以在选择类目和标题时要保持一致。

（二）优化价格

对于网店的商品来说，价格的定位是需要考虑很多方面的，例如：市场环境、销售策略、商品形象和品牌、经销路线、消费者心理等，所以应有技巧地对商品进行定价，既可以提高销售额，又可以提高商品的转化率。

1. 影响商品定价的因素

商品在不同定价环境中的定价自然是不相同的，需要考虑的方面也不一样。影响定价的因素主要有以下五个方面：

（1）市场环境。商品的定价需要看市场环境，市场环境的影响是长时间存在的，主要体现在消费环境、市场性质、商品的发展等方面，市场环境的变化对定价有直接影响。与此同时，商品的定价对销量和消费者的购买意向都是有影响的，有的网店运营者为了扩大市场，会选择低价销售策略，这就使得商品定价存在很多竞争。值得注意的是，不管定价的变化是出于市场变化，还是网店之间的竞争，商品本身的质量才是定价的基本前提，要对消费者的权益赋予基本保障。

（2）销售策略。商品的价格不是一成不变的，它与商品的属性有一定的关联，这也就使得一部分商品的价格常年稳定在一个范围内，不会随销售环境的变化做出很大的改变，而有一部分商品的价格是会随着销售环境有所变动的。例如：电子产品会不断地更新换代，所以同款商品在刚上市时价格会比较高，但随着时间的变化，价格会降低。

（3）商品形象与品牌。在定价上，商品的形象和品牌也是一个重要因素，如果商品的形象好、品牌好、口碑好，在定价上也会相对较高，消费者也会比较容易接受和理解。

（4）经销路线。每一件商品到达消费者手中都会经过一个或多个经销商，每一层的定价都会不相同，但都会处于合理的水平，涨幅不会很夸张，这也确保了每一级经销商和消费者的权益。

（5）消费者心理。定价时还应该考虑消费者的心理，分析定价到什么程度消费者可以接受，这也有利于商品的出售。例如：采取“整数定价”“尾数定价”“折扣定价”等方法，这些都有利于提高消费者的购买欲。

2. 商品定价的技巧和方法

在不同的环境下，商品定价也有不同。一般情况下，商品都采用整数定价和尾数定价，这两种定价方式适用范围广，便于理解。当然，也可以根据环境的不同，选择成本加成、数量折扣、现金折扣等方式定价。

（1）整数定价。整数定价更加适合价格较高的商品，可以侧面体现商品的品质，提高商品的形象。例如：艺术品的定价相对较高，也可以体现出艺术品的价值。

（2）尾数定价。尾数定价是采用尾数以零头结尾的方式，大多数情况是“8”“9”。例如：大型超市里面的商品大多都是以尾数定价法来进行定价的，这样的定价方式会让消费者觉得便宜，产生购买欲望，从而增加商品的销量。

（3）成本加成定价。成本加成定价是指在成本的基础上以相对稳定的加成率进行定价，采用该定价法进行定价的商品，其价格差距一般不会太大。

（4）数量折扣定价。数量折扣是指当消费者购买的商品数量较多时，给予一定的优惠，如包邮、打折、满减等。

（5）现金折扣定价。现金折扣即降价处理或打折出售，在参与活动、促销、清仓、换季时，即可采用此方法对商品进行定价。

实战经验 网店开展一定的促销活动，可以吸引一部分犹豫不定的人群，让他们完成购买。但做促销活动时，尽量不要采取降价促销的方式，这是从企业长久发展和品牌运营的双丰收角度考虑的。当然，促销活动实在要与价格相结合的话，一定要谨慎地考察消费者对价格促销还有没有耐心。要想用价格工具来促进销售，只能是短期促销，切勿长期保持促销状态。

七、优化上下架时间

淘宝网的商品下架周期通常为七天，计算时间是从商品刚上架的时间算起，到商品下架为止。一个周期结束，淘宝系统会自动上架该网店需要上架的其他商品。淘宝系统的商品上下架规则是最大化公平地展现所有商品。但淘宝网的商品众多，必须合理设置上下架时间，才能让自己的商品在众多商品中得到宝贵的展现机会。

（一）选取商品上架最恰当时段

要想准确地确认消费者的主要活动时段，就需要了解和分析各个群体在每天的各个时间段、每周的各个时间段访问淘宝网的高峰期，以更准确地获取信息，更高效率地设定商品的上下架时间，更多地为网店吸引人气。例如：上班族的消费高峰期是他们的休息时段或者周六、日，在休息时段商品的有效流量比较多。淘宝网为网店运营者提供了许多经营模式和分析工具，它们可以针对不同消费者的年纪、性别、消费时段等来分析，这些分析工具可以为商品上下架时间提供真实有效的数据保障。

（二）商品上架的技巧

为了高效率地吸引更多的流量，网店运营者可以将上架时间设定在目标消费者的主要消费时段里，另外，还可以采取一些技巧来有效地优化商品上架时间，从而留住有价值的流量。

1. 时间选择

一般情况下，商品上架尽可能安排在消费者上网的主要时间段，即流量高峰期，如9:00—10:00、12:00—15:00、19:00—23:00。当然，还是应该根据各个消费群体的活动时间来安排恰当的商品上架时间。

2. 商品上架时间分布

设定商品上架时间时，一般要以主要引流商品为主，再合理分配其他商品上架时间。需要注意的是，不要同一时间或短时间内上架所有商品，这样才能稳定网店的搜索排名。

3. 避免整点上架

如果运营同一种类型商品的网店比较多，在商品上架的时间设定上会有很多重复，其中，整点重复率更高，因此会减少商品的展现机会，所以要尽量避免整点上架。

八、善于关联营销

商品详情页中的关联营销其实是一种店内促销经营方式，关联营销的常见形式有商品搭配推荐、促销活动等。在商品详情页中如果想要激发消费者的潜在需求、提高商品的价格或吸引消费者了解其他相关商品的话，可以适当使用一些关联营销策略。假如消费者在了解完商品详情页的全部内容后，还是没有购买商品的欲望，就说明商品的某个特点或者某个方面满足不了其需求，但同时商品和网店本身的某些特点肯定吸引了消费者，所以说，可以借助关联营销的店内促销手段来为消费者提供其他类似商品。需要注意的是，在设定关联营销的店内促销手段时，要尽可能介绍一些评价较好或者性价比较高的商品，这样会更好地吸引消费者的注意力。

（一）关联营销的模式

一般情况下，互补的商品类型和类似的商品类型互相关联会有比较好的效果，一旦消费者点击进入某个商品详情页，就说明他被这个商品的某个特点所吸引，如果这时候选择关联一些毫无相似点的商品，消费者可能会质疑网店的模式是否有问题，会对商品营销起到反作用。

1. 同种类型推荐模式

关联营销选款时可以选择同一类型的商品或功能一样的商品，例如：销售某款玩具时，可以在商品详情页提供其他玩具的链接供消费者参考，如图 4–2 所示。如果消费者同时被关联的商品所吸引，就可以增加客单价。

图4–2　某玩具网店的关联营销

2. 搭配销售模式

挑选功能互补的商品同时销售是关联营销比较常见的方法，例如：服装详情页中，上衣搭配裤子或裙子同时销售；运动用品详情页中，羽毛球拍搭配羽毛球同时销售。

3. 热销推荐模式

一般而言，网店运营者可以挑选一些本店销量较大的相关商品进行关联营销，可以更好地吸引流量。

4. 好评推荐模式

一般而言，在功能特点方面比较相似的情况下，网店运营者可以筛选本店内评价相对较好的商品来进行关联营销，好评推荐模式跟热销推荐模式相同，都是为了吸引更多的流量，留住消费者来购买商品。

（二）关联营销要注意的问题

（1）关联营销不在多而在精，要有目的性、针对性。一般情况下，推荐商品的数量最好是 6 ～ 9 个，数量多了可能会引起反感。搭配销售商品的数量控制在 2 ～ 4 个较合适。

（2）如果想要选一款商品作为店内主打商品，就需要有目的性地挑选一组商品成为它的关联推荐，这样就更能准确地高效率植入。目前，很多网店都是全店只推荐一组一样的商品，缺乏个性，效果非常一般。

（3）类似的商品推荐尽可能放在商品描述的下面，毕竟类似的商品会让消费者有犹豫的心理，增加了消费者选择商品的难度。

在实际情况下，关联营销还要根据实际情况来定。例如：在做聚划算时，关联的商品尽可能不要推荐相同类型的商品。因为消费者进入店铺，是被聚划算的商品所吸引，这时候如果还是推荐同种类型的商品，就会严重影响消费者的购买欲望，从而减少成交量，起到消极的影响。如果聚划算报名的商品是上衣，那么这个时候需要关联的商品最好是裙子或者裤子等。所以，网店运营者需要根据不同情况采取不同策略，从而更好地吸引消费者，达到理想的效果。

九、提升网页加载速度

网页加载速度是消费者网购体验中很重要的一个因素，消费者在浏览网页时耐心有限，如果商品详情页图片过多、容量过大，或者内容的屏数过多，会延长加载网页的时间。加载时间太长，就容易导致跳失率升高。因此，商品详情页内容多的类目，如服装类，在制作好详情页图片后，应将其裁剪为合适的大小，再上传到网店中。

十、优化商品信息的常见误区

如果不懂得淘宝网的规则，优化商品信息时还可能进入误区，造成违规，甚至降权。

（一）更改图片造成降权

对于已经上架在售的商品，淘宝网允许随时更改商品主图，但不允许随意更改商品的属性、颜色等基本信息。也就是说，主图的修改本身不会影响排序权重，但网店运营者如果在更改商品图片时修改了商品的类目属性，或者商品的颜色、尺码等，很可能造成降权。

所以，当发生降权时，要先检查相应宝贝在近期有没有更改过类目属性。

（二）常规商品里面放置赠品造成违规

在淘宝网，赠品不能算作常规商品，它有自己的类目属性，即“其他”里的“赠品”类目。同时，赠品是不计销量的，如果把赠品放在常规商品里，就会把赠品的销量累积进去，这样的销量累积是违规的。

（三）随意改动商品造成违规

售罄的商品要及时下架，不能改动成另外的商品，也不能改动已经发布出去的销售方式。不可把单品和套装放在一起销售，也不要任意添加配件销售，不可随意添加赠品、颜色分类等。

实战经验

大多数情况下，商品遭受处罚有以下几个原因：

1. 价格不相符。系统识别价格不符后，会立即对商品降权。根据事件所产生的影响，降权的时间也不同，如果出现很严重的不相符的情况，在网店对价格进行改正的 5 天以后，才会对其进行取消惩罚。

2. 标题对关键词的滥用。如果被发现标题滥用关键词，系统会立刻对其进行处理。降权的程度，主要还是根据事情的严重程度来决定。

3. 进行虚假交易。系统识别出虚假交易后会对涉及虚假销量、信用的商品实施 30 天的单品搜索降权，同时根据网店涉嫌虚假交易情节严重程度，给予店家 7～90 天的全店搜索降权。

任务总结

在网店创建初期，有多种引流方法，通过提高网店在搜索引擎中的排序，优化商品标题、图片和商品详情页，优化页面结构、上下架时间等都可以达到引流的目的。在引流的过程中，运营者也要熟悉网店推广规则，规避违规操作，使网店健康、快速发展。

同步实训

通过“千牛卖家中心”→“生意参谋”中的“选词助手”，搜索和下载“充电宝”关键词，然后对行业关键词进行分析，确定一个合适的商品标题。

在天猫中，寻找与“玩具”相关的商品详情页布局，然后根据商品详情页优化的相关知识对其进行分析。

在淘宝网中，查看部分服装网店是否有关联营销，如果有，分析这些商品有什么关联。

任务二　网店的运营推广

通过本任务的学习，你将在以下五个方面进阶：

• 开展淘宝商品的搜索引擎优化；
• 进行直通车推广；
• 进行钻石展位的投放；
• 进行淘宝客推广；
• 报名参加淘宝官方免费活动。

随着网店的开设和商品的发布，商品如何能够获得展现量、点击量和购买量成为迫在眉睫的事情。如今，网店越来越多，网店的推广就成为运营者亟须考虑的问题。运营者需要知道如何进行店铺引流，如何对商品进行包装，选择何种方式进行推广。通过本任务的学习，大家可以对网店及商品的推广手段有深入的理解，进而开展有效的营销活动，为商品带来销量。

一、引爆流量的来源

在这个信息化高速发展的时代，网购越来越方便，这得益于各式各样网店的出现，而流量就是网店发展的必备因素。在经营网店的过程中，引入流量有多种途径和平台，主要包括站内流量和站外流量。站内流量是指网店在平台内获得的流量，包括站内搜索、直通车、智钻、聚划算等。站外流量是指除网店之外的其他网站平台上能够得到的流量，如淘宝论坛、微博、微信等。

（一）网店站内搜索

站内搜索对网店来说是至关重要的一种流量来源。什么是站内搜索呢？站内搜索就是指在本网站的网页上搜索当前网站中的内容，而站内搜索如此重要的原因就是，消费者在通过淘宝网购买商品时，大多数情况都是通过输入商品关键词来寻找商品的。例如：消费者想买耳机类产品时，就会搜索“耳机”“运动耳机”“游戏耳机”等关键词，这也正是站内搜索的方便之处。

（二）淘宝付费推广

付费推广是一种相对来说效果比较好的推广方式，它可以帮助网店引入更多有效的流量。直通车、智钻、淘宝客、达人等这些淘宝网内部的付费推广模式，每一种都有自己的特点。例如：淘宝客和达人的推广方式就是由网店支付佣金后，会有专门负责的人员进行推广服务，它也是一种主动型的人为推广方式。虽然任何网店都可以申请推广，但是淘宝客和达人会对网店进行筛选，筛选的标准就是网店的综合实力，只有网店的综合实力达到标准，淘宝客和达人才会对其进行推广。而直通车与智钻并不是任何网店都能申请，它要求网店达到淘宝网的标准之后才能开通。例如：直通车作为最主要的推广方式，它的开通标准是网店的信用等级不得少于一颗钻，并且网店的各项动态评分不得低于4.4分。所以，网店要根据自己的实际情况来选择推广方式。

（三）网店参与活动

网店获取流量的方式不仅包括站内搜索和推广，还可以通过参与淘宝网的营销活动，包括聚划算、天天特价、淘金币、10元包邮等，这些活动都可以帮助网店引入流量。当然，要参与这些活动是有条件的，只要网店满足了活动参与条件，就可以在淘宝的活动入口进行申请。经过平台批准之后，就能够将网店的商品放置在活动区域进行展示，让更多的消费者浏览到自己的网店及商品，这样就能够为网店带来更多流量。

（四）淘宝会员营销

在网店借助其他方式引入了新的流量和人气之后，就需要用一些方法来留住这些流量，让消费者产生持续购买的欲望，这时就可以采用会员营销的方式，让成为会员的消费者享受一定程度的优惠，或为这类消费者策划特价活动来留住他们，实现会员的免费广告效应，从而进一步扩大会员营销带来的影响，产生新的会员流量。

除此之外，会员营销的好处还有很多。会员营销一直以来都是最稳定的流量获取方式，这种方式带来的转化率往往高于其他方式。能够成为会员的人一般消费能力较高，并且已经成为网店的固定流量，能够快速为网店带来销量，这对网店来说至关重要。所以，网店运营者一定要重视与会员之间的关系，可以时常通过优惠活动来不断巩固会员营销带来的流量。

（五）其他方式引流

当然，仅靠以上四种流量也是不够的，除了淘宝网的站内流量，还有许多站外的消费平台也可以为网店所用，为网店带来流量，如折800、美丽说、返利网、拼多多等。利用这些站外平台的营销活动，可以吸引更多的消费者，获取更多的流量。除此之外，还可以

交换友情链接、在其他的网站投放商品广告等。

总之，在这个信息化的时代里，流量的来源有很多，也有很多种方式来引爆流量。而对于淘宝网的店家来说，最重要的是学会取舍，选择适合自己的方式，为自己的网店进行合理的推广，引入更多的流量壮大自己的网店。

课堂讨论　1. 你知道如何为网店引入流量吗？

2. 你觉得会员营销的好处有哪些？

二、策划商品促销活动

网店为了吸引消费者，通常会做一些促销活动，而这些促销活动除了会放在网店或网站平台内，还会通过一些外网来进行宣传。当消费者浏览到某个网店时，会看到正在促销的商品信息，这样会吸引消费者去关注这个商品，加快商品的销售，所以，商品的促销活动还是有很大的用处的。

（一）促销活动的作用

网店策划的促销活动有以下四个方面的作用：

1. 促销活动能够使商品快速进入市场

对新品进行促销是一种十分有效的营销手段，它能够让人们很快注意到，从而加快进入市场。这样做可以让一部分消费者产生购买行为，另一部分消费者在看到这个商品时，发现有购买记录，也很容易产生购买的欲望；相反，如果没有购买记录，消费者就会对商品持保留态度，望而却步，并放弃购买。因此，只要新品有了交易记录，就很容易积累客户、增加销量。

2. 促销活动能刺激消费者产生初次购买欲望

一般情况下，网店的促销活动是在保证盈利的情况下，尽可能地降低利润来让消费者获得更低的价格。这种低价格情况在消费者看来发生的概率并不高，他们会觉得“过了这村就没这店了”，正是这种想法促使消费者决定购买商品，这样就达到了网店运营者最初的目的。就像许多卖食物的店铺都会有试吃活动一样，这都是抓住了消费者特有的心理。

3. 促销活动能够刺激消费者产生再次购买冲动

促销活动能够刺激购买过商品的消费者再次购买该商品，使其建立一种消费习惯。对已经购买和使用过该商品的消费者来说，在商品没有质量问题的前提下再次遇到促销活动，会让他们对商品产生一定好感，增加他们购买的欲望，也能促进他们习惯性购买该商品。

4. 促销活动能够提高商品销量

每个人对促销商品都会有一种“占便宜”的心理，这样就会增加交易记录，提升网店的销售业绩。促销活动会吸引更多的消费者购买，会越来越容易卖出产品，业绩也会越来越好。

（二）找准开展促销活动的最佳时机

虽然促销有很好的效果，但也不能总做促销。如果所有商品都一直开展促销活动，就失去了促销本身的意义，所以，促销还是要找对时机的。

下面就是四个促销的最佳时机：

1. 新品上架之际

如果说有什么商品可以做长期促销的话，那么应该就是新品了。因为一个网店总是会上架新品的，不可能一直卖同一个商品，这样也跟不上时代潮流，网店也就难以维持。对于新品来说，促销是吸引消费者关注的一个好办法，可以加速商品的销售。

2. 节日之际

现在有许多网店都会选在节日的时候做促销，特别是在国庆、五一、元旦等重大节日，或“双十一”“双十二”等，并且成交量惊人。节日促销要根据节日的特点来进行，例如：“六一”儿童节对儿童玩具进行促销，“三八”妇女节对女装进行促销。

3. 网店店庆

现在许多网店在升级、店铺开张、周年庆时，都会进行庆祝，这就是店庆。在店庆期间进行促销活动是比较好的，既能为店庆造势，也能趁这个时机宣传网店。

4. 换季清仓

每当换季的时候，网店都会堆积一些断码或滞销的商品，这些商品如果堆到下一年就会变成过期商品。所以，趁着换季之际进行促销活动能将这些商品清仓处理，也会吸引一部分消费者。

（三）促销策略

现在，淘宝网店几乎每天都有促销活动，例如：特价打折商品、满减商品等。所以，如果网店一直都采用这种普通促销方式，效果就会不如从前。因此，需要开发新的促销手段，从而带动商品的销售。

下面是可供参考的六个促销策略：

1. 选好促销时机

网店要在对的时机进行合适的促销活动。在国庆、元旦等节假日进行促销的网店太多，如果都在这些节日进行促销活动，就会让促销显得很普遍，也就失去了促销的意义。

在这样的情况下，反其道而行之，或许会获得不一样的效果。

2. 促销程度合理

网店在保证商品盈利的情况下，打折或让利的促销程度应合理。打折是需要深思熟虑的，因为如果仅仅是价格低，就会有消费者质疑商品会不会是廉价商品，或者会不会存在质量问题，这就会导致消费者对网店的商品存在看法上的偏差，进而影响商品的售卖。

3. 确定促销范围

网店运营者对哪些商品能打折，要有一个确定的范围。对运营者来说，这是决定促销商品时最为关键的一点。因为只有考虑到商品打折的各方面因素，运营者才能找到适合打折的商品、打折的时机，并实现理想的打折效果。

4. 明确促销频率

促销频率即一年之内对网店里的商品进行打折的次数。网店运营者需要对已购买过商品的消费者定期地做一些回访，让其对网店印象深刻。与此同时，网店运营者可在老客户对购物体验满意的基础上，以委婉的方式让其向亲朋好友推荐自己的商品。

5. 找到合适的促销时长

商品打折也是要找对时间的，什么时候打折，持续多长时间打折等，这些都会对商品销量产生影响。打折时间过长或过短，都不利于商品销量增长。通常，理想的打折时间在 5 ～ 10 天比较合适。

6. 选好促销方式

网店运营者要选好采取什么样的方式对商品进行促销。一般而言，只在价格上做促销已不能引起消费者的购买欲望，这就要求店家在认识到这一点以后，对促销方式做出适当调整。

网店运营者要多向超市、商场等实体店铺学习，以此来改善自身的促销方式，不断更新，吸引消费者，从而提升网店的销售业绩。

课堂讨论

1. 你知道适合网店促销活动的时间吗？
2. 你认为网店促销活动对店家有哪些影响？

三、运用淘宝SEO推广

淘宝 SEO 即淘宝搜索引擎优化，是通过优化网店商品标题、类目、属性、详情、上下架时间等来获取较好的排名，从而获取淘宝搜索流量的一种新型技术。广义的淘宝 SEO 是指除淘宝搜索引擎优化以外，还包括一淘搜索优化、类目优化、淘宝活动优化等，这也被称为淘宝站内免费流量开发，即最大限度吸取淘宝站内的免费流量，从而销售商品的一种技巧。在做淘宝 SEO 之前，我们先来了解一下淘宝的搜索排名规则。

（一）影响淘宝搜索排名的因素

（1）相关性。相关性包括类目相关性、属性相关性、宝贝标题相关性。

（2）上下架时间。淘宝为了让商品都能有机会展现在消费者搜索结果中，在排名因素中设置了下架时间。每七天一个周期，商品自动上下架，离下架时间越近，商品排名越靠前。

（3）橱窗推荐。在发布商品的时候，如果选择橱窗推荐，就可以使商品的权重更高，排名更加靠前。

（4）商品权重。商品权重包括交易量、转化率、收藏数量、浏览量、回头客、新品加权分、支付宝使用率、消费者保障服务、发货速度评分、服务态度评分、好评率、跳失率、退货率、买家秀、页面浏览深度等方面指标。

（5）店铺权重。店铺权重包括店铺层级、店铺标签的相关性、违规扣分程度、全店动销率、全店综合转化率、DSR 动态评分、退款率、旺旺响应时长、发货速度、消费者保障服务、内容营销活跃度、公益宝贝等活动开通情况等多项指标。

（二）淘宝 SEO 常用技巧

1. 上下架时间优化

优化上下架时间主要有三个步骤：第一步是流量趋势的分析，流量趋势分析又可细分为工作日全网流量分析和周末全网流量分析。工作日流量主要集中在下午，周末流量主要集中在晚上。分析流量趋势的重点是要看有没有细化到每一天，如果做到了，那么流量分析就会做好；第二步是竞品调研分析和竞品错架上位。在商品上架时，要看看其他同类商品的情况，如果有不利于自己竞争的商品存在，应马上调整商品上下架时间；第三步是分布设置，使用软件高效设置多商品的上下架时间。

2. 商品标题优化

要优化商品标题，就要在日常注重关键词的收集。收集关键词的渠道主要有人气商品标题采集、淘宝首页（类目）推荐词、搜索框下拉菜单词、淘宝排行、生意参谋、直通车等。商品标题编辑要遵循以下六大原则：

（1）标题与商品一致原则。淘宝搜索引擎与所有的搜索引擎是一样的，就是为消费者提供最满意的答案，帮他们找到最满意的商品，这条原则也是搜索引擎的基本原则。从这一点出发，我们可以认为，淘宝的搜索排名就是消费者心中对商品的需求，包括其对商品的品牌、规格大小、有无促销、作用、特点、名称等的认知和理解，所以，一个标题从严格意义上来说只有具备这些条件，才更加符合淘宝网的推荐原则。标题中既需要有关键词，也必须有商品的属性词。

（2）可读性原则。标题书写要通顺流畅，让消费者一目了然，了解商品的核心及属性。

（3）前部吸引眼球原则。淘宝标题字数上限为 30 字，要尽量写满，标题开头应更易吸引消费者，如“N 次断货”“2020 新款”等。

（4）符号原则。标题中的符号和空格在搜索结果中会被忽略。例如：商品标题上设置“短袖 / 衬衫”和“短袖 衬衫”的时候，与设置“短袖衬衫”的效果是一样的。空格和“/”等符号可以增加标题的易读性，而“【 】”“*”“☆”等符号可以起到强调作用，提高商品的关注度。

（5）紧密排列优先展示原则。若商品关键词紧密排列，淘宝会优先展示该商品。例如：设定为“时尚大码女装”和“时尚 大码 女装”这两个关键词，只要消费者搜索“时尚大码女装”都可以展示，但是紧密排列的会优先展示。也就是说，在消费者搜索“时尚大码女装”时，是先展示“时尚大码女装”，后展示“时尚 大码 女装”。

（6）无序原则。关键词排列顺序不对搜索产生影响。当消费者搜索的关键词为“短袖衬衫”的时候，不管商品的标题是“短袖衬衫”“衬衫短袖”，还是“衬衫 短袖”“短袖 / 格子衬衫”，只要标题中含有“短袖衬衫”这个四个字，都可以被搜索到。

3. 商品主图优化

（1）巧选配色。消费者对商品的第一印象是商品的颜色，因此要做好配色。配色没有绝对性，只要突出商品颜色即可。

（2）妙用文案。在商品主图上加文案，要适当，不可太多。而且要切记，尽量不要覆盖商品本身。

（3）突出卖点。文字一定要突出商品的卖点，否则图片上加文字的作用就不大了。突出卖点的同时，注意文案信息不要太多，不要将信息粗暴地累积，否则会引起搜索降权，那就得不偿失了。

（4）契合视觉心理。如常见的边框效应、突出效应和求全效应。

1）边框效应。人对有边框的物体会注意多一点，如相片。

2）突出效应。人在看物体时，首先注意到的是突出的那一部分，因此根据突出效应，将商品的效果突出出来，就会引人注意。

3）求全效应。人在看图片时，会有预估其全貌的心理。例如：若一件衬衫仅展示一个领子，我们在看的时候会自觉想到领子之外的部分，自然就会点进去看一看。

四、运用直通车推广

运用直通车推广，能让更多的消费者知晓商家商品，也更利于网店销售出更多的商品，从而增加网店收益。

（一）直通车的概念

直通车是一种类似于百度竞价的广告，是针对淘宝网、天猫搜索结果进行付费推广的系统。直通车在运行的过程中，由网店通过后台设置关键词、文案等，消费者通过搜索一定的关键词查看结果，网店需要根据消费者的点击进行付费（CPC）。淘宝直通车采用的是以点带面的方式，给商品增加曝光，让网店也收获了一批潜在的消费者。这样其实是有利于降低成本的，也能达到营销的效果。

（二）直通车的特点

随着网店间竞争逐级加剧，淘宝直通车越来越受欢迎。直通车的针对性很强，见效也很快，这些特点也是直通车深受喜爱的原因。

（三）直通车的适用性

淘宝直通车虽然颇受网店运营者喜欢，但是并不是所有网店都能够使用，它只服务淘宝一钻以上网店和天猫网店，或是那些急于引流的网店，并且网店要对广告的投放有一定的预算。当然，除了正常的引流以外，淘宝直通车也可以预测新款，成为打造爆款的工具。其实，加入淘宝直通车还是有很多益处的，例如：可以为网店带来潜在消费者，也就是有意向购买的消费者，也可以给网店带来一定的人气。

（四）直通车展示的位置

直通车广告的电脑端展示位置包括：搜索结果页面的第一行、右侧及页面底部，展示的内容包括商品主图、商品标题、价格、销量，并在展现位置显示“掌柜热卖”标识，如图 4–3 至图 4–5 所示。点击页面底部的“更多热卖”，可以查看“淘宝网热卖”页面，如图 4–6 所示。

图4–3　关键词搜索结果页面的第一行直通车位

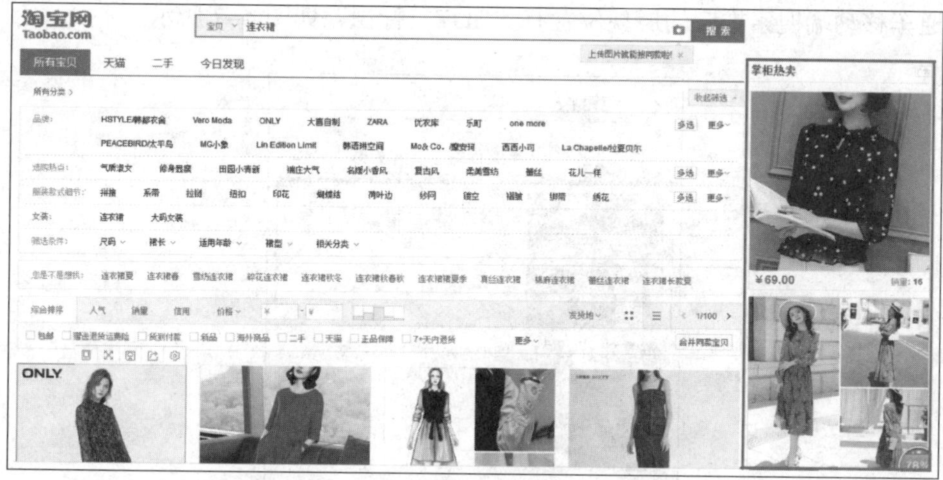

图4–4　关键词搜索结果页右侧直通车位

图4–5　关键词搜索结果页面底部直通车位

图4–6　“淘宝网热卖”页面

直通车移动端搜索推广的展现位置有“HOT”标识，如图 4–7 所示。

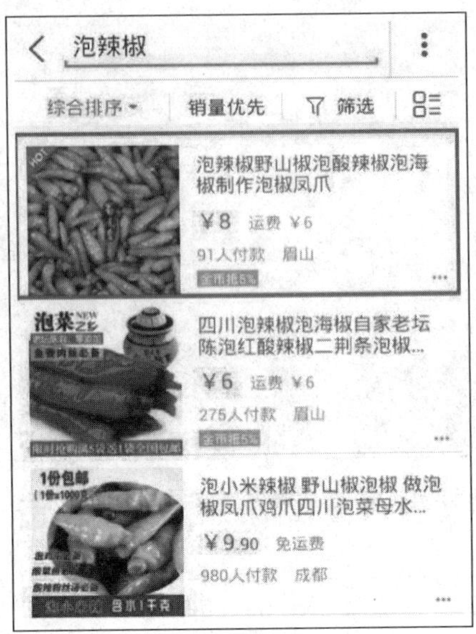

图4–7 移动端直通车位

（五）加入直通车的方式

（1）首先在“卖家中心”→“营销中心”→“我要推广”中找到直通车入口，如图 4–8 所示。

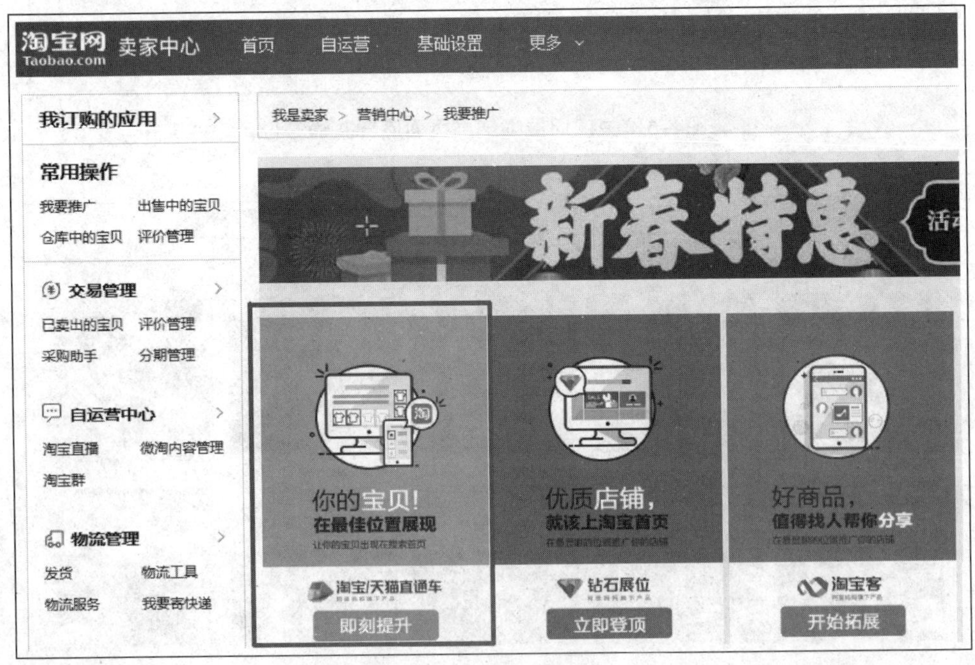

图4–8 直通车入口

（2）为直通车账户充值，如图 4–9 所示。

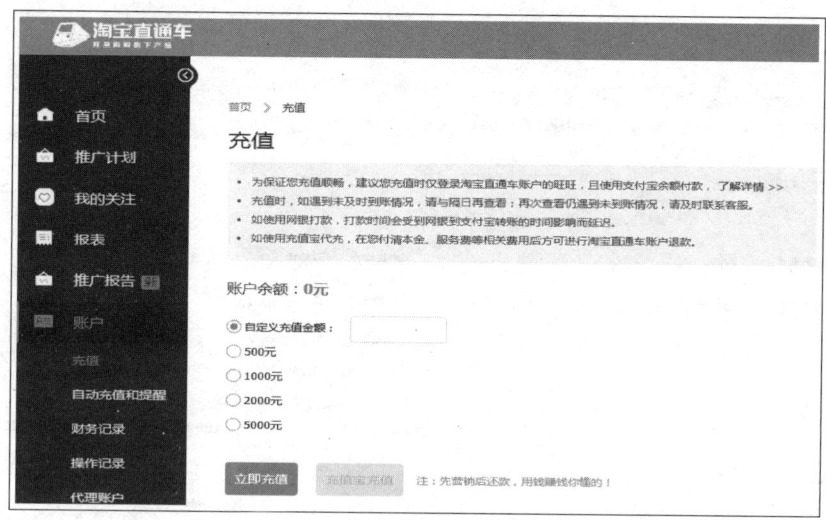

图4–9　直通车充值

（3）新建推广计划，如图 4–10 所示。新建的计划是标准计划，一般来说最多有 4 个标准计划，如不够可以申请 8 个标准计划。标准计划一旦建立不能删除，只能修改名称。

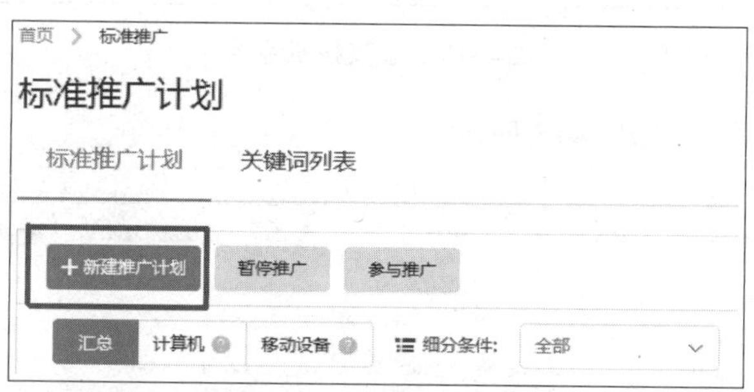

图4–10　新建推广计划

（4）设置日限额，如图 4–11 所示。

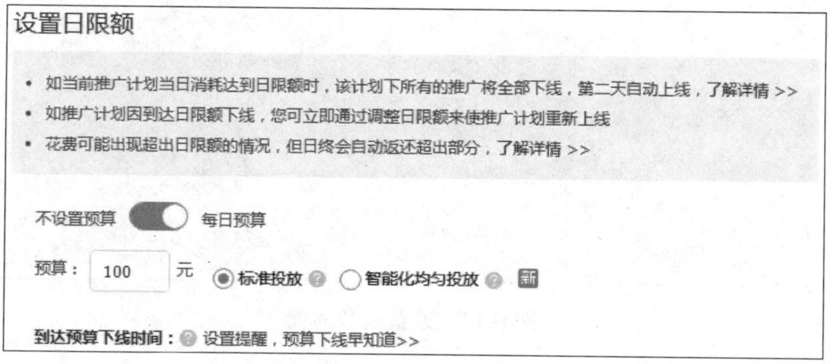

设置日限额

- 如当前推广计划当日消耗达到日限额时，该计划下所有的推广将全部下线，第二天自动上线，了解详情 >>
- 如推广计划因到达日限额下线，您可立即通过调整日限额来使推广计划重新上线
- 花费可能出现超出日限额的情况，但日终会自动返还超出部分，了解详情 >>

不设置预算　每日预算

预算：100 元　标准投放　智能化均匀投放　新

到达预算下线时间：设置提醒，预算下线早知道>>

图4–11　设置日限额

（5）设置投放平台，如图 4–12 所示。

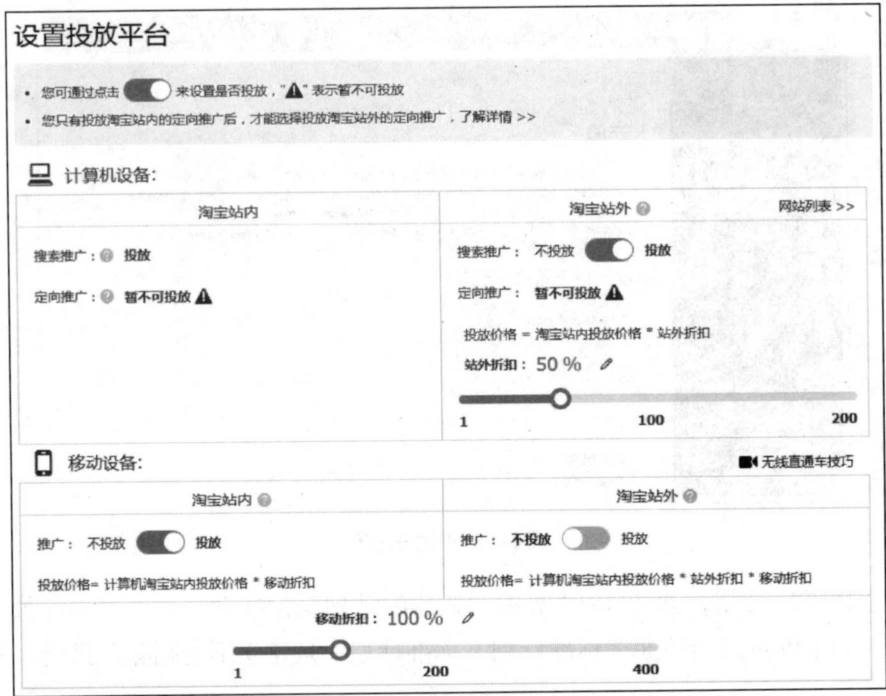

图4–12　设置投放平台

（6）设置投放时间，如图 4–13 所示。

当前设置	全日制投放	行业模板：请选择行业模板	自定义模板：请选择自定义模版

网格视图　列表视图

星期\时间	00:00 - 06:00						06:00 - 12:00						12:00 - 18:00						18:00 - 24:00					
	0	1	2	3	4	5	6	7	8	9	10	11	12	13	14	15	16	17	18	19	20	21	22	23
星期一																								
星期二																								
星期三																								
星期四																								
星期五																								
星期六																								

图4–13　设置投放时间

（7）设置投放地域，如图 4–14 所示。

图4-14　设置投放地域

（8）新建宝贝推广，如图 4-15 所示。一个计划下，新建商品的数量不受限制，可以添加所有商品，也可以通过测试的方式来决定后期重点投放哪些商品。

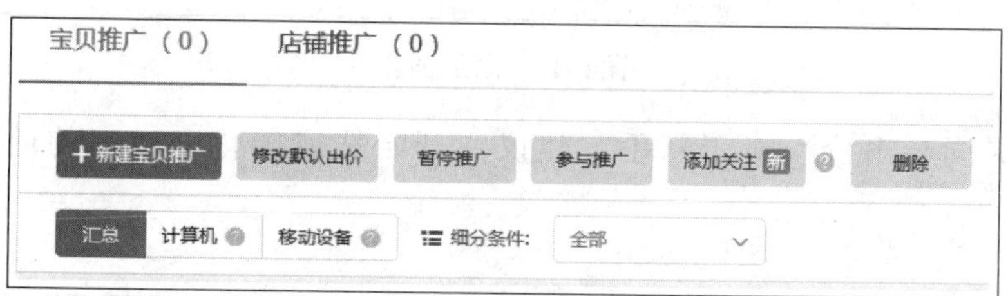

图4-15　新建宝贝推广

1）选择宝贝，如图 4-16 所示。在网店所有出售中的商品里选取准备做直通车推广的商品。

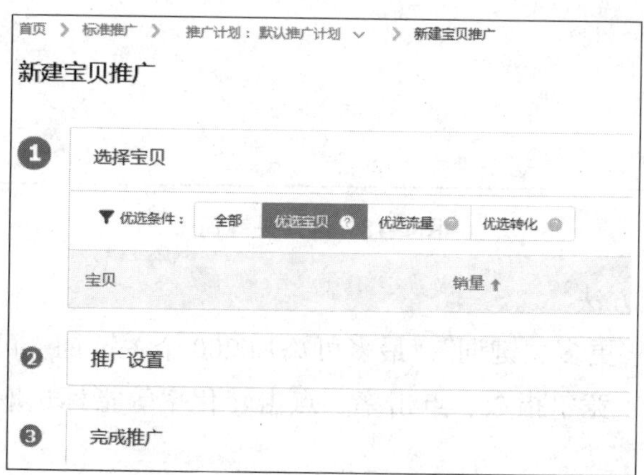

图4-16　选择宝贝

2）设置推广方案。首先是添加创意，如图 4–17 所示。创意分为创意图片和创意标题。创意图片是作为直通车广告位展示的图片；创意标题最多为 20 个字，应涵盖所有的商品词和属性词，并且包含推广的关键词。创意标题非常重要，直接影响展现量，同时会影响关键词的质量分，所以一定要包含主推关键词。

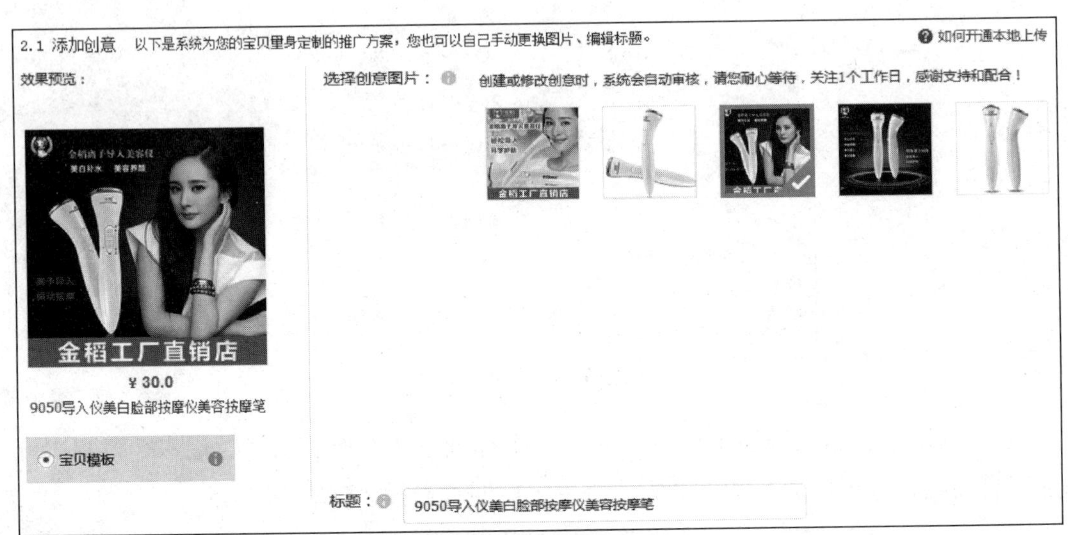

图4–17　添加创意

其次是买词与出价。对于新手，建议一开始选取转化率较高的词，如图 4–18 所示。

推荐关键词

+ 更多关键词　批量改价　修改匹配方式

关键词	计算机质量分	移动质量分	展现指数	计算机出价	移动出价	匹配方案
洗脸仪 导入	-	-	3	0.40元	0.40元	广泛匹配
洗脸仪 脸部	-	-	-	0.40元	0.40元	广泛匹配
男美容仪	-	-	-	0.40元	0.40元	广泛匹配
洗脸按摩仪	-	-	10	0.85元	0.40元	广泛匹配
负离子导入仪	-	-	4	1.36元	0.40元	广泛匹配
脸仪	-	-	130	1.04元	0.40元	广泛匹配

图4–18　选择关键词

3）关键词的选词方法。

第一，可以点击“更多关键词”，最多可添加 200 个关键词。可以根据相关性、展现指数、市场平均出价、竞争指数、点击率、点击转化率等指标选取合适的关键词，如图 4–19 所示。

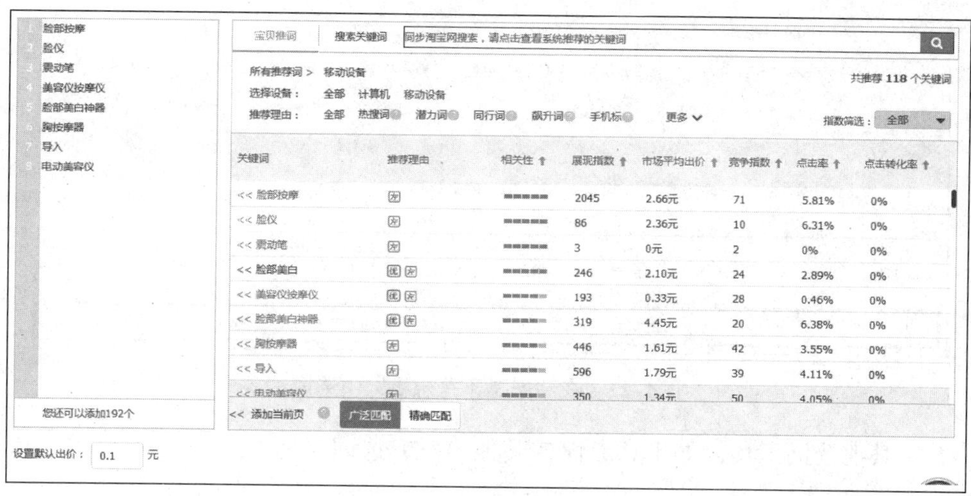

图4–19　查看更多关键词

第二，可以在淘宝网首页搜索下拉框中选取关键词，如图 4–20 所示。

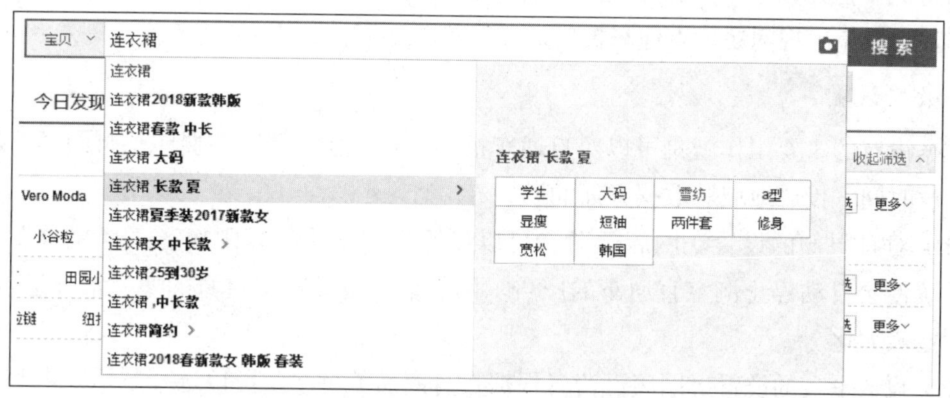

图4–20　淘宝网首页搜索下拉框选词

第三，可以选取搜索框下“所有分类”中提供的关键词，如图 4–21 所示。

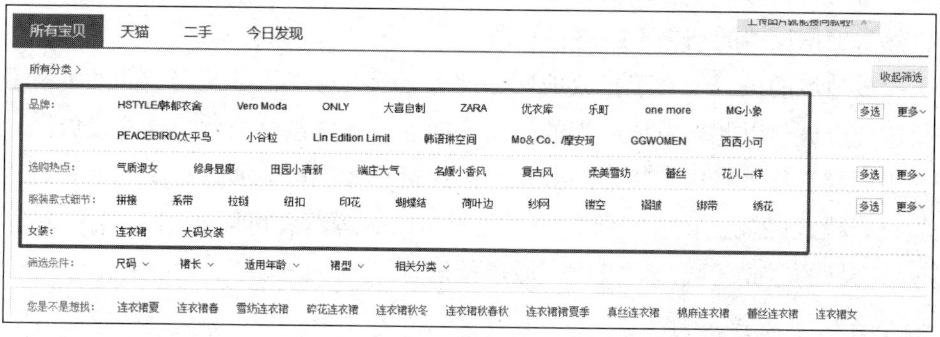

所有宝贝　天猫　二手　今日发现

所有分类 >

收起筛选

品牌：HSTYLE/韩都衣舍　Vero Moda　ONLY　大喜自制　ZARA　优衣库　乐町　one more　MG小象　PEACEBIRD/太平鸟　小谷粒　Lin Edition Limit　韩语琳空间　Mo&Co. /摩安珂　GGWOMEN　西西小可　多选　更多

选购热点：气质淑女　修身显瘦　田园小清新　端庄大气　名媛小香风　复古风　柔美雪纺　蕾丝　花儿一样　多选　更多

服装款式细节：拼接　系带　拉链　纽扣　印花　蝴蝶结　荷叶边　纱网　镂空　褶皱　绑带　绣花　多选　更多

女装：连衣裙　大码女装

筛选条件：尺码　裙长　适用年龄　裙型　相关分类

您是不是想找：连衣裙夏　连衣裙春　雪纺连衣裙　碎花连衣裙　连衣裙秋冬　连衣裙秋春秋　连衣裙裙夏季　真丝连衣裙　棉麻连衣裙　蕾丝连衣裙　连衣裙女

图4–21　在“所有分类”中选词

第四，可以通过“筛选条件”下方的“您是不是想找”选择关键词，如图 4–22 所示。

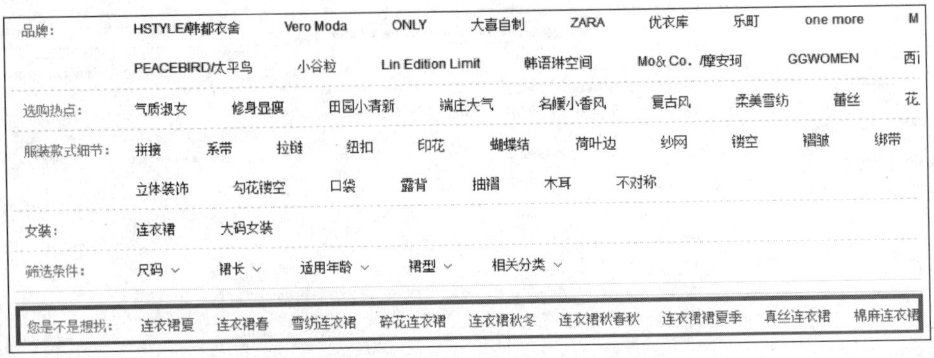

品牌： HSTYLE韩都衣舍 Vero Moda ONLY 大喜自制 ZARA 优衣库 乐町 one more M
PEACEBIRD/太平鸟 小谷粒 Lin Edition Limit 韩语琳空间 Mo&Co. /摩安珂 GGWOMEN 西
选购热点： 气质淑女 修身显瘦 田园小清新 端庄大气 名媛小香风 复古风 柔美雪纺 蕾丝 花
服装款式细节： 拼接 系带 拉链 纽扣 印花 蝴蝶结 荷叶边 纱网 镂空 褶皱 绑带
立体装饰 勾花镂空 口袋 露背 抽褶 木耳 不对称
女装： 连衣裙 大码女装
筛选条件： 尺码 裙长 适用年龄 裙型 相关分类
您是不是想找： 连衣裙夏 连衣裙春 雪纺连衣裙 碎花连衣裙 连衣裙秋冬 连衣裙秋春秋 连衣裙裙夏季 真丝连衣裙 棉麻连衣裙

图4-22　在“您是不是想找”中选词

第五，其他选词工具，如生意参谋或其他第三方选词工具。

（六）直通车推广的注意事项

直通车推广是需要一定技巧的，网店运营者通过这些技巧可以精确地进行投放，促成交易的达成。但是在这一过程中，网店运营者只有了解淘宝直通车在使用时的注意事项，才能有效地避免出现问题。直通车推广的注意事项如下：

1. 数据设置

数据设置的主要工作就是可以对直通车推广进行参数设置，主要包括日限额、投放平台、投放时间、投放地域等数据方面的设置。

（1）对日限额的设置。网店运营者可以设置推广预算的日限额，一旦超过设置的预算，系统便会自动停止淘宝直通车的广告。网店运营者要根据自身的实际情况进行设置，实现利益最大化。

（2）投放平台的设置。网店运营者根据自身商品的特点，可以选择展示在电脑端或移动端进行广告投放。任何的选择，一定要基于商品本身特征和消费者的特点。

（3）投放时间的设置。投放时间需要进行精准分析。网店运营者可以通过生意参谋等工具或者日常的购物习惯来对消费者的购物时间进行分析。第一次设置的投放时间时可以是全天，然后根据反馈的结果不断进行更改。

（4）投放地域的设置。对于投放地域，网店运营者可以根据使用商品的消费者的集中区域进行广告投放，以此来发挥广告的作用，增加经济效益。当然，这些投放区域也可以通过一些手段或者技术来进行精准的分析。网店运营者还可以通过自身的购物经验、日常生活经验选择投放区域。在进行前期的投放时，网店运营者可以不用太过在意投放区域，应根据今后交易的达成区域，对投放区域进行设置。

2. 淘宝直通车的广告

直通车广告的基础是有计划、有目的地选择商品并对商品添加有创意的文案设计。直通车广告进行投放的商品一定要具有潜力，意思就是要满足消费者的需求，具有一定的销量基础，如果随意地进行投放，一定会造成资源浪费。另外，一定要对商品进行有创意的设计，要具备自家网店的风格。如果不是太了解消费者喜好，可以投放两种风格的广告，并通过消费者的点击率进行选择，不断地对文案进行优化。

3. 淘宝直通车关键词的设置

网店的商品排名是需要根据关键词的质量得分与出价高低来综合决定的，网店运营者可以通过调整广告创意、对出价进行优化的方式，提升关键词的得分，进而来提高排名。

虽然表面上看，直通车广告的排名是关键词的出价越高越靠前，但实际上，排名是由两种因素决定的，分别是关键词出价和关键词质量。这就意味着，在出价相同时，质量得分越高，排名越靠前。同样的，如果关键词出价要比竞争对手的高，但是商品质量的得分很低，那么商品排名就会比竞争对手的差。

（七）了解淘宝直通车的方法

（1）打开淘宝网的“千牛卖家中心”，进入“营销中心”中的“我要推广”页面，网店运营者可以在此掌握直通车广告的相关知识。

（2）打开“淘宝万堂书院”，网店运营者也可以观看学习淘宝直通车的相关视频。

课堂讨论

1. 你知道直通车对网店运营的意义吗？
2. 你知道运用直通车进行推广的相关策略吗？

五、实行差异化运营

如今的电商竞争越来越激烈，这也就意味着网店会有同质化的现象。这种现象的出现使得许多网店在竞争中退出，到最后只有很小一部分脱颖而出。这些取得胜利的网店是如何做到的呢？这些网店是如何避免同质化现象的呢？他们是通过哪些方面进行差异化运营的呢？

（一）线上线下商品的差异化

网店运营者要对基本相同的商品进行改变，让消费者认识到商品与商品之间是存在差异的，进而让消费者产生不同的购物需求、购物偏好，这就是商品的差异化。网店运营者进行商品的差异化，主要是从商品的定位、商品的品类、商品的数量以及商品相关属性等方面出发，例如：一些知名的服装店经常采用线上和线下售卖不同时间段的商品来进行区分，线上主要售卖前两年的旧款，线下主要售卖当季新款，这样一来就不会出现线上对线下产生销售影响的情况了，也可促进线上和线下销售同步发展。

当然，如果在线上和线下采用完全差异化的策略，例如：在网店上推出专款，线下完全不销售，这可将线上线下的冲突降到最低点。还有一些商家会对线上线下商品的数量进行区分，例如：由于线下门店的展示面积问题，可以在线下的门店展示和销售主打款式，但是数量上比较少，更多的是通过线上进行销售，这样既可以解决线下门店的面积不足问题，也可以同时满足线上和线下消费者的需求。因此，在选择将商品放在线上或线下销售时，应该遵循以下原则：线上商品应该和线下商品的属性不同，需要商家分析线上店铺销售火爆的商品的款式、特点等，尽量选择那些与爆款相似的商品。当然，在此基础上，商家也需要对本网店的特色商品进行推广。

（二）线上线下商品价格的差异化

商家也可以采用价格差异的方法实现差异化运营。一般商品都是线上要比线下的价格低，但要知道，这种价格差异必然会对线下的商品造成冲击，尤其是对那些品牌商品。消费者选择网购不仅是因为价格便宜，还会考虑购物的便利性与快捷性，因此，在选择价格差异化运营的时候应该进行创新。例如：线上价格略高于线下价格，然后开展一些折扣活动；或者销售一些限量商品，也可以让线上的价格略高于线下的价格。

（三）线上线下服务和配送的差异化

商家要根据商品的特征、消费者的差异，选择不同的服务和配送服务。如果商家具有多种不同的产品线，不能完全采用一种方式进行配送，就需要根据商品的特点、销售情况来设置库存、运输和储存地点。商家一定要重视商品的差异性、消费者的差异性，这样可以减少不必要的配送成本。

（四）线上线下推广方式的差异化

在进行推广时，商家需要认清自己的消费者是哪些人群，集中在哪里，他们的习惯是什么，他们的喜好是什么等问题。任何推广的开展，都需要从需求方入手，否则，采用任何的推广方式都是没有用的，只会浪费时间和金钱。

（五）制定和运用差异化运营策略

首先，商家需要根据网店的商品特点、使用人群和需求，制定网店的差异化运营策略；其次，商家需要将差异化策略运用到网店运营中，例如：可以运用促销的方式或者通过修改商品的标题、图片和描述等方式实行差异化的运营策略。

课堂讨论

1. 你知道实行差异化运营的意义吗？
2. 你清楚如何具体地实施差异化运营吗？

六、运用钻石展位推广

钻石展位有利于网店更好地展示商品、推广商品，获得更多的流量，也能在一定程度上促进商品的销售。

（一）钻石展位的内涵

钻石展位，简称钻展，是网店运营者为了吸引消费者，通过实时竞价获得的广告投放位，是重要的商品推广方式。对于网店来说，流量是非常重要的，而钻石展位恰恰能够通过图片、文字、视频等方式来为网店获取流量，它就是一种按照流量来进行竞价销售的广告位。钻石展位的计费方式非常简单，就是出价高者得，即出价最高的网店自然就会出现在第一位，之后由高到低依次排列。计费的单位分为两种，一种是按展示付费，另一种是按点击付费。网店运营者可以根据自己的不同需要设置不同方面的展示。

（二）钻石展位的特征

淘宝每天拥有亿级访客量，其网络购物的数据也十分精确。淘宝网站会根据每天的网购数据给网店运营者提供精准的品牌展位，以引入更多的网购流量，同时达到更好的宣传效果。钻石展位主要包括以下三个特点：

1. 钻石展位的范围较为广泛

钻石展位每天的展现次数高达 15 亿次，基本上能让所有消费者看到。

2 . 钻石展位的定向十分准确

钻石展位是针对所有的消费者设置的，它可以将这些消费者分类，并且能够针对特定的目标人群投放。

3. 钻石展位的特点是实时竞价

淘宝网会根据不同时段将钻石展位的投放计划随时进行调整，以符合当下的购物需求，并且网店可以在任意时间参与竞价。

（三）钻石展位的位置

钻石展位的展示位置主要还是在淘宝网站内，如淘宝网首页及各频道的大尺寸展位，也有部分在各大媒体软件上，如爱奇艺、腾讯视频、优酷视频、新浪微博等。

1. 淘宝网首页

淘宝网首页流量巨大，可以为投放广告的网店带来海量的消费者，图 4–23 为淘宝网首页的钻石展位。

2. 淘宝网各个主题频道的大尺寸展位

在淘宝网各个主题频道中展示图片，要投放和类目相关的商品广告，这样才会有好的投入产出比。图 4–24 是珠宝首饰频道的钻石展位。

3. 淘宝网站外各大网站投放

图 4–25 为淘宝网在新浪网首页的钻石展位，图 4–26 为淘宝网在搜狐网的钻石展位。新浪网、搜狐网的巨大流量，可以为淘宝网店带来大量的消费者。

图4-23　淘宝网首页的钻石展位

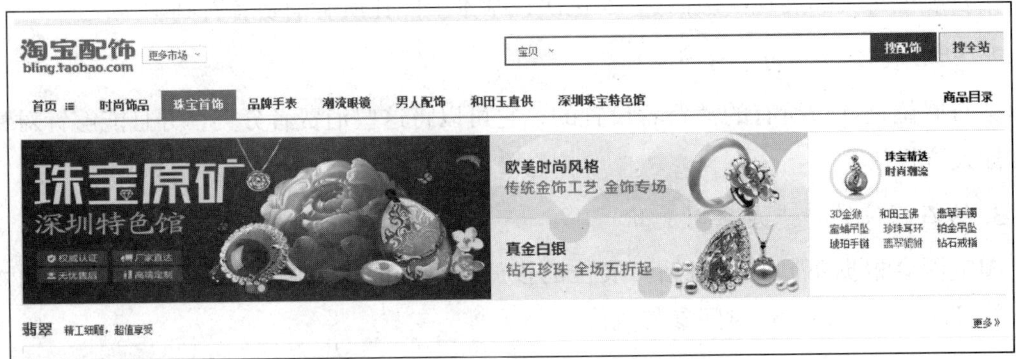

图4-24　淘宝网珠宝首饰频道的钻石展位

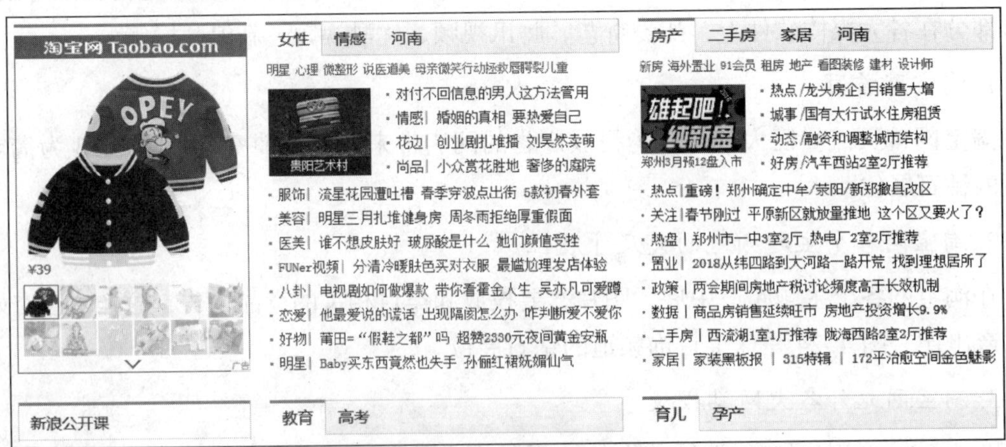

图4-25　新浪网首页的钻石展位

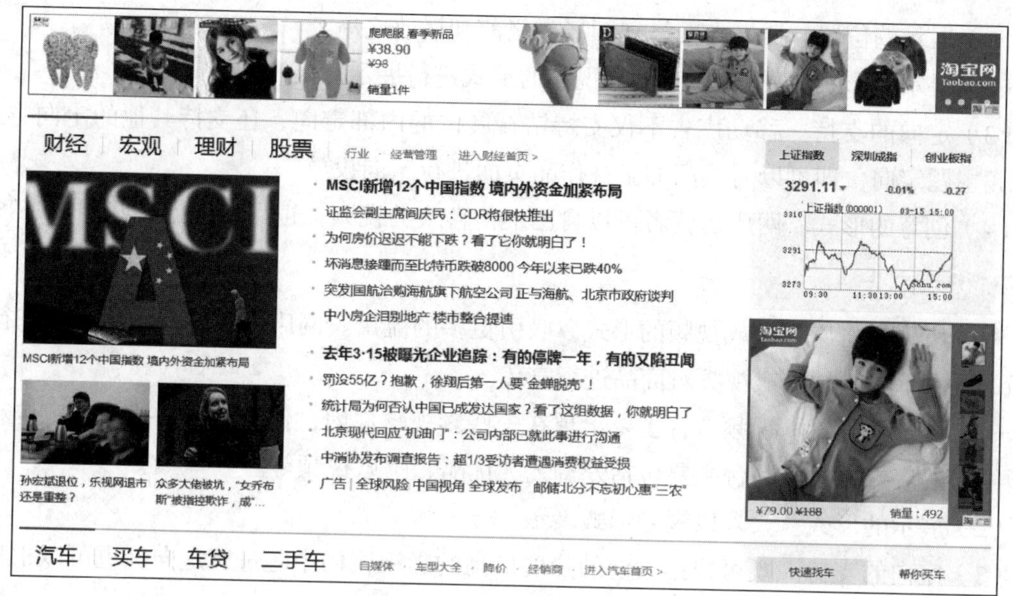

图4–26　搜狐网的钻石展位

（四）钻石展位的类型

网店运营者只有对自己的商品进行宣传，增大商品的曝光率，才能为自己带来更多的流量。钻石展位就是为了吸引消费者而设置的，因此会根据网店的需求分为不同的类别，主要有以下四大类：

1. 展示型广告

展示型广告不仅可以根据网店的需求提供精确的定向，还能够提供创意策略、效果监测、数据分析、诊断优化等贴心的服务。展示型广告主要是以展示图片的方式面向所有消费者进行推广。

（1）展示的位置。对于网店来说，只有将商品进行展示才能吸引消费者。所以在哪里展示很重要，近年来有很多很好的展示平台，如淘宝网、天猫超市、微博、网易、优酷等。

（2）创意的形式。既可以采用图片、Flash 动画等形式，也可以使用由钻石展位提供的创意模板作为网店的宣传推广方式。

（3）收费的方式。分为按展示付费的方式和按点击付费的方式。

（4）投放的方式。选择自己想要投放的商品种类和针对的人群，然后统一进行竞价，出价高的得到投放权。

2. 移动广告

移动广告主要是以图片、文字、视频等形式在移动设备、App 和网页上投放的广告。移动广告不同于传统的广告，它涵盖的范围较传统广告更广泛，因此会在人数上占有一定的优势。移动广告的另外一个优势在于它可以根据用户搜索的内容推送相关的广告。

（1）展示的位置。插播在网络视频播放之前和播放之后。

（2）展示的形式。一般以 15 秒的视频的形式进行展示。

（3）定向的支持。移动广告不仅支持钻石展位的内部定向，还支持其他的定向方式，如视频主题定向，即可以对热门的影视作品页面进行定向投放。

（4）创意的形式。网店运营者可以自己上传喜欢的视频，也可以根据喜好制作视频。

3. 视频广告

视频广告是将广告做成视频的形式以吸引更多的流量。网店可以将自己的商品进行多方面的展示，将其拍摄成视频对商品进行宣传。

（1）展示的位置。视频广告主要出现在一些影视软件内，作为影片播放前的广告和影片暂停时的广告，播放平台主要包括爱奇艺、优酷、腾讯视频等。

（2）展示的形式。大多以视频形式展示。

（3）定向的支持。既可根据当前的热度最高的影视剧的主题进行定向，也可以根据视频网站内的视频进行定向。

（4）创意的形式。支持 FLV、MPEG 等视频格式。

4. 明星店铺

明星店铺并非是指明星的店铺，而是指店铺得到钻石展位后开通了明星店铺服务，就有机会在消费者使用淘宝网搜索相关信息时，将自己的商品置顶在首页，从而获得较多的流量、吸引更多消费者。

（1）展示的位置。主要在淘宝网电脑端、手机端以及 UC 浏览器的网页最上方的位置。

（2）展示的形式。只要消费者搜索相关的关键词，商品信息就会出现在搜索结果页面的最上方。

（3）创意的形式。能够根据消费者的需求来设置各式各样的模板。

（4）收费的方式。按千次展现的方式付费，即按展示付费的方式进行收费。例如：如果千次展现收费 30 元，那么展现 1 万次则收费 300 元。

（五）钻石展位的服务流程

钻石展位服务的流程是：网店运营者首先进入系统签订服务协议，然后对商品投放的展位进行挑选，挑选好之后就进行账户充值，之后就可以创建自己的计划及图片，最后等待投放就可以了。

关于钻石展位有几点需要注意：首先，因为所有的展位都只支持在线的自助式服务，所以在购买展位之前必须登录“我的淘宝”，如果没有淘宝账号则需要申请。其次，要先选择展位才能进行竞价，在得到展位之后、创建计划之前，需要制作一个符合展位要求的图片或动图。最后，进行账户充值的时间，既不限于创建计划之前，也不限于创建计划之后，但要保证商品在展位投放之前一定有足够的费用。

课堂讨论　1. 钻石展位的类型有哪些？各有什么特点？

2. 钻石展位的投放平台有哪些？在展位上投放的资源有哪些？

七、积极参加聚划算活动

聚划算、淘抢购、清仓是淘宝网的三个营销平台，其中最具有影响力的是聚划算。聚划算有非常严格的招商规则，对商品的要求除了最基本的标准之外，还会对不同类别的商品根据费率进行分别收费。在如此严格的标准之下，聚划算仍吸引了大量的网店运营者，获取了非常多的流量。网店运营者通过参加各种聚划算的活动，就可以创造比平时多出几倍的销售额，因此，对网店运营者来说，聚划算是比较好的营销渠道选择。

聚划算的种类主要有五种，分别是商品团、品牌团、聚名品、聚新品和竞拍团。下面是关于这五种类型的详细介绍。

（一）商品团

商品团的特点是坑位数多、参团概率比较大、主团展示和流量稳定。商品团还会使网店运营者享有成本最低、爆款最佳的销售渠道，可以帮助其快速地引入新流量。

总的来说，商品团就是一种在特定的时间内进行优惠的体验式营销方式。商品团的报名流程分为如下七个阶段：

1. 选择活动

查看商品团的招商公告、了解商品团的招商要求，是网店在参团之前必须做的事情。这些都了解了之后，确认参加商品团的网店就可以登录聚划算的后台进行参团了。具体步骤是：在聚划算后台的右上角点击“商户中心”，页面就会跳转到商户中心的首页，首页会有“我要报名”的按钮，点击进入报名页面。页面会出现活动的相关信息，如活动介绍、报名要求、收费方案、坑位规则、保证金规则等，网店运营者可根据自己的需求进行选择。

2. 选择商品

网店运营者要选择符合审查要求的商品进行提交，如果商品不能进行提交，说明该商品不符合审查要求，可以在页面上单击“查看原因”进行了解。

3. 选择坑位

选择坑位也是有条件的：如果符合条件，系统就会展示 6 周以内所有符合条件商品的坑位；如果不符合条件，系统对不符合条件的商品坑位将不进行展示。如果网店运营者选择的商品没有展示在坑位上，可通过点击“显示不可报坑位”来查看具体的原因。

4. 填写商品报名

网店运营者进入商品报名的页面填写商品的详细情况，包括商品标题、商品卖点、团购价格、描述、费用信息等，填写完成后提交，进入“小二审核环节”。

5. 商品审核

商品审核有两个阶段：一审和二审。一审由系统进行，主要审核的内容是报名的商品价格、报名商品的货值、商品的历史成交量以及对商品的评论、商品的动态评分、网店在近 3 ～ 6 个月的成交量排名、网店在聚划算的详情成交额、历史单坑产出水平等；二审由人工进行，主要审核的内容是网店的库存是否充足、价格有无市场竞争力，是否存在换款、拼款等情况。

6. 费用冻结

费用冻结分为两个部分，即保证金和保底佣金。保证金是指在交易成功之前，聚划算会对网店的一部分款项进行冻结，来保证消费者能够得到自己购买的商品以及相关服务。如果消费者没有收到商品或者收到的商品有质量问题，聚划算平台会将冻结的保证金退给消费者。参加聚划算的网店会有最低成交额的要求，如果没有达到最低成交额，就要为聚划算承担一定的技术服务费，这个技术服务费就是保底佣金。聚划算会从保底佣金中扣除实时佣金与目标相差的部分，并将剩余的保底佣金退回；如果交易额达到最低成交额，那么聚划算就会将保底佣金全部退回。

7. 上团前准备

信息变更和发布是上团前准备的两部分。信息变更是指商品从待审核到开团的过程中都可以对信息进行修改，信息修改提交后 30 分钟即可完成审核。商品发布之后也可以修改信息，再次修改的信息审核通过后立即生效。

发布有系统发布和自助发布两种：系统发布是指对符合条件的商品，系统会进行自动发布；自助发布是指网店运营者对审核通过的商品自行决定发布时间。

（二）品牌团

品牌团是主要针对品牌商品，或购买力较强的人群购买商品设置的品牌限时折扣活动。这样能够让品牌为更多的人熟知，进而大规模出货，快速占据市场。品牌团的报名流程分为如下三步：

1. 品牌报名

品牌报名有报名、审核、素材提交三个步骤。报名是指网店运营者进入报名入口，选取自己想要报名的商品，并填写相关信息，一般报名时间在每月的 4 日至 12 日。报名成

功后，聚划算的系统会对网店的日均成交额、历史参聚表现、旺旺响应速度三项 DSR 评分的综合情况进行审核，选出优胜者。素材提交包含的内容也有很多，如品牌入口、品牌主题、品牌营销 banner 图、品牌故事介绍等。

2. 商品报名

品牌团的商品报名流程与商品团的报名流程一样，商品审核与商品团的二审是相似的，如果商品审核没有通过的话，只需要在审核截止之前重新补报商品即可。

3. 上团准备

品牌团的上团准备的流程与商品团相同。

（三）聚名品

聚名品定位于“轻奢、最 in 潮流、快时尚”，包括品牌团、单品团等多种形式，收费方式灵活，是一种专门针对中高端消费人群设置的销售方式。聚名品对招商对象是有要求的，只有符合标准才能参加。天猫旗舰店、全球购、旗舰店授权专营店等都是符合聚名品的要求的。

（四）聚新品

聚新品是最适合新品营销的平台，由于它的高效率能够为新品建立良好的口碑，吸引更多新用户，因此在新品中迅速脱颖而出。聚新品的收费方式为“保底 + 佣金 + 封顶”，它要求参加活动的商品备货量在 500 件以上。所以，国际品牌、国内知名品牌、高潜力、高增长的新品类等供应链完备的网店很适合参加聚新品，具有创新设计、创新技术应用的商品也可以参加。聚划算平台会根据品牌的影响力、投放计划、价格优势等，经过多方面考量之后，选择合适的网店和商品。

（五）竞拍团

如果说大品牌适合以上四种活动，那么中小品牌就适合竞拍团。商家可以通过聚划算进行竞拍，提交想要竞拍的商品，审核通过后就可以参与竞拍活动。

课堂讨论

1. 聚划算的活动方式有哪些？各适合什么类型的网店？
2. 聚划算的五种活动有何不同？

八、加入“天天特价”活动

网店里的一些小型商家，在没有办法提升销售业绩时，可以加入“天天特价”活动。“天天特价”可以帮助具有发展前景的网店和具有特色的小型网店，为其提供营销支持，让网店获得更多的客流量。因此，“天天特价”对淘宝的大部分网店还是有很大帮助的。

（一）“天天特价”的含义

淘宝网推出的“天天特价”平台，可以更好地给消费者带来消费体验，在消费者享受更多低价活动的同时，还可以让商品获得更高的销量。在这个平台上，网店之间相互竞争，建立了一个良性的竞争环境，在价格有让步、质量有保证的基础上，通过包邮的形式进行网店的商品营销。淘宝网的“天天特价”可以让买卖双方获利，消费者可以买到性价比高的商品，网店可以因此提高信誉、知名度、销售量等。客户端的“天天特价”是一个独立的版面，消费者可以点击页面左侧的“商品分类”，选择自己需要的商品。另外，在特价的基础上，消费者还可以享受包邮，“天天特价”的商品周期是一天，图4–27为“天天特价”活动的报名入口。

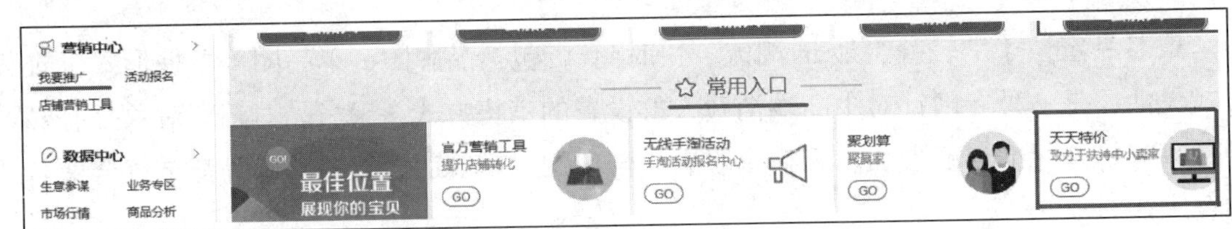

图4–27　“天天特价”活动的报名入口

（二）“天天特价”的特征

（1）从名字就可以看出，特价是“天天特价”平台所具备的一个特征。特价就是网店对价格进行大幅度调整，让商品的价格和成本类似，或者就以成本价出售，通过价格低、质量高的商品吸引消费者。

（2）“天天特价”的商品都是包邮的，这是它的第二个特征，邮费由网店承担，并且可以根据不同消费者的不同要求，使用对消费者最方便的快递方式。

（3）“天天特价”的第三个特征就如同其名字一般，就是每天都有特价商品，同时商品特价周期只有一天，意思就是消费者只有在特价当天拍下特价平台的商品，才能享受特价和包邮服务，活动结束之后就会恢复商品的正常价格。

（4）“天天特价”的最后一个特征就是每日更新，每天都有新的商品，每天的感觉都不一样。当然，这样也可以让更多的网店加入，更大限度地满足更多消费者的需求。

（三）加入“天天特价”需要注意的问题

相对来说，较小的淘宝网店没有很高的推广预算，这就需要这些网店不断地尝试，选择不同的方式进行推广，销售自己的商品。对于中小型网店来说，“天天特价”就是一个很好的推广选择。那么，应该如何对“天天特价”进行操作呢？

1. 了解活动规则

对于网店运营者来说，参加活动之前，一定要先了解规则，这样才有利于工作的开展。

因此，在参加“天天特价”活动的时候，需要对活动流程有所了解，很多网店运营者并不清楚过程及细节要求就直接参加活动，会造成一些不必要的损失，同时不利于对网店的宣传推广。

2. 选款、备货

“天天特价”中的商品审核是比较严格的，系统根据会对所有来参加活动的商品以及网店进行综合排序，选出评分高的商品参加活动。如果要参加“天天特价”活动，就需要考虑商品中的差评等因素，差评过多的商品及网店是不会通过“天天特价”后台审核的。

3. 对初审的商品进行维护

商品进入初审阶段，网店运营者需要对商品的评分和销量进行维护，只有拥有高质量、多销售量的商品才可以进行特价活动。

4. 要做好充足准备

网店参加“天天特价”活动的主要目的是对特价商品及其相关商品进行销售。

在参加活动前，可以依照以下两点建议来进行准备：首先，要给消费者带来价值体验，可以对商品加入套餐的搭配；其次，在设置搭配商品的时候，最好是搭配与参加活动的商品相关的商品，例如：将打底衫与外套相关联；让衬衫搭配不同的裤子；或者设置“买几送几”的活动。当然，活动的规则要提前说明，让消费者一目了然，更多的选择也可以吸引更多消费者。

5. 相关的商品进行优化和实时监测

在参加“天天特价”活动的时候，网店运营者需要做出多种方案，以备不时之需。在活动开始以后，网店运营者要实时地查看相关商品的营销效果，随时准备更换方案，让自己的网店跟随发展的潮流，迎合消费者的需求，这样才会吸引更多的消费者。

6. 应对商品售罄的策略

如果商品在活动中的效果很好，销量大幅度增长，导致商品售罄，这时就需要对消费者进行回访，通过聊天界面联系消费者，并且发送关联的信息。网店运营者可以通过回访信息进行下一批次的商品选择和关联商品准备工作，做到以满足消费者需求为目标进行销售。

7. 应对商品流量、销售量少的策略

网店运营者可以联系老客户，推荐老客户进行浏览，还可以建立店铺的推广圈，在活动当天进行应急。“天天特价”平台也可以让网店中的其他相关商品参与到活动中，如果实在不行，网店运营者可以用直通车对商品进行推广，补救流量。

8. 售后处理

“天天特价”活动的最后一个步骤是极其重要的售后处理，网店运营者需要让消费者感觉整个购物过程是一个享受的过程。活动完成之后，网店运营者要总结经验，分析此次活动中出现的问题，是什么原因导致问题的出现等，并且做到及时为消费者解决问题。

课堂讨论 1. 网店加入“天天特价”的意义是什么?
2.“天天特价”可以给消费者带来怎样的体验?

九、利用淘宝客推广

(一)淘宝客推广简介

淘宝客推广是一种按成交计费的推广模式。淘宝客只要从淘宝客推广专区获取商品代码，任何消费者通过过淘宝客的推广(链接、个人网站、博客或者社区发帖)进入网店完成购买后，都可得到由网店支付的佣金。简单地说，淘宝客就是指帮助网店推广商品并获取佣金的人。

在淘宝客推广过程中，有淘宝联盟、网店、淘宝客以及消费者四个角色，他们每个都是不可缺失的一环。

(1)淘宝联盟是一个推广平台，它帮助网店推广商品，帮助淘宝客赚取利润，并通过每笔推广的交易抽取相应的服务费用。

(2)网店是佣金支出者，它提供自己需要推广的商品到淘宝联盟，并设置每卖出一个商品愿意支付的佣金。

(3)淘宝客是佣金赚取者，他在淘宝联盟中找到网店发布的商品并推广出去，当有消费者通过自己的推广链接成交后，淘宝客就能够赚到网店所提供的佣金(其中一部分需要作为淘宝联盟的服务费)。

淘宝客的推广主要可以分成以下两大类:

第一类是拥有独立平台的专业淘宝客。这类淘宝客精通网站技术，他们自己搭建专业的平台，如淘宝客返利网站、独立博客、商品导购平台、用户分享网等吸引消费者，赚取一定的佣金。

第二类是自由淘宝客。这类淘宝客没有固定的推广方式，不管技术还是实力都不是很雄厚，主要以论坛、博客、SNS平台，或者微博、微信群、QQ群等作为推广方式，很适合新手。

(二)淘宝客推广的优势与劣势

1. 淘宝客推广的优势

(1)交易成功后才支付佣金，网店投入产出比高。

(2)网店推广成本低，展示和点击均为免费。

(3)网店可以自行招募稳定的淘宝客，建立长期推广关系。

(4)淘宝客推广可以让网店的优质商品直接被导购网站抓取、收录，减少了繁杂的推广工作。

2. 淘宝客推广的劣势

（1）淘宝客推广见效时间相对较慢，需要长期的积累。如果想要立竿见影，不建议使用这种方式单独推广，可以配合淘宝网的其他推广方式。

（2）淘宝客推广也需要一定的实力、人脉交际等，只有拥有优质的推手才能有好的效果。

（3）淘宝客推广在设置佣金后，也会产生不必要的成本，例如：一些浏览器或网站会恶意篡改地址，导致只要消费者使用该浏览器购买就会产生佣金，使得佣金没有体现原有的价值。

（三）淘宝客佣金的计算方法

（1）佣金 =（实际成交金额 − 邮费）× 佣金比率。以商品单价是 100 元，佣金比率是 5% 为例，消费者通过淘宝客推广链接购买了 2 件商品，那么实际成交金额是 200 元，如果邮费是 10 元，佣金就是（200−10）× 5%=9.5 元；如果是包邮，邮费显示为 0 元，佣金就是 200 × 5%=10 元；如果商品是 5 折且包邮，邮费显示为 0 元，佣金就是 100 × 5%=5 元。

（2）在消费者确认收货的时候，实际成交金额自动分成两部分，其中 10% 的佣金自动进入淘宝客的支付宝，剩下的 90% 进入网店的支付宝。

（四）淘宝客佣金的设置规则

（1）网店运营者可以随时在佣金范围内调整主推商品的佣金比率。

（2）网店运营者可以随时在佣金范围内调整各类目商品的佣金比率。

（3）消费者从淘宝客推广链接进入网店起 15 天内产生的所有成交均为有效，淘宝客都可得到佣金。如果网店退出淘宝客推广，在退出后 15 天内推广链接仍有效，消费者在此期间点击推广链接拍下商品后仍旧计算佣金。

（4）佣金根据支付宝实际成交金额（不包含邮费）乘以佣金比率计算。

（5）如果消费者通过淘宝客推广链接直接购买了网店内主推商品中的某一件商品，则按照该商品对应的佣金比率结算佣金给淘宝客。

（6）如果消费者通过淘宝客推广链接购买了网店内非主推的商品中的其他商品，则按照网店各类目统一的类目佣金比率结算佣金给淘宝客。

（五）网店参加淘宝客推广

1. 设置推广商品的操作步骤

（1）进入阿里妈妈网站（http://www.alimama.com），在“产品”菜单中选择“淘宝客”，如图 4–28 所示。

（2）进入“商家后台”，如图 4–29 所示。

（3）找到“推广计划”，选择“通用计划”进入，如图 4–30 所示。

（4）在“推广管理”中，选择“营销计划”，如图 4–31 所示。

图4-28　阿里妈妈网站首页

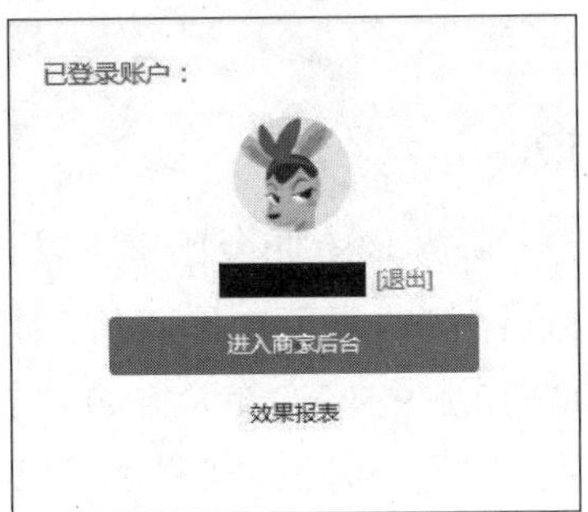

图4-29　进入“商家后台”

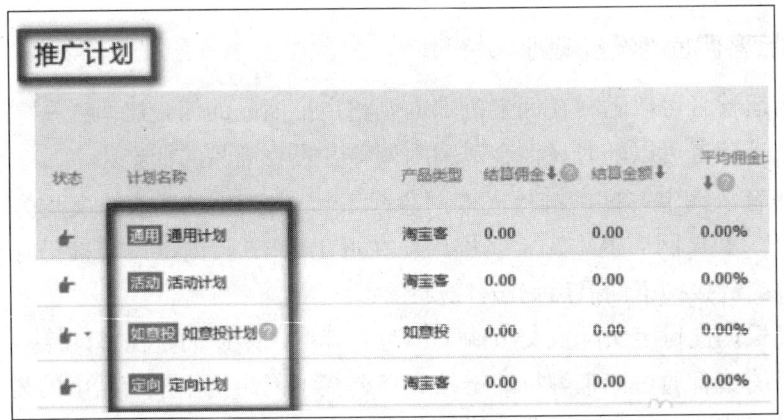

图4-30　选择“通用计划”

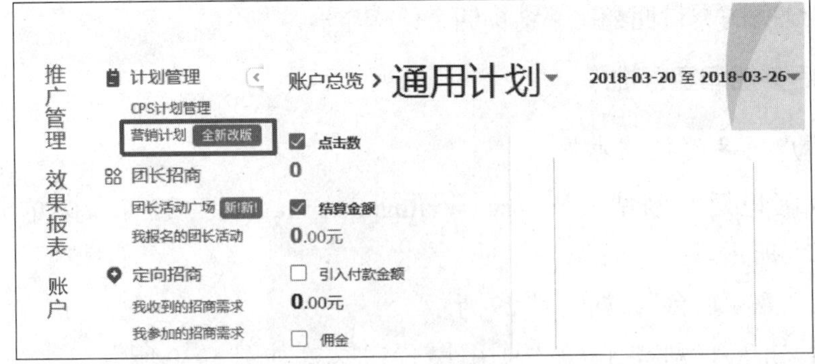

图4-31　选择“营销计划”

（5）添加主推商品，设置佣金比率，完成添加，如图 4–32 和图 4–33 所示。

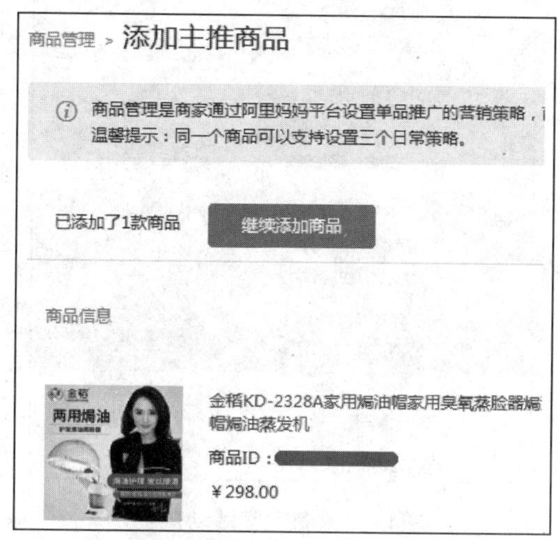

图4–32　添加主推商品

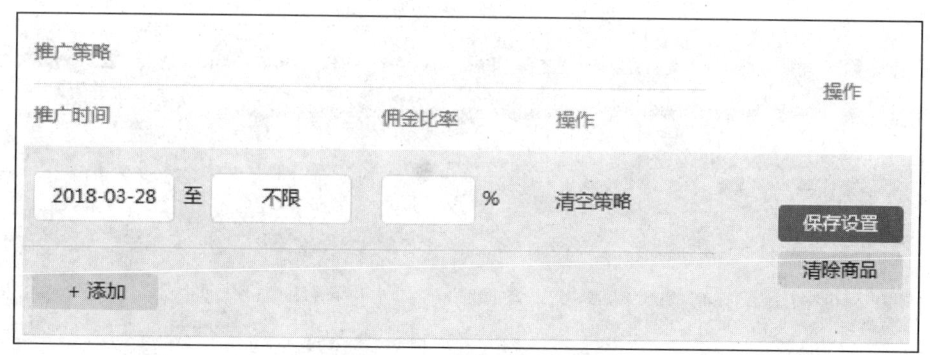

图4–33　设置佣金比率

2. 参加“鹊桥”活动

淘宝客活动又名“鹊桥”，意思是搭建淘宝客与网店之间的沟通推广桥梁。网店在淘宝客创建的活动广场报名参加活动，淘宝客针对报名的商品筛选后进行推广，成交后获得的佣金按一定比率支付给活动创建者。网店参加“鹊桥”活动的步骤如下：

（1）进入淘宝客联盟商家中心，登录账号。

（2）点击“推广管理”，找到“互动招商”并点击“淘宝客活动广场”，如图 4–34 所示。

（3）筛选活动，选择想参加的活动，并立即报名，如图 4–35 所示。筛选活动时，可通过“促销类型”“行业类目”“佣金比例”等进行筛选；或者通过“最新发布”或“等级从高到低”排序相关活动；也可通过“活动名称”搜索，查找想报名的活动。

（4）选择对应可报名的商品。不支持参加活动的商品会被标示“条件不符合”。

（5）设置商品佣金比率、优惠券。

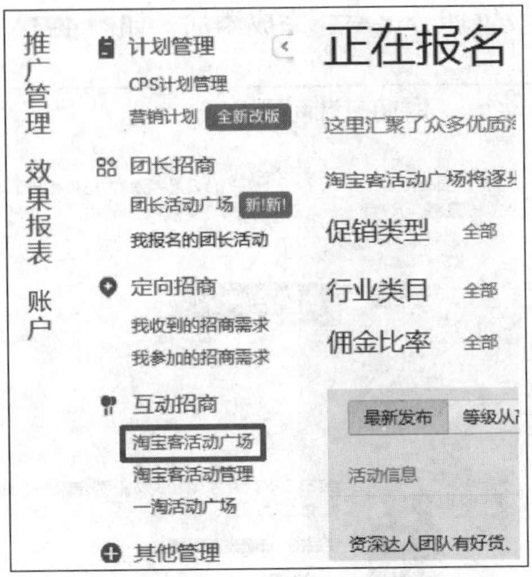

图4-34　淘宝客活动广场

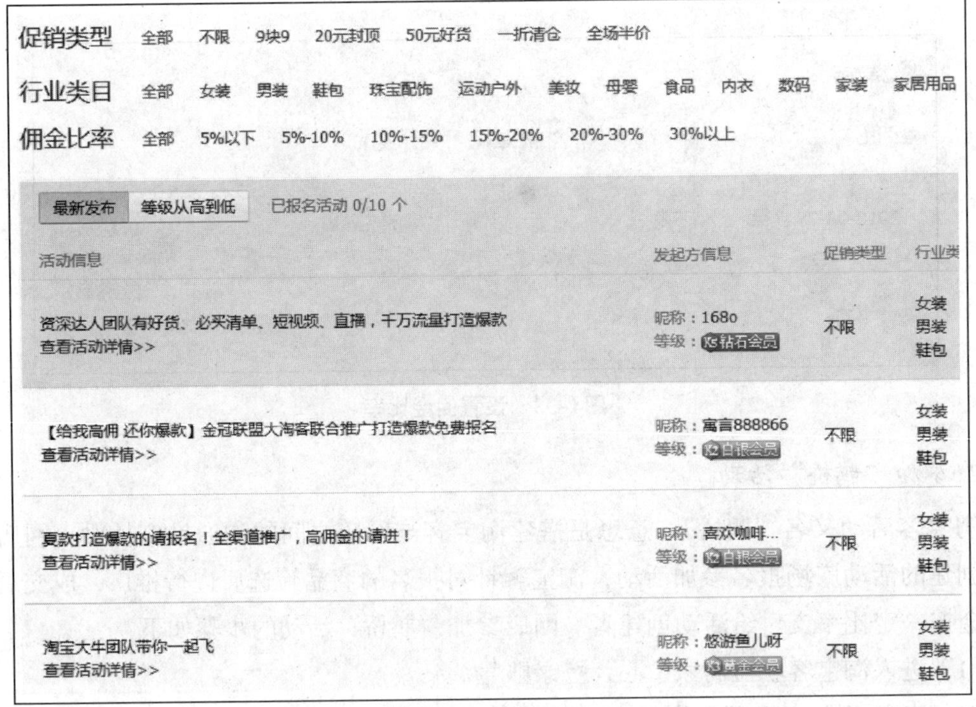

图4-35　筛选活动

（六）淘宝客的操作方式

1. 单品推广

单品推广是淘宝客寻找合适的商品，如质量好、佣金高的商品，进行推广的操作流程。

（1）进入阿里妈妈网站（http://www.alimama.com），在“产品”菜单中选择“淘宝联盟”，如图 4–36 所示。

图4–36　淘宝联盟

（2）点击进入“我的联盟”，之后点击左侧“联盟产品”，如图 4–37 所示。

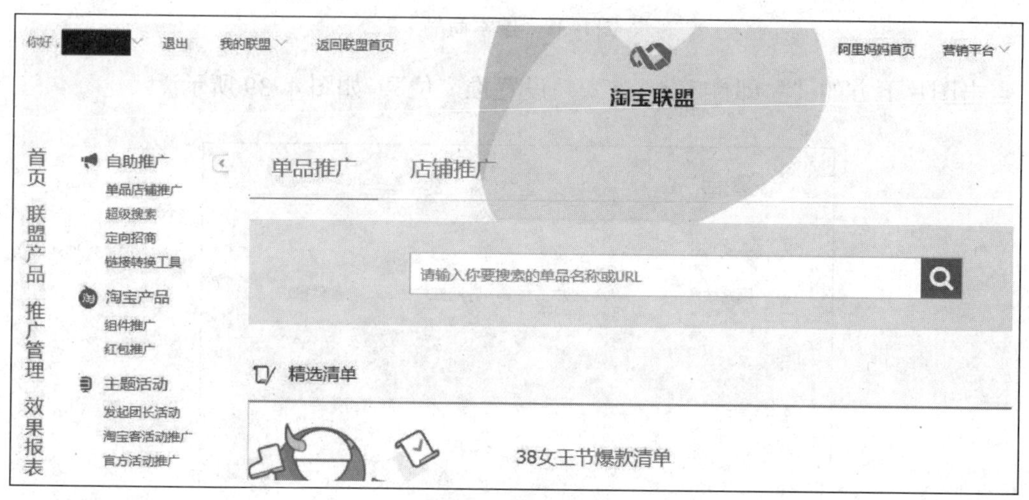

图4–37　联盟产品

（3）在搜索框中输入要搜索的单品名称或者 URL，开始搜索参加推广的商品。以“牛仔裤男 休闲”为例，如图 4–38 所示。

（4）浏览商品，选取想推广的商品，在选择商品的时候，可以通过设置佣金范围、月销量、佣金比率范围等条件快速筛选。另外，还可以对人气、价格、销量、月推广量、月支出佣金进行排序。

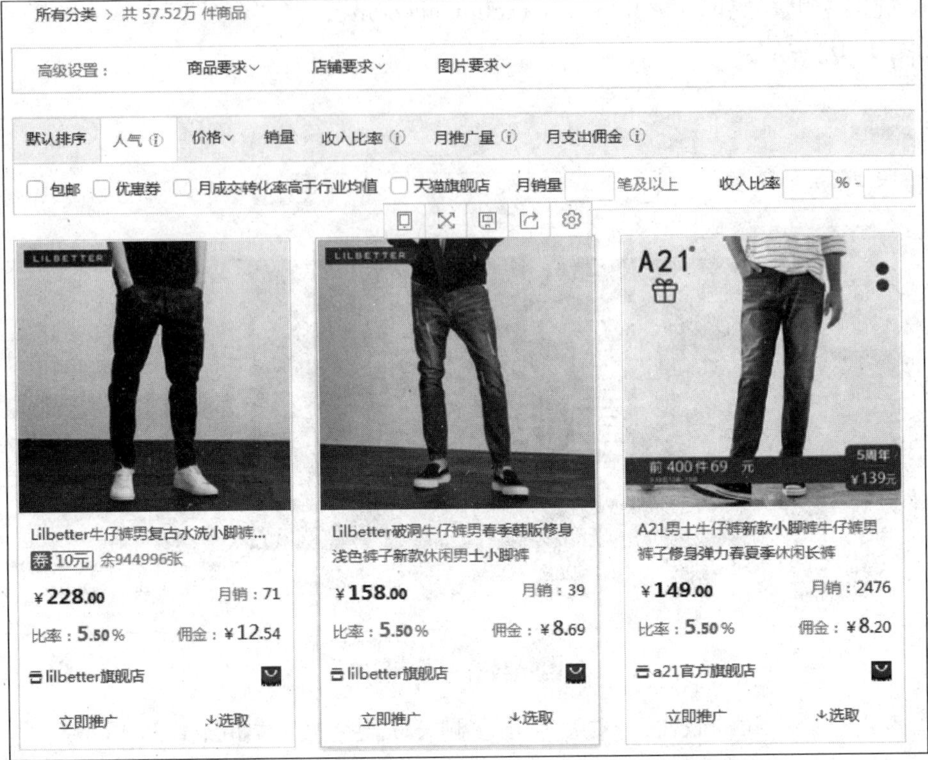

图4–38　搜索商品

点击图片下方的“立即推广”，进入“设置推广位”，如图 4–39 所示。

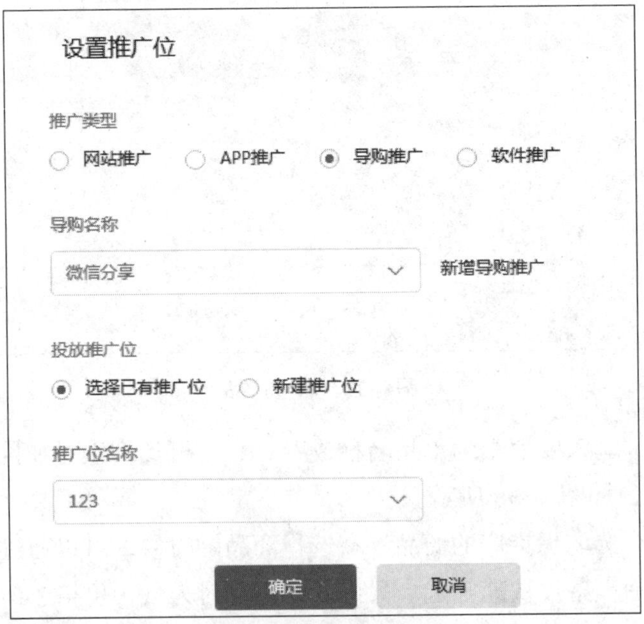

设置推广位

推广类型

○ 网站推广　○ APP推广　◉ 导购推广　○ 软件推广

导购名称

微信分享　新增导购推广

投放推广位

◉ 选择已有推广位　○ 新建推广位

推广位名称

123

确定　取消

图4–39　设置推广位

在首次推广时，淘宝客需要“新建推广位”，建立好推广位后，即可点击“选择已有推广位”，点击“确定”，系统就会为商品生成推广链接，包括“短链接”“长链接”“二维码”“淘口令”四种形式，淘宝客可根据不同的推广需求自主选择，如图 4–40 所示。

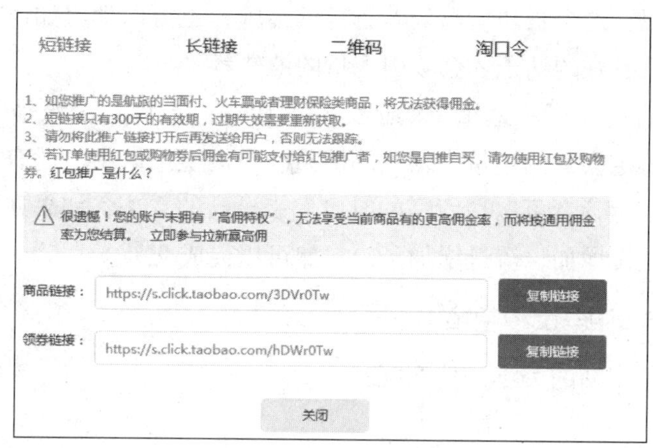

图4–40　选择推广链接的形式

复制链接之后，淘宝客将链接分享至推广渠道，消费者点击购买后，淘宝客即可获得推广佣金。

2. 寻找淘宝客

阿里妈妈社区和超级站长论坛是淘宝客集中的地方，阿里妈妈是淘宝客官方社区，超级站长论坛则汇聚了质量较高的淘宝客，是淘宝客高手聚集地。在寻找淘宝客时，佣金设置要具有吸引力，最低佣金是 1.5%，一般情况下，设置在 10% 以内的佣金对淘宝客的吸引力不大。由于淘宝客的收入还要拿出一部分给阿里妈妈作技术运营费，所以单品佣金设置往往在 10% ～ 40%。另外，网店运营者要加强与淘宝客沟通，建立旺旺群，如果商品上下架能够第一时间通知淘宝客，会让淘宝客感受到合作的诚意，会更加愿意帮你推广，也更加放心地进行推广。

课堂讨论

1. 你知道淘宝客推广的优势吗？
2. 你清楚淘宝客佣金的设置规则吗？

十、在淘宝论坛中推广

淘宝论坛是网店进行推广和宣传的论坛，在淘宝论坛中，运营者可以学习网店的经营经验和相关技巧，还可以和其他的网店运营者交流经验，发表自己的看法。

（一）在淘宝论坛中发帖、回帖

淘宝论坛是淘宝的官方论坛，打开网址（http://bbs.taobao.com）就可以进入论坛首页。淘宝论坛有很多板块，例如“卖家经验”板块，点击进去就是对于网店运营的经验探讨，网店运营者可以在这个板块学习经营管理的经验，也可以学习如何去写一个有内涵的帖子。在论坛里，只有好的帖子才会吸引大量的消费者。

在淘宝论坛中进行交流，最重要的还是对网店进行推广。论坛是网店相互竞争的地方，一个精华帖子一定会给网店带来很大的流量。在淘宝论坛中，还有一项很重要的推广方式便是回帖。网店运营者可以在留言的时候发表自己的看法，如果在这个过程中被人关注，网店流量也会慢慢增加，流量增加了，自然可以促成交易。

（二）在淘宝论坛中写出精华帖

在论坛中写出精华帖的关键是什么呢？

1. 帖子的标题

想要写好帖子的标题，可以参考以下几种形式：

（1）加入悬念的标题。人都是有好奇心的，对于有悬念性质的标题会有更多关注。加入悬念的标题可以让人内心充满好奇，有求知的欲望，这样就可以让人点开阅读，并且会仔细地寻找答案。

（2）炫耀式的标题。这样的标题比较适合讲述故事，也可以分享经验。例如：标题中写“月收入多少多少”之类的，经常会让人产生兴趣，之后开始查看帖子，学习经验。炫耀式标题的帖子目前还是比较受欢迎的，当然发帖子时还是要实事求是，不要过分夸张。

（3）数字化概括的标题。这类标题的帖子，主要涉及的是开店技巧和营销方式等方面。大多数新手网店运营者比较喜欢看这类文章，如开店宝典、经营绝招等。这类帖子多是总结性的文章，可以让人一目了然，并学到帖子里的经营技巧。

以上便是三类比较吸引人的标题，网店运营者可以借助这类标题，让自己的帖子受到更多人的喜欢，以此来增加网店的点击量。同时，在采用以上手法写标题时，一定注意内容不要虚假，因为只有真实的内容才能吸引消费者，虚假的内容只会让消费者觉得受骗了，从而对网店产生不好的印象，影响销售。

2. 帖子的内容

帖子的内容创作也有一定技巧，可供借鉴的几种方式如下：

（1）按照需求写帖。常见的引人关注的帖子有以下几种形式：介绍经营经验的帖子、讲述如何创业的帖子、讲述如何创造财富的帖子、讲述开店技巧的帖子，以及介绍如何分辨商品真伪及质量的帖子。因此，发帖人要了解受众需求，思考如何让自己写的内容引起

更多共鸣，在写帖时，一定要有针对性，这样才能拥有很大的浏览量，从而带动网店销量提升。

（2）采用查漏补缺的方法，把旧的东西变成新的。在写帖时，一定不要人云亦云，要善于发现新的角度，从细节出发，找到差异化的地方，站在全新的角度上进行分析。以龟兔赛跑的故事为例，一直以来，我们都是在夸赞乌龟的品质，但对于这个故事，我们是否可以采用全新的视角重新审视呢？在写帖子的时候，一定要抓好角度，敢于创新，把旧思路转化为新想法。

（3）用独特的眼光发现闪光点，变废为宝。相信大多数人都听过美国淘金的故事，这个故事值得思考的地方是，为什么那么多淘金的人没有淘到真金，却是一些卖水的人发了大财？这就是在提醒我们，要善于去发现那些与淘宝相关的、比较冷门的题材，用不一样的角度去发现世界，做到变废为宝。

（4）做到设身处地为消费者着想，从消费者利益角度写文章。淘宝上许多网店“挂羊头卖狗肉”，商品存在质量问题，所以在帖子中介绍识别商品质量、真伪的方法，可以提高阅读量。同时，介绍如何领取抵用券、如何抢购特价商品等关系消费者利益的帖子，也可以维护消费者利益，提高阅读量，从而为网店吸引人气。

课堂讨论

1. 你知道在淘宝论坛中如何真正被消费者熟知吗？
2. 你知道淘宝论坛对网店的真正意义吗？

十一、用免费网络资源推广

由于中小型网店用于推广的资金并不多，因此，大多网店都会选择免费推广的方式。那么如何做好免费推广呢？下面介绍几种可以对网店进行免费宣传的方法：

（一）用信用评价免费进行宣传

在网店推广中，有很多可以免费做广告的地方，网店需要进行深入探索，采用多种手段对商品进行免费宣传。其中，消费者对于网店的“信用评价”，是展示网店的大好机会。

网店经营中，在消费者使用支付宝完成交易并确认收货之后，买卖双方都可以对对方进行评价，包括好评、中评、差评，这些评价统称为信用评价。

网店运营者也可以在“发表评价”的文本框中，输入自己想要评论的内容，适当加一些本店铺的宣传文字，这样其实就是免费地宣传了网店。

除了在“评价”中做广告之外，还可以在“我要解释”里进行广告宣传。具体的步骤参考如下：

（1）点击“我的淘宝”页面，单击“评价管理”链接，自评价之日起，网店运营者可以在一个月之内，对此评价做出相应的解释，如果在这一个月之中，网店运营者并没有对评价做出解释，那么就不能再对其进行解释了。

（2）与写评价的步骤相同，在进入“评价解释”页面之后，点击“我的解释”按钮，之后在文本框中输入自己要解释的内容，还可以加入一些宣传标语，对网店进行宣传。与评价有一点不同的是，这里的解释是有字数限制的，只可以写500个字，超过之后是没有办法显示的，这就需要对字数进行控制。

（3）点击“提交”按钮，评价解释的操作成功，返回“评价管理”页面，就可以对刚才填写的内容进行查看了。

（二）网店之间相互添加友情链接

网店之间相互放置对方网店链接，这样的方式就是友情链接，可以让消费者在浏览一个网店的时候，看到其他网店链接。合理地设置友情链接，会给网店带来很大的流量，达成网店推广的目的。网店之间交换友情链接，可以共享消费者，增加浏览量，也会促进交易量的增加。

如果网店的友情链接设置满了的话，会让消费者觉得这个网店很专业，让消费者很放心在这个网店购买商品。另外，设置友情链接还可以让网店的整体档次提到提升，这主要是因为设置友情链接可以让消费者觉得这个网店的整体性工作做得很到位。

值得注意的是，在交换链接的时候，最好不要和同类网店进行交换，如果他人的商品吸引力更大的话，消费者就会流失。在选择友情链接的网店的时候，最好是选择相关联的网店，例如：卖女性化妆品的网店可以和卖女装、饰品之类的网店进行友情链接。

（三）使用QQ空间进行推广

QQ的用户很多，利用QQ进行推广，一定会提高效益。使用QQ空间进行推广有如下几种方法：

1. 使用QQ日志进行推广

QQ日志是一个很好的推广模式，网店运营者可以去各种大型的网站或书籍中寻找相关的资料，发表空间日志，以吸引更多的人关注，让更多的人知道网店的存在。

2. 利用QQ空间相册进行推广

在QQ空间的相册中加入网店的信息和商品也是推广方式之一。有很多人在聊天或者加好友的时候都会选择看一看QQ空间的相册，因此，运营者一定要利用好空间相册进行网店的推广。此外，还有很多利用QQ空间进行推广的方式，例如：利用QQ空间说说、QQ空间名人进行推广等。

（四）利用微博进行推广

使用微博推广是如今一种比较流行的方式，越来越多的企业开始重视微博效应，淘宝网店也不例外。

在微博上，网友随便发一条消息，就会有很多人看到，每一个人都有自己的粉丝，就这样一传十、十传百，传播速度是非常惊人的。网店运营者多使用微博，就可以收获很多粉丝，非常有利于推广。同时，微博上的许多信息都是在传统媒体上很难看到的，所以微博非常有利于形成互动，便于形成自己的推广圈。

（五）利用微信进行推广

微信是腾讯公司在 2011 年推出的一款可以快速发送文字和照片、并且支持多人语音的对讲的手机软件。现如今使用的人群非常庞大，对于网店来说，微信的推广也是推广的大趋势。那么如何进行微信的推广呢？

1. 利用朋友圈进行推广

运营者可以在微信朋友圈中介绍自己的网店与商品，可以展示商品实拍图片，介绍商品功能与使用效果，吸引关注与转发。

2. 利用微信公众平台进行推广

运营者可以在微信的公众平台上进行一对一的文章推送，可以向消费者推送商品的消息和最新的活动等消息。

通过微信平台进行推广的方式是有很多种的，这需要网店运营者不断地探索，掌握更多的技巧和方法。

课堂讨论

1. 你知道利用免费网络对网店进行推广的意义吗？
2. 如何对网店进行更有效的推广？

任务总结

网店推广是通过各种宣传方式让更多消费者打开网店、认识商品并产生购买的过程。推广的方式有免费的，也有付费的，网店运营者要根据自己的实际情况，选择适合自己的推广手段。前期可以先通过搜索引擎优化、参加官方免费活动等手段打基础和积累经验，之后可以选择直通车、钻石展位等付费推广手段提高曝光度。网店推广是一个长期、持续的工作，随着推广经验的增加，网店运营者一定可以找到最适合自己的推广手段。

同步实训

1. 在“千牛卖家中心”→“营销中心”→“我要推广”页面找到“搭配套餐”“优惠券”“满就送”项目，分别进行设置，推广商品。

2. 在“营销中心”→“活动报名”页面查找可以参加的淘宝官方活动，查看活动规则，选择合适的活动并报名。

3. 在阿里妈妈网站找到淘宝联盟，寻找合适的商品进行推广，赚取佣金。

4. 登录阿里妈妈网站，点击“淘宝客”进入联盟商家后台，设置通用计划，增加主推商品并设置佣金，对商品开展淘宝客推广。

学习目标

熟悉网店物流的主要工作步骤；熟悉售前、售中、售后客户服务的整体工作流程。

知识目标

掌握网店的发货流程、运费模板的设置、快递方式、商品包装以及客服岗位的职责内容。

能力目标

培养进行商品的包装、物流运输、客户服务等基本任务的能力。

任务一 网店的物流管理

通过本任务的学习，你将在以下四个方面进阶：

- 掌握网店的发货流程；
- 学会运费模板的设置；

- 了解各种不同的发货方式；
- 学会对商品进行包装。

导语

网店物流是网店运营中的重要环节，高效的物流可以提升消费者的购物体验，为网店的可持续发展带来动力。本任务的内容可以帮助网店运营者增强对网店物流环节的了解，帮助相关人员在网店运营中做好物流管理工作。

一、熟悉网店发货流程

网店成功卖出商品后，就需要对售卖的商品进行物流运输，以便商品成功地送达消费者手里。做完了这些工作以后，网店的销售环节才算正式地告一段落。当然，对网店的商品进行发货、物流管理等一系列事务也不是容易的事情，需要具备一定的物流管理知识，在这个前提下，才能真正实现商品的成功发货。

随着交通运输业的快速发展，物流虽然大体上可由计算机来掌握和控制，但是由于会受到很多外界因素的干扰，例如天气、地区等，又使得物流成为一个十分容易出现问题的环节。物流的好坏，会影响消费者在网店购物的体验感，也会很大程度影响网店交易的成败。所以，对于网店运营者来说，应当格外关注物流环节，将网店物流及发货流程视为网店运营的必修课，才能更好地进行网店运营。

（一）物流工作涉及的环节

物流工作一般分为物管部分和物流部分。在一笔完整的电子商务商品交易中，往往分为三个环节：第一，售前，包括网店商品的验收入库、商品的货号编写、商品的仓储管理等；第二，售中，包括与消费者进行商品交流、商品介绍等；第三，售后，包括商品货单打印、商品的凭单出库、商品的整理装箱及发货、商品物流追查等。物流工作在整个商品交易流程都起着贯穿联通的作用：在售前环节，物流扮演着负责商品的物品管理角色；在售中环节，负责销售的人员会介绍商品并向消费者告知店铺物流的选择，物流扮演着中间过渡衔接的角色；在售后环节，商品开始出单并随着物流发货。所以，通过物流工作能够让三个环节最终形成一个完整的工作流程。

当一笔商品交易订单生成后，网店运营者可以通过“卖家中心”→“已卖出的宝贝”，或在“物流管理”下的“发货”选项里查看未发货的订单，如图 5–1 所示。

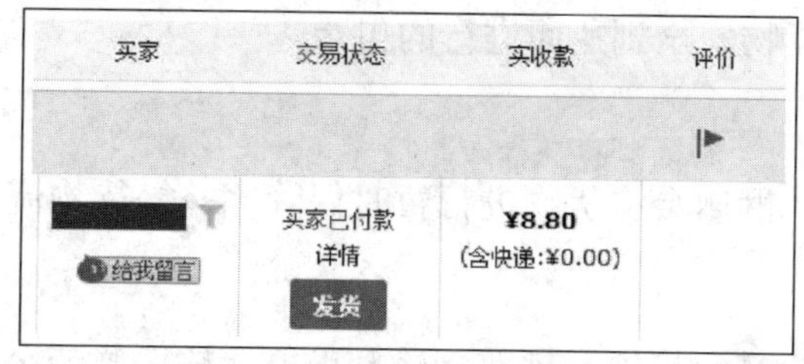

图5–1　查看未发货订单

在网店的“物流工具”选项中，还可以设置物流运费模板，针对商品的重量、发货地区设置相应的费用。设置好运费模板后，可以在商品的详情页编辑中，根据不同商品的情况选择相应的运费模板，这样也可以让消费者清楚地知道邮寄到自己居住地需要花费的快递费用。

网店负责物流管理的人员可以通过“菜鸟物流管家”平台，对物流情况进行有效监控，包括对在途的包裹、退货中的包裹、快递快件出现的异常等进行有效监控，如图5–2所示。除此以外，在“菜鸟物流管家”平台上还可以查看物流指数，进行物流绩效分析。网店运营者可以通过查看自己的发货情况，来对比同行的发货和到货速度水平，从而比较出当前网店的物流速度是否处于正常状态。对于网店运营者来说，这是十分重要的对比数据，因为发货速度是影响店铺评价的重要指标，还会影响很多售后问题，所以网店运营者应当随时关注物流发货速度等问题。

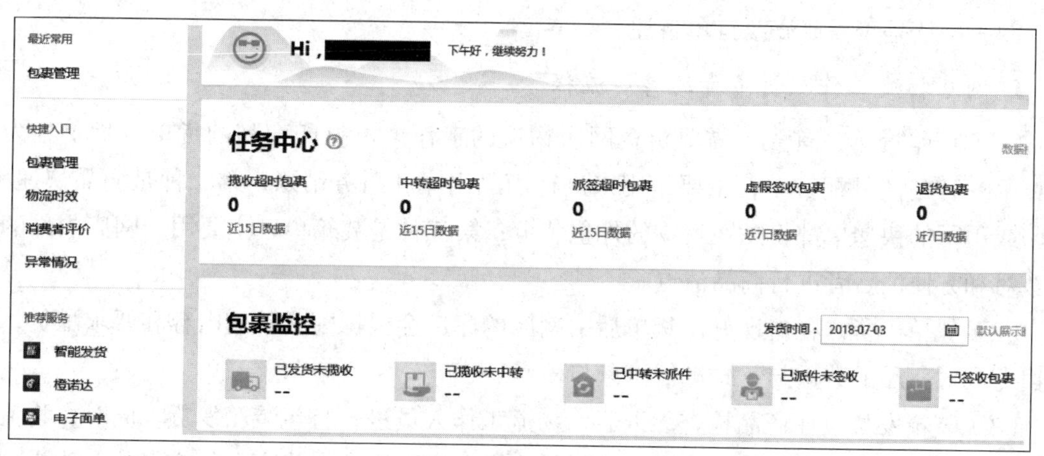

图5–2　菜鸟物流管家

在网店工作流程的衔接方面，首先，物流会承担部分售前的准备工作，即商品的入库和编号。接着，负责销售的人员会完成商品的编辑发布和上新、进行商品推荐和在线接待的工作，并进行销售。发货的物流过程，具体有以下四个环节：

1. 包装

发货环节的第一个过程就是对商品进行包装，而物流过程中的包装具体指的就是运输包装，即网店为了能使货物安全到达而进行的包装。

2. 保管

待包装过程完成后，网店会将货物进行暂时保管，并等待物流公司取走货物。

3. 运输

货物的运输方式分为公路运输、铁路运输和航空运输，物流公司会根据不同地区的情况，或者消费者的需求来选择最佳运输方式。

4. 配送

商品货物到达物流中心后，由快递员进行派送。

商品发货，是通过物流作为衔接将货物最终完好地送达消费者，待消费者确认签收后，商品的销售和发货过程才算完成。

（二）做好物流的后续工作

商品一经销售，售后方面会分成两个方面进行衔接：

1. 网店销售人员负责的售后流程

（1）确认是否需要修改订单。

（2）确认消费者是否已付款。

（3）确定消费者的收货地址。

（4）确认是否需要修改订单备注。

2. 网店物流工作人员负责的售后流程

（1）打印货单。首先，需要负责网店物流的工作人员打印商品的货单。货单分为三种：第一种是商品配货单，主要是用来进行商品出库和财务销账；第二种是商品快递单，打印或手写的快递单都将贴在货物的外包装上；第三种是装箱单，主要用于网店内部的商品核对和方便消费者进行商品清点。

（2）凭单出货。在打印好出货单后，网店的库房会根据配货单的内容和要求配货，并且由专人对商品的数量与款式进行清点与核对。

（3）装箱发货。在商品检查无误后，物流工作人员进行打包装箱发货。同时，物流工作人员在发货后，还需通知负责网店销售的人员，在网店后台将商品的交易状态改为“卖家已发货”，等待消费者收到商品并核对商品。

（4）追查快件。如果商品在物流运输过程中出现了延时、丢失或损毁的情况，负责物流的工作人员还需配合和帮助售后客服人员对快件进行追查，并且向相应的物流部门反映或提出索赔。

随着电子商务的高速发展，各网店之间的竞争也日渐激烈。网店物流环节如果能得到完善，必将能够让网店运营者在激烈竞争中获取有利地位。所以，要想做好网店的物流环节工作，网店运营者应当熟知网店物流的概念和如何发货。物流环节的内容主要包括仓储、打包和配送等，运营者应熟悉交易环节中售前、售中和售后的基本业务要求和注意事项，并认识到物流交易中的每个环节之间都会相互影响。

课堂讨论

1. 你了解目前使用比较多的快递公司有哪些吗？这些快递公司的优势和劣势有哪些？

2. 你知道如何更好地完善售前、售中和售后环节的物流工作吗？

二、设置运费模板

在淘宝网电子交易中，由于购买商品的消费者来自不同的地区，并且常常由于实际情况不同以及商品的情况不同，快递服务的费用也不相同，因此对于网店运营者来说，创建和设置运费模板就是解决这一问题的最佳方法，也是网店运营的一项必备技能。通过创建和设置运费模板，网店运营者可以满足不同情况下的需求，也可以实现对不同地区运费的有效区分。

在淘宝网中设置运费模板有一些常用方法，其具体操作如下：

（1）网店运营者打开并登录淘宝网的“千牛卖家中心”，并在“我是卖家”中找到“物流管理”栏，单击选择“物流工具”，等待页面进入物流管理工具的管理中心后，单击选择“运费模板设置”进入其子选项，找到“新增运费模板”选项按钮，如图 5-3 所示。

新增运费模板　　使用帮助

哈他产品包邮运费模板　　来自供应商[illegible]宝官方旗舰店最后编辑时间:2018-02-22 09:24　删除

运送方式	运送到	首件(个)	运费(元)	续件(个)	运费(元)
快递	中国	1	0.00	1	0.00
快递	西藏	1	15.00	1	10.00
快递	新疆	1	20.00	1	10.00
快递	台湾,香港,澳门,海外	1	200.00	1	200.00

战狼包邮　　最后编辑时间:2017-08-13 17:14　复制模板 | 修改 | 删除

运送方式	运送到	首件(个)	运费(元)	续件(个)	运费(元)
快递	中国	1	0.00	1	0.00

图5-3　新增运费模板

（2）单击打开“新增运费模板”并进入编辑页面，网店运营者可以在选项“模板名称”的文本框内输入自己想要创建的模板名称。在设置模板名称时最好采取简洁易懂的方式，例如：衣物类商品可创建名称为“衣物类运费模板”，同理，化妆品商品可创建名称为“化妆品运费模板”。然后，根据网店的实际需求依次设置“宝贝地址”“发货时间”和“运送方式”等信息。“宝贝地址”是在指商品的发货地址。在地址设置完后，网店运营者可以在宝贝详情页面中的运费信息处看到相关信息。在“发货时间”的设置上，最短可以选择“4 小时内”，最长可以选择“2 天内”，通常来说，消费者都倾向于去发货时间短的网店购买商品，时间越短越受青睐。但是在选择设置发货时间时，网店运营者还是需要根据实际情况来设置，不宜为了吸引消费者而设置特别短的发货时间，而应为网店的发货时间留有一定余地。在“是否包邮”的选择上，分为“卖家承担运费”和“自定义运费”两个选项，即通常所说的是否由“卖家包邮”。需要注意的一点是，在选项中，网店运营者若是选择了“卖家承担运费”，代表是全国包邮，即包括新疆和西藏等一些偏远地区。在“自定义运费”的选项中，网店运营者可以自行选择商品的计价方式，即当网店运营者在设置商品的计价方式时，可以根据商品的实际情况来进行选择，如果网店主要经营的是小件类的商品，可以在“自定义运费”选项中选择“按重量”或“按件数”来计价，如果网店主要经营的是大件类商品，则可以在“自定义运费”中选择“按体积”来计价。除此以外，网店运营者在设置自定义运费的时候，还可以根据物流服务商提供的价格标准来设置价格，如图 5–4 所示。

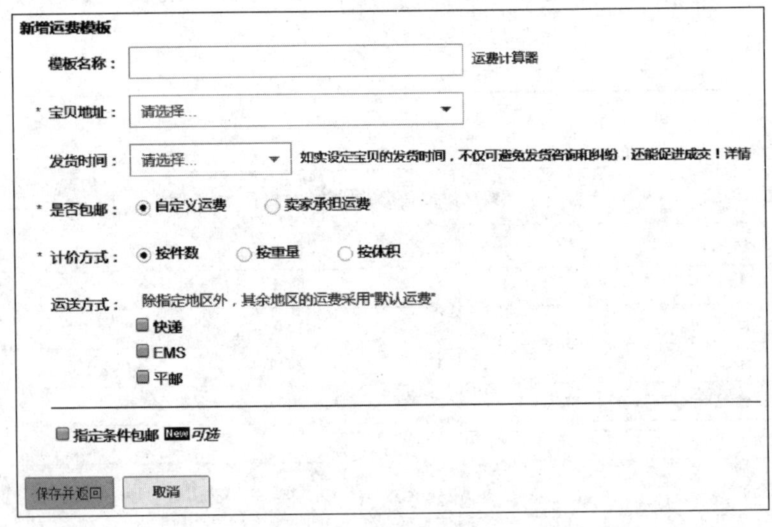

图 5–4　设置基本信息

（3）在运送方式的选择上，有“快递”“EMS”“平邮”三个选项，快递的特点是有众多快递服务商可选，如中通快递、顺丰速运、圆通快递等，价格适中，速度比较快；中国邮政速递（EMS）的特点是覆盖网点多，价格较贵；平邮的特点是价格比较低而速度很

慢。目前，网店使用最多的是快递运输，在不追求速度的情况下，可以选择平邮运输。当有些地区快递送达不到时，可以选择 EMS 运送。在单击选中想要的选项后，可以在打开的表格内填写有关的运费信息。当运费不需要随着商品的数量、重量或体积的增加而增加时，可以将运费设置为“0”，并单独设置一些指定地区的运费模板。

（4）单击超链接“为指定地区城市设置运费”后，添加一个新模板。单击选中“发送到”这一栏中的超链接“编辑”，待对话框跳出后，在对话框中设置需要进行特别指定运费的地区，并编辑特定区域的运费价格。例如：要为指定地区城市设置包邮，首先，需要点击“编辑”超链接，在弹出的对话框“选择区域”页面中，单击勾选包邮的地区，如勾选华东地区中的“上海”“江苏省”“浙江省”这三个省市，并点击“保存”按钮。然后，在返回的页面中设置“首费”和“续费”的数值，填写为“0”。设置完指定的包邮地区后，还可设置不包邮地区。如图 5–5 所示。

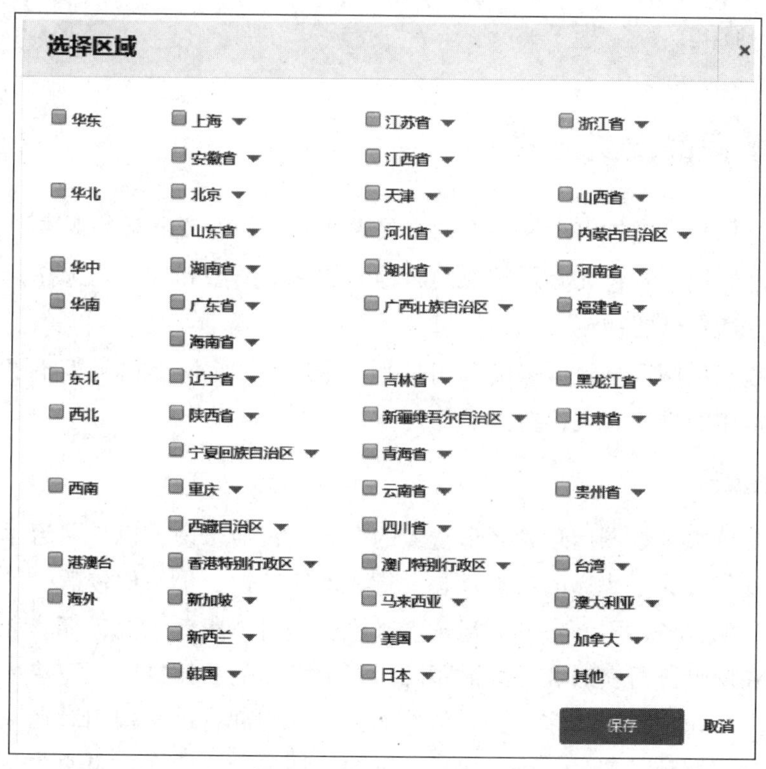

图5–5　“选择区域”页面

（5）依照相同的方法，依次编辑 EMS 和平邮的指定地区运费模板。当选择的计价方式是“按件数”“按重量”或“按体积”时，可以单击“指定条件包邮”，在跳转出的表格中设置满足哪些指定条件后可以包邮。例如：如果选择的是“按件数”选项，则可以采用条件为“满 ×× 件包邮”，也可以是“满 ×× 金额包邮”，或是按同时满足件数和金额的条件包邮。同理，若选择的是“按重量”选项，则可以采用条件为“满 ×× 重量包邮”，也可以是"满 ×× 金额包邮"，或是按同时满足重量和金额的条件来包邮。

（6）点击返回"物流工具管理中心"，即可以看到已经设置完成的运费模板。如果需要修改设置好的运费模板，可以在选定的运费模板的上方单击"修改"或"删除"，重新编辑模板或直接将不需要的模板删除。创建好运费模板后，在使用时可直接选择模板名称来运用。

以上就是设置运费模板的通用方法，网店运营者可以根据店铺的实际情况设置和运用运费模板。运费模板为网店运营在设置价格上提供了很大的便利，可以为网店运营者节约修改运费的时间，也便于消费者能在选择好物品后清楚地看到商品是否包邮或者邮费花费多少。

课堂讨论

1. 你会根据网店的商品特性，动手设置不同计价方式的普通运费模板吗？
2. 你会根据不同区域的划分，动手依次创建快递、EMS、平邮指定地区的运费模板吗？

三、了解商品发货方式

网店运营是构建在虚拟电子网络上的交易模式，商品的流通最终需要通过物流的方式来真正实现。网店运营者首先必须掌握网店物流的基本类型和物流的选择方式，然后根据实际情况选择合适自己的物流。

目前，能够提供网店物流服务的公司是非常多的，淘宝网上已经汇集了各种类型的物流方式，比较常用的物流方式包括以下几种：

（一）快递发货

快递发货是绝大多数网店运营者最喜爱的方式，目前来说，也是网店运营者采用得最多的一种物流发货方式。快递的特点就是发货速度比较快，价格比较适中，并且支持上门取件和送货上门的服务，不管对网店运营者来说还是对消费者来说，都非常便利。采用快递发货还可以在网上进行实时商品物流跟踪，了解商品的物流进度。随着物流服务行业的高速发展，快递公司也越来越多，大多数快递公司的内部管理结构相对来说比较完善，常见的物流快递公司有顺丰速运、中通快递、圆通快递、韵达快递、申通快递、天天快递以及宅急送等，这些快递公司提供的服务模式大致相同。在众多快递公司中，顺丰速运速度较快，服务较好，丢件率较低，但是价格也是其中最高的，网点不算全面。如果网店经营的商品是贵重物品，对商品有时效需求，且注重快递效率，那么可以选择顺丰速运。其他的快递公司在服务和速度上大致相同，价格会比顺丰低一些，更适合商品利润不太高的网店。在这些快递公司中，申通快递在国内的快递网点覆盖面较广，速度相对来说也比较稳定，价格适中。宅急送在全国有覆盖省、市、县、乡近 4 500 个网点的庞大快递网络，速

度和 EMS 差不多，有些地区比 EMS 更快。

（二）EMS 发货

EMS 是中国邮政提供的特快专递服务，既提供中国境内的快递服务，也提供国际的邮件快递服务，如图 5-6 所示。EMS 的特点是覆盖和运送范围较广，全国已经有 2 000 多个自营的网点。除了能到达全国各大、中城市（大致 1 ～ 6 天），县、乡（大致 2 ～ 8 天）外，还可以到达一些偏远地区。EMS 的货物丢失和损坏率非常小，速度较快，安全性比较高，同时可以提供送货上门服务和物流信息跟踪服务。EMS 在法定节假日依然营业，在有特殊时间的需求时，网店运营者可以选择 EMS。但是相对于普通的物流快递公司，EMS 定价不灵活，且价格较高，因此在价格方面竞争力不强。当网店运营者需要保证货物的安全性或保证能到达某些偏远地区时，可以考虑选择使用 EMS。

图5-6　EMS官网页面

（三）平邮发货

平邮是中国邮政提供的寄送信件和包裹服务的总称。平邮通常来说价格比较低，适用的网点也非常多，适合寄送到偏远地区。平邮也可以采取网络查询的方式来查看投递情况，但是不提供送货上门的服务。在有的货物不提供派送时，平邮邮递员会事先发送一个通知消息告知收件人，例如：发送通知单到以家庭为单位的信箱，或放在门卫处，收件人领取通知单后，凭通知单以及身份证到邮局领取。平邮的速度比普通的快递发货要慢，运送时间一般需要 7 ～ 30 天，所以目前使用平邮的网店不多。但是平邮的寄送投递范围非常广，所以网店运营者可以在其他快递不能送达偏远地区的时候，采取平邮的方式来提供物流发货。在选择平邮的时候，还可以根据商品的情况加购一些保障类服务，如保价和回执等。

（四）e 邮宝发货

e 邮宝是中国邮政储蓄银行电子商务快递公司和支付宝共同打造的快递业务。目前，e 邮宝在我国的送货团队很多，十分受欢迎，它的特点是提供的快递服务配送范围比普通快递更广，有些禁止空运的商品也支持配送。e 邮宝的价格也不算特别贵，大致为 EMS 的一半。同时，也可以在网上进行实时查询来查看配送进度。相对于 EMS，e 邮宝的缺点是：在长距离的运输上没有 EMS 快，能够配送的城市目前还没有 EMS 多。

（五）物流托运发货

在实际情况中，并不是所有的商品都是小件或方便运输的，若网店经营的商品是大件物品或超重物品，那么可以选择物流托运的发式来发货。目前，也有很多物流公司能够提供托运服务。一般而言，物流托运的方式主要有汽车托运、铁路托运以及航空托运等。从速度来说，汽车托运的时间较长，铁路托运稍快，航空托运最快，但价格也是最贵的。托运的时候，应对托运商品进行完善的包装并做好标记，同时备注好联系方式，以免出现货物丢失和破损等情况。

以上就是商品的一些主要发货方式，网店运营者应当了解和掌握各个发货方式的具体情况，然后根据商品和网店运营的需求，选择合适的物流方式。在发货之前，网店客服应当先询问消费者所在地能够提供服务的物流公司。除了询问消费者以外，网店运营者还可以自主查询和了解物流公司的服务范围，在查询后，若需要更改，也要第一时间告诉消费者，以免引起不必要的麻烦。等待物流发货后，网店运营者要关注商品的物流情况来确认物流是否处于正常，以免发生货物丢失或送错地址的情况。

课堂讨论

1. 你会查询自己周边的物流公司吗？
2. 在选择物流公司发货时，你知道需要注意些什么吗？

四、学会对商品进行包装

当消费者已经完成了订单付款后，商品就将会通过物流发送到消费者手上。但是在运输过程中常常出现货品的损伤，如何才能让商品可以尽量完好地到达消费者手上呢？这就需要对商品进行专业的包装。商品专业的包装除了可以尽量避免运输中造成的损失，还可以给消费者留下一个良好的印象，从而提升消费者的满意度和网店的信誉度。

（一）常见商品的包装技巧

由于商品类型多种多样，不同的网店商品包装方法往往也有所不同，因此，网店运

营者为了能够实现专业的包装，需要对不同的商品进行分类，然后依据商品的特性进行包装。具体的分类包装技巧如下：

1. 首饰、饰品类商品

由于首饰、饰品类商品常常精致小巧，且比较容易碎，一般来说都应该为其配上相应的饰品袋或饰品盒，这样可以让商品看起来更精美，也更安全。首饰、饰品类商品的包装技巧如下：

（1）在将首饰、饰品放入饰品袋或是饰品盒后，选择用纸箱来包装。纸箱比较轻，运输时占用的空间也比较小，并且成本不算高，所以十分适用于包装首饰、饰品。纸箱的大小是根据首饰、饰品的大小来决定的，一般而言，装首饰、饰品的纸箱用三层的 12 号纸箱就可以了。

（2）用报纸或泡沫碎屑等作为纸箱内的填充物，以便让饰品袋或是饰品盒在纸箱内尽量保持不晃动，从而减少商品在运输中可能造成的强烈碰撞而导致损坏的情况。

（3）用胶带将纸箱的四个角包装好。运输的过程常常充斥着许多不确定因素，例如：在运输过程中遇到下雨，或是液体货品包装不严而出现泄漏的情况，导致液体很容易从四个角渗入纸箱，从而造成商品被浸泡而损坏的情况，所以纸箱的四角是一定需要用宽胶带包装好的。

（4）在纸箱内附送一张有关商品信息的说明书，或是网店的致谢信，这样不仅可以体现网店的专业性，还可以让消费者感受到被重视。

2. 易碎、易变形类商品

网店常常需要寄出一些易碎、易变形类的商品，如化妆品、瓷器、字画、玻璃制品等。对于这类商品，在包装时需要注意多用一些报纸、泡沫棉、泡沫网等质量较轻又可以缓和碰撞的物品。可以先用泡沫网作为第一层，然后用报纸尽量多包裹几层，并用胶带粘好，外层最好还是选用纸箱。

除此以外，还需要在纸箱内放填充物，最好多用一些聚乙烯的材料，少用纸团或纸壳，因为纸会重一些，而塑料不仅重量轻而且膨胀效果好。

3. 衣物、鞋子、皮包类商品

一般而言，衣物都是先用透明的塑料袋包好，再放入一种能防水的包裹袋中。而鞋子或皮包比较容易损坏，可以用纸箱作为最外层的包装。

4. 电子类贵重商品

电子类贵重商品包括手机、电脑等，这类贵重商品一定要在包装上做更好的防护，以免损坏而造成不必要的损失。这类商品在包装的时候，一定要用防静电材料、气泡布等把物品完整包装好，并且在容易磨损和碰撞的地方，用瓦楞纸作为加强保护的二次包装。最后在放入纸箱时，放入报纸、气泡布和海绵等有弹力的填充材料，这样可以起到支撑商品和吸收撞击的作用，避免物品在运输的颠簸中受到损坏。

5. 书籍、书刊类商品

这类商品在包装上一定要注意防潮。首先，需要将商品包裹一层塑料袋或包裹袋，以免弄脏，并起到一定的防潮作用。然后，用报纸、铜版纸等进行二次包装，并在外层用牛皮纸加胶袋来包装，在边角的地方可以多包裹一些胶带，以免边角在运输中被压损后变形。

6. 液体类商品

这类商品在包装的时候，一定要主要避免撞坏。可以使用胶带把包裹在商品外的气泡布和棉花固定好，装上塑料袋，多包几层，尤其要注意封口处，可以多使用棉花。假如商品不幸碰损，液体可以被棉花吸收，并且有了外层的塑料袋作为另外一层保护，可以尽量杜绝液体渗透出纸箱或渗入别的包裹内。对于香水类商品，可以使用透明气泡纸进行包装，将香水瓶包裹好放入香水盒，然后用气泡纸在香水盒外面多裹几层，用透明胶带将其牢牢封好后再放入小纸箱中，并在纸箱内填满泡沫、海绵或报纸。

（二）其他注意事项

在运输的过程中，商品可能会受到影响，但只要做好专业的包装就可以避免损坏。在包装上有一些注意事项需要引起网店运营者的注意，具体如下：

（1）无论包装什么商品，或用什么材料包装，都应尽量把盒子或袋子整理干净。外包装的损坏可能无法预计，但只要内包装材料是完整并干净的，也会给消费者留下较好的印象。若包装不干净，难免会让消费者感到不舒服，甚至会怀疑商品的质量。

（2）可以在包裹内放入小赠品或说明。对于一些需要做出特别说明的商品，可以在包裹内放入说明书或注意事项，例如：放入衣物的清洗说明，就可以让消费者了解怎么清洗，并感受到网店的体贴和人性化。还可以放入一些赠品，消费者会很喜欢这种意料之外的惊喜。

（3）关于购物的消费明细单。有的消费者会用这个单子来对照商品和价格，但有的消费者不喜欢这样的方式，因为可能购买商品并不是自己使用，而是赠送家人或朋友等。因此，是否放入消费明细单，需要网店运营者根据实际情况进行判断。

包装看起来虽然不起眼，但的确是网店运营者需要重视的环节。专业的包装不仅可以保护商品，还可以为网店加分。

课堂讨论

1. 在其他类的商品包装上，还有什么方法和可以使用的材料？
2. 在放入赠品时，可以有哪些选择？

五、完成发货操作

把商品包装好后，网店运营者就可以联系离自己比较近的物流网点工作人员上门收件了。一般而言，每天都能保持稳定发货量的网店不需要随时打电话联系物流公司，而是可以与物流公司长期合作，这样，每天都会有快递员定时上门收件。固定的合作可以降低网店的快递成本，网店运营者和物流公司还可以签订相应的合作协议，以保证发货量和每天的发货速度，当快递服务出现延迟或售后出现问题时，网店运营者还可根据签订的协议向物流公司索赔，保证自己的权益。

当上门取件的快递员收走快递后，会留下相应的物流单号，网店运营者和消费者都可以登录物流公司的网站，输入物流单号进行查询，以顺丰速运为例，如图 5–7 所示。另外，消费者在自己订单的“查看物流”中也可看到相关情况，里面有详细的揽件信息、运送信息和派送信息，如图 5–8 所示。

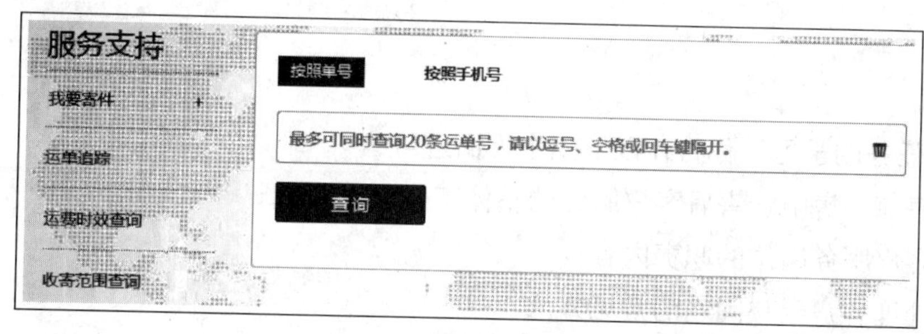

图5–7　顺丰速运查询

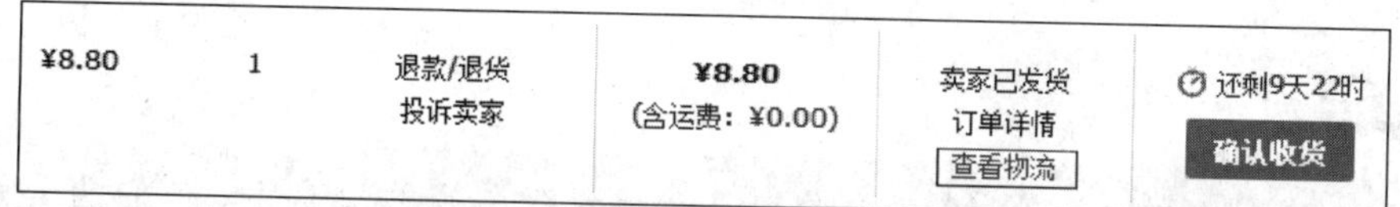

图5–8　在淘宝订单中查看物流信息

课堂讨论

1. 你会查询和对比自己周边的物流网点吗？你是否了解与物流公司长期合作需要的条件？

2. 你会分析应分别什么时候使用物流、邮政和快递吗？

任务总结

物流环节的工作复杂而细致，物流服务的好坏直接影响消费者的购物体验，只有考虑周全、落实细致才能为网店运营加分。物流环节中，要注意把握以下两点：

1. 物流公司的选择需要考虑服务、速度和成本，因此，网店办公地址尽量选择靠近本区域的物流网点聚集地。网店销量较高的时候可以签约多家物流公司，每家物流公司都有各自的优势，不同地区的送货速度是不同的，可以取长补短。

2. 结合实际费用和营销策略，合理设置运费模板。

同步实训

1. 调研顺丰速运与其他快递公司在价格、速度以及其他服务方面有哪些具体差异。

2. 结合网店商品的特点，了解附近物流公司的情况，选择合适的营业网点洽谈长期合作事宜。

任务二　网店的客户服务

通过本任务的学习，你将在以下四个方面进阶：

- 掌握售前、售中、售后客户服务的整体工作流程；
- 了解客户服务岗位的职责内容；
- 学会处理客户反映问题的常见方法；
- 学会培养老客户忠诚度的方法。

导语

网店客服是指在电商平台负责销售商品和提供服务的工作人员，他们的主要工作内容是在线接待购物咨询及处理售后问题。网店客服与传统线下实体门店的客服有着很大的区别：传统线下实体门店客服在与客户沟通时，可以观察到客户的面部神态、说话语气，从而可以推敲客户的心理，所以能够通过自身的正确肢体表达和言语表达让客户感受到优质的服务。最为关键的是，客户到线下实体门店购买商品时，可以感受到商品的实际特征。但是在网络购物中，客户看不到商品实物，就会产生很多疑问，这些疑问就需要在线客服进行解答。在线客服在客户看不到实物的前提下要做好推荐和解释，难度要比线下实体门店客服大很多。

一、明白客户服务流程

客户服务是网店不可或缺的重要岗位。一些大中型网店，因为订单众多、客户咨询量过大、售后内容过多，客服的分工也更加明确。在通常情况下，客服都有一个流程化的系统和模式。网店客服根据网店订单销售时间节点分为售前、售中与售后客服，售前客服负责客户下单付款前的咨询服务，售中客服在接到订单后负责安排发货、装配打包、物流跟踪等，售后客服则负责商品发货后产生的一系列售后问题的处理和沟通。简而言之，售前服务是为了刺激客户的购买欲，售中服务是引导客户购买并成交，售后服务是为了赢得下一次的成交。

（一）售前服务

售前客服主要的工作内容包括商品、物流、服务等询单解答。售前客服以销售为核心，在接待客户时要注意以下六个方面：

1. 热情招呼，第一时间回复

当有客户咨询时，客服应该第一时间回复“您好，欢迎光临”等类似的语句，表示自己的热情，避免使用冷冰冰的“在”或“说”字，适当时候还可以使用一些表情包，给客户一种亲近感。

另外，在这个环节中，切忌客户说一句客服回一句的情况，这样很有可能使原本有可能成交的订单泡汤。再加上有些客户在购物时喜欢货比三家，他在和你打招呼的时候，或许也在和其他店的客服打招呼，这个时候速度就是一切，谁回复得快，谁的语言热情，就有很大可能留住客户的心，在时间上占得先机。淘宝客服销售话术示例如图 5–9 所示。

进门问候	例句1：您好！欢迎光临，很高兴为您服务！ 例句2：您好！请问有什么可以为您效劳的？ 例句3：您好，请问您有什么问题需要咨询呢？我很乐意为您解答。 例句4：您好，***店欢迎你！很高兴为您服务！如果喜欢我们的商品，记得收藏我们的店铺哦！
引导催促	例句1：您要这种型号还是那种型号？这款还是那款？ 例句2：您的眼光不错，这款是目前最热销的，刚刚才有顾客买了一个。 例句3：您还有什么不了解或者不明白的地方吗？ 例句4：不知道您要考虑什么样的问题呢？是价格方面的原因吗？ 例句5：这是最后一件哦，要买的赶紧了，呵呵。 例句6：忘了告诉您，我们这几天正好促销，优惠很大哦。

图5–9　淘宝客服销售话术示例

2. 耐心询问，热心引导，真诚聆听

客服要通过引导，了解客户更多的信息。针对犹豫纠结的客户，客服要善于引导，有目的性地推荐商品。如果客户所需要的商品恰好没货，客服不要直接回复“对不起，这款没有货了”，而应该说：“不好意思，这款刚巧卖完了。不过店里新进了一些其他款式，我可以给您介绍一下。”当网店没有客户选择的商品时，客服应再给出其他选择，说不定最终能够成交。

3. 热情推荐，体现专业

了解了客户的信息后，客服可以向他推荐一些适合的商品，而不是最贵的商品。让客户感受到商家的专业和诚心，这样更容易打动客户。要想做到这一点，也就要求客服要对自己的商品有充分了解，这样才能够应对客户的问题，并给出最好的答案。

4. 讨价还价，以退为进，促进交易

在商品交易中，讨价还价是不可避免的。当商品没有降价空间时，商家可以适当给客户一点儿小优惠，或者赠送一些小礼品等。如果客户嫌价格贵，客服可以第一时间承认他的观点，但同时要告知客户，价格贵是因为商品的成本高，材质好，一分价钱一分货，商品的工艺、售后、包装等是值得这个价格的。另外，讨价还价时，客服不可一次性打字过多，可把自己的观点分几次发送，不要引起客户的反感。

5. 核实订单，与客户确认信息

客户下定决心购买并拍下商品后，客服要及时和客户核实购买的商品是什么，商品的规格尺寸、颜色、购买数量，以及收货地址、收货人姓名、联系电话等信息。如果客户有特殊的要求，例如：要求发某快递、要求赠送某赠品，或者一些定制类商品或礼品，客户可能会要求在商品上刻名字，那么客服还要核对刻字内容。另外，也有一些鲜花、蛋糕类的礼品、商品等，消费者会要求写贺卡，这时客服除了核实购买人信息之外，还应该核对客户的特殊需求。在核对订单时，客服还要事先告知客户退换货的条件，如果事先没有讲清楚，很有可能因为这个原因导致纠纷。例如：有一些鞋类商品，客户在试穿的时候没有注意地面的情况，很有可能导致鞋底有严重划痕，从而影响二次销售。如果客服在跟客户核对订单的时候能够多说一句“请亲在干净光洁的地面或者垫一张报纸试穿”这样的提示，那么售后就会大大减少因此导致的纠纷或损失。另外，还有一些特殊商品，如数码、家电、家具家饰等，会有一定时间的保修期，或网店自己提出来的一些增值服务，如有些商家在7天无理由退换货的基础上提出15天甚至30天无理由退换货，也要提前告知客户，这样可以提高客户体验的满意度，让客户感觉到网店用心的服务，从而记住网店。

6. 热情道别，欢迎客户的下次光临

在售前服务的最后，客服需要与客户道别。不管订单成交与否，客服都应该以热情的态度和客户道别，尤其是对于那些没有成功的订单，客户或许会因为客服的诚恳热情再回头购买。对于成交的订单，道别的方式一般是感谢客户的购买，并且留言：“谢谢您对我们的信任，选购我们的商品，商品会以最快速度发出，敬请等候。如果用着不错，请您推荐给您的朋友。欢迎下次再来，祝您生活愉快。”同时可以添加对方为好友，并且提示客

户收藏或关注网店，这样既为网店累计粉丝，也方便其下次购买时快速找到。对于未成交的订单，客服首先要快速回顾一下与客户的聊天记录，分析是否在哪个环节没有做好，导致客户不满意。分析总结也可提升客服沟通的经验。如果客户确实无意购买，那么可以利用一些小技巧推动一下客户，例如：可以利用客户的心理营造一点儿紧张的氛围，可以对他说："亲，我们库存仅剩最后5件，再不抓紧下单可能就错过心爱之物了哟。"

实战经验 在迎接客户环节，客服需要注意以下几点：

1. 不要回复得太慢，当客户有购物欲望的时候，等待的耐心很少。
2. 不要一直用自动回复，如果接待量比较大，客服应该给每位客户轮流回复，而不要盯着一位客户一直回复，让其他客户等待。
3. 态度不能傲慢冷漠。
4. 使用不恰当的表情会让客户反感。
5. 使用刺眼的字体颜色会让客户不舒服。
6. 因为自动回复内容会被视为承诺，所以需要谨慎编辑。

（二）售中服务

售中服务主要是在接到订单后，客服安排发货、装配打包，并跟踪物流等，如图5-10所示。

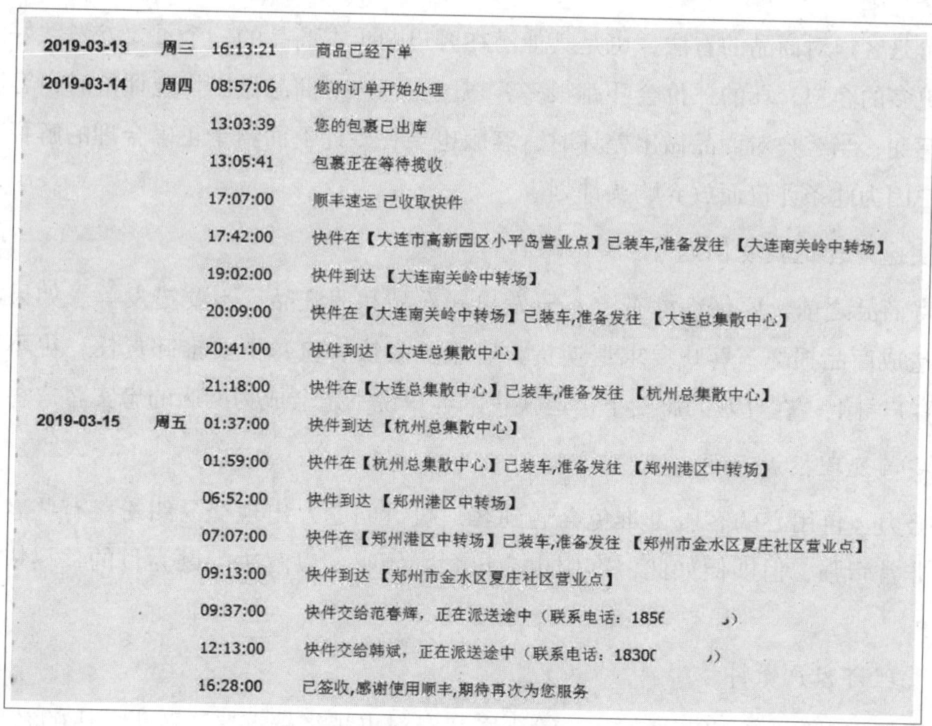

2019-03-13	周三	16:13:21	商品已经下单
2019-03-14	周四	08:57:06	您的订单开始处理
		13:03:39	您的包裹已出库
		13:05:41	包裹正在等待揽收
		17:07:00	顺丰速运 已收取快件
		17:42:00	快件在【大连市高新园区小平岛营业点】已装车,准备发往 【大连南关岭中转场】
		19:02:00	快件到达 【大连南关岭中转场】
		20:09:00	快件在【大连南关岭中转场】已装车,准备发往 【大连总集散中心】
		20:41:00	快件到达 【大连总集散中心】
		21:18:00	快件在【大连总集散中心】已装车,准备发往 【杭州总集散中心】
2019-03-15	周五	01:37:00	快件到达 【杭州总集散中心】
		01:59:00	快件在【杭州总集散中心】已装车,准备发往 【郑州港区中转场】
		06:52:00	快件到达 【郑州港区中转场】
		07:07:00	快件在【郑州港区中转场】已装车,准备发往 【郑州市金水区夏庄社区营业点】
		09:13:00	快件到达 【郑州市金水区夏庄社区营业点】
		09:37:00	快件交给范春辉，正在派送途中（联系电话：1856 ）
		12:13:00	快件交给韩斌，正在派送途中（联系电话：18300 ）
		16:28:00	已签收,感谢使用顺丰,期待再次为您服务

图5-10 订单物流详情

客服要及时查看物流信息，发现问题第一时间解决并通知客户，避免售后因为物流问题而产生的纠纷。如果物流更新停止，客服要及时处理，对客户负责。即便遇到不可控的物流问题，客服也应该及时向客户解释，征得客户的理解。

（三）售后服务

在销售事业中，售后服务是最重要的环节之一。售后服务是指客户签收商品后，商家针对商品的使用、维护等进行的服务。质量的高低、好坏直接决定着“铁杆客户”的转化率。售后客服主要负责客户购买商品后的一系列服务，包括答疑、退换货等。

1. 有良好的售后服务意识

商品出售过程中的重点之一就是售后服务。良好的售后服务能够给客户带来好的购物体验，会让普通客户转化为忠实客户。要想做好售后服务，最关键的一点就是要有良好的售后服务意识，要有真诚为客户服务的理念。

2. 重视回访

商品被签收后，售后客服应该第一时间进行回访，收集客户对商品的意见。遇到商品不符合客户预期的情况时，售后客服要及时给予道歉和解释，或者征询客户的意见进行处理，控制危机，提升客户的满意度。

3. 处理客户的评价

评价是客户对商品的看法，也是其他潜在客户购买本商品的一个重要参考。好的评价会吸引更多的客户，坏的评价会吓跑很多客户。当客户对商品做出肯定评价时，客服要及时给予感谢；当客户对商品做出差评时，客服也要在差评下面给予正确合理的解释，以防其他客户因为此条评价而放弃购买计划。

4. 快速处理退换货问题

邮寄商品之前，要仔细检查，不要发出残次品和瑕疵品，不要错发等。如果在运输过程中造成商品损坏，客户要求退换货，客服要爽快答应，不要推卸责任，更不要把责任推到客户身上。在真诚的态度下，退换货的客户说不定会成为网店的忠实客户。

5. 妥善处理投诉问题

再努力、再用心的客服也难免会遇到客户投诉问题，出现交易纠纷。有些客户的投诉理由非常牵强，但即便如此，客服也应该耐心倾听，以解决问题为目的，尽快化解交易纠纷。

6. 管理好客户资料

网店信誉提升，客户越来越多，管理客户资料也越来越重要。对于网店的客户群体，运营者要好好总结，并划分相应的类型，建立客户资料库，记录好每一笔成功交易的客户及其联系方式，以利于之后的交易。

7. 定期联系客户，争取将其发展为忠实客户

交易完成后，客服要定期给客户发送一些消息，这些消息一定是有针对性的，能够引起客户兴趣的。对于那些在网店多次下单的客户，可将他们设置为网店 VIP，让他们享受一定的优惠或折扣等。要定期给客户打电话、发信息、发邮件，关心客户的生活等，与客户建立良好的买卖关系，让其成为忠实客户。另外，也可适当向客户询问更好的生意建议，以表示对客户的尊重。

售后服务虽然代表一次交易的最后步骤，但是换个角度来看，也意味着下一次订单的开始。如果售后服务做得好，客户的问题解决了，顾虑变小了，购物体验会更好，也更容易记住网店，当客户再次有购物需求时，就会很自然地到曾经购物的网店看一看。良好的售后服务是客户对品牌及网店价值认可的重要因素。有些网店很注重销售商品时的服务和态度，忽略售后服务的质量，当客户出现售后退换货或纠纷时往往不理会，造成客户对网店、对商品的不认可。所以说，一个网店或一个品牌，若想赢得客户的心，必须重视售后服务。

优质的售后服务不但能带给客户好的购物体验，也能带给网店长远优质的发展。如果客户不满意，直接的影响就是 DSR 评分（淘宝店铺的动态评分）的降低、网店的负面评价增加以及投诉纠纷率的提高等。如果售后综合指标低于营销规则要求的指标，网店是不能报名参加天猫官方活动的。所以从长远看，不到位的售后服务也会影响网店发展。

优质的售后服务还可以提升网店形象。在同质化产品日益增多的竞争环境下，网店之间除了比拼商品的质量，也要看谁能更好地服务于客户，谁能站在客户的立场考虑问题，从客户的实际需求出发。谁更有服务精神，谁就更有可能赢得客户的心，占据稳定的市场。

二、做好客户售后服务

好的售后服务可以提高网店的评分，留住老客户，吸引新客户。所以，售后服务和商品质量、网店信誉一样重要。售后服务卡示例如图 5–11 所示。

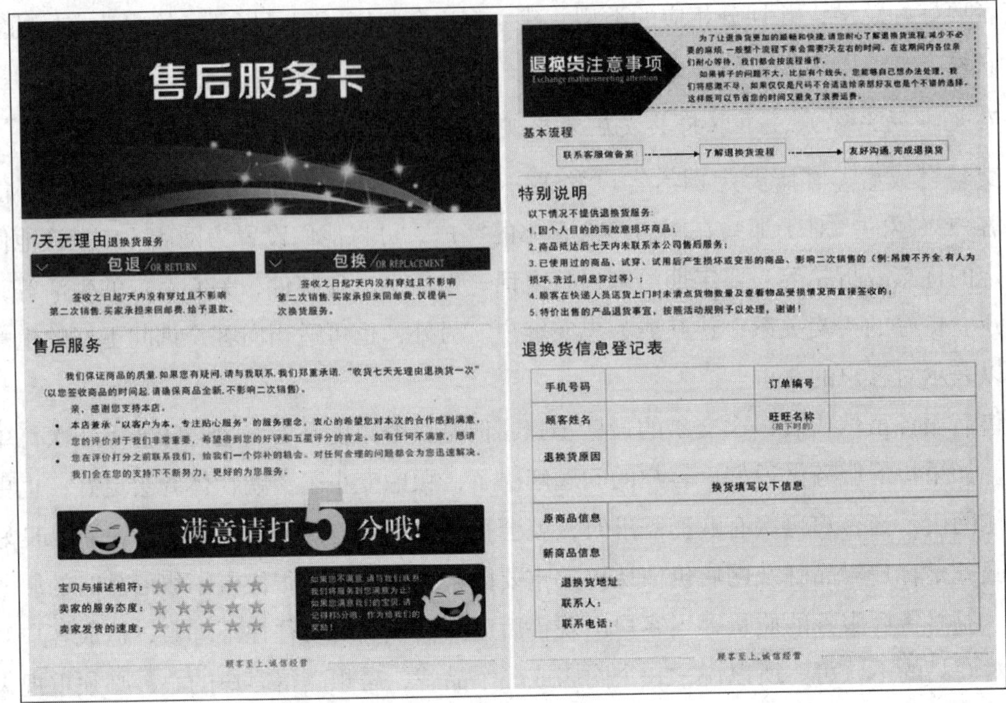

图5-11　售后服务卡示例

（一）售后服务的具体事项

做好售后服务，提升客户购物体验，可以为网店赢得更多的回头客。售后服务其实就是买卖双方的一次交流机会，能够拉近距离，提高客户对店铺的信任度。在销售界有一个很重要的“250定律”：每一个客户后面都隐藏着250个潜在客户。同理，客户体验提升了，他就会信任店铺，那么他就有可能把自己的朋友亲人介绍来购买商品等。因此，在售后服务环节，有几个工作需要做好：

1. 做好包裹的跟踪工作

客服在发货后要及时通知客户，并做好包裹的跟踪工作。如果包裹在运输过程中出现意外，客服一定要尽快做出应对反应，查明原因，并及时向客户说明情况。例如：商品被某个快递收揽后，两天之后还没有任何物流信息，这时客服就需要及时向物流公司了解情况。如果是不可抗力，客服需要和客户解释清楚，取得客户的谅解；如果是物流公司的问题，客服需要督促物流公司立即将商品发出，并且应以最快的速度把包裹送到客户手中，取得原谅，避免差评。

2. 交易完成后及时回访

很多网店在交易完成之后基本上不会进行回访工作，其实这是很大的失误。交易完成后，客服应该及时联系客户，询问货物是否完整、客户使用体验等，如果客户没有任何异

议，客服要请客户确认收货并给出中肯的评价；如果客户对商品有不满意的地方，客服也应该及时给出解决方案或补救方案。这样一来，能够缓解客户的不满情绪，解决问题，避免客户给出差评。当然，如若遇到一些“胡搅蛮缠”的客户，上述方法可能就行不通了，而应该谨慎处置，该妥协的时候妥协，不该妥协的时候不要妥协。

3. 被投诉之后摆正心态

每个人的性格、脾气不同，对于相同问题的处置方法也不一样。在销售过程中，因为种种原因被投诉是在所难免的。这个时候，客服一定要以心平气和的方式处置，尽量满足客户的要求。如果遇到一些恶意投诉的客户，客服也无须退让，要懂得用法律武器维护自己的合法权益。

4. 对待退换货问题一定要认真

交易过程中，退换货问题时有发生，这是很正常的现象。客服在发货之前一定要认真检查货品，不要发出瑕疵品或者发错货。如果在运输过程中造成商品损坏，客户要求退换货，客服也不要找理由，而是应该爽快地满足客户的要求。如果客服服务态度诚恳，说不准这个客户以后会成为忠实客户。

5. 为客户建立档案

聪明的客服一定会注重分析自己的客户群体，全面了解客户的情况，确保网店的商品符合客户的喜好。

（1）建立资料库，记录每一笔交易以及客户的联系方式。

（2）了解客户的职业或所在城市，总结客户的需求和特点。

（3）把购买能力强的客户作为重点客户，并着力把这一批人发展成为忠实客户。

6. 做好后续维护工作

网店要想扩大客户群，维护工作是必不可少的：

（1）根据客户特点，定期给客户发送有针对性的邮件或者 QQ 消息，但不要过于频繁，以免引起客户的反感，把你拉进黑名单。

（2）制定相应的政策，优惠老客户。

（3）定期回访，维护良好的客户关系。

（二）售后服务需要具备的意识

1. 职业意识

作为售后服务人员，最重要的就是要有职业道德，不能欺骗客户，否则是无法在网店销售行业长久生存的。轻者失去客户，重者被投诉和举报，对生意发展很不利。

2. 危机意识

做生意一定要有危机意识。商品的差评对网店的影响很大，严重时可能会影响网店加入消费者保障服务。所以，客服一定要学习处理差评的技巧，做好事前准备。另外，每发出一单货后，网店运营者也要懂得总结其中的经验。

3. 换位思考的意识

针对客户的问题，客服要做到换位思考，站在客户的角度考虑问题，满足客户的期待。

4. 服务意识

很多网店把注意力全部放在商品的质量上，认为自己的商品好、是正品，就能够得到客户的青睐，其实不然。由于网上同类商品很多，客户在购买商品时也会找一些价格实惠、信誉高、地点离自己近的网店购买。所以在条件相当的情况下，服务质量就成了促使客户购买的关键因素。谁的服务好谁就能够留住客户，谁的服务差谁就会丢失客户。

5. 公关意识

有些网店在出现差评后才想起来补救，其实最好的方式应该是提前做好售后服务工作，让差评没有机会出现。售后服务并不是只存在于交易完成之后，而是从发出商品的那一刻就已经开始了。商品发出之后，难免会遇到各种各样的问题，最常见的莫过于物流问题了。在出现问题时，网店运营者一定要具备公关意识，不同的客户有不同的公关方法，不要因为物流问题影响客户的购物体验。其实，不管出现什么问题，只要及时、真诚地与客户沟通，一般情况下，问题都会得到圆满解决。

6. 形象意识

经常逛网店的人应该知道，当客户想要买一件商品时，第一步基本上都是去看商品评价，评价高的商品更容易促使客户购买。这也就要求客服及时回复客户的评价，维护自己的形象。特别是对于一些差评，除了协商和申诉外，客服还应该及时在差评下面回复，认真解释差评中所提出的问题，这样一来就可以在一定程度上引起好感。相反，如果遇到差评不解释，那么客户只会认为网店确实存在问题，从而使得商品成交率下降。

（三）售后处理问题回复的三大原则

不论客户反映的是查单查件问题，还是商品相关问题等，售后客服处理的原则要谨记3个字：快、热、诚。

1. 快速回复

当客户心存不满的时候，一秒钟的等待都会觉得长，所以售后客服的响应时长要比售前客服更短，才能让客户满意。客服中有“黄金6秒”之说，意思就是要在6秒钟内响应客户。

2. 热情回复

售后客服对待客户的态度要更热情，因为客户是带着问题来联系客服的，如果客服回答中规中矩或者冷淡，很容易让客户感觉客服不热情，是在敷衍了事，想推卸责任。例如：回答“嗯”“好”，相比“嗯嗯”“好的呢”更容易让客户感觉不受重视。

3. 真诚回复

这个“诚”既是诚信又是诚意。当快递尚未送达或者由于缺货导致没有发货时，客服在一开始就要和客户开诚布公，不隐瞒实情，与客户讲明出现问题的根源，让客户有心理准备。

课堂讨论 在国内“双十一”和“双十二”等购物热潮中，你都遇到过什么售后问题？网店客服处理的方式是否令你满意？在网购中和客服打交道带给你哪些经验和教训？

三、善于处理交易纠纷

在交易过程中，买卖双方发生纠纷也是比较常见的。当纠纷发生的时候，我们应该抱着热忱的态度积极妥善地商议和解决。在不影响正常销售的情况下，找到一个双方都能够接受的解决方法。

（一）制定合理的退换货规则

一个合理的退换货规则会让客户更放心。

1. 退换货的条件

对于没有保修期的商品，在发货前、运输中等出现了问题，客服都需要及时为客户提供退换货服务；如果是有保修期的商品，在保修期内，只要商品出现了质量问题，除非商品损坏是人为造成的，那么客服都应该为客户办理退换货业务。

2. 制定退换货期限

退换货要有一个明确的期限，例如十天之内、七天之内等。如果没有固定的期限，那么在客户手中放置很长时间的商品再退回到网店，会使商品二次交易的价值大大受损，就有些得不偿失了。

3. 退换货过程中产生的物流费用

退换货过程中产生的物流费用应该由买卖双方协商解决。一般情况下，如果是商品质量问题，物流费用应由网店承担；如果是其他问题，双方可商议解决。

4. 退换货造成的交易时间变更

当发生退换货时，网店应该主动延长交易时间，防止系统自动打款。这样一来，不仅解决了退换货的问题，客户或许还会为了网店的贴心而成为忠实客户。

如果遇到商品颜色或者型号不符合客户预期，且客户想要退货时，客服可以尽可能地引导客户换货，实在不行，只能选择退货。一般情况下，客户不会因此而给差评。

（二）重视客户的退货要求，并给予合理的处置

退款、退货是最让网店头疼的问题。线上销售不同于线下销售，会被很多种因素限制，例如物流因素、商品质量因素等，这使得某些客户在付款之后又申请退款。可是退款、退货的问题不但会浪费网店人员的工作时间，还会提高退款率，影响网店的信誉，进而间接影响网店的销售量。

退货可分为两种类型：一种是确认收货前的退货，另一种则是确认收货后的退货。不管是哪一种退货方式，都要求客服人员积极地应对。当客户提出退货要求时，客服最好的应对方式就是接受客户的要求。当然，这种接受并不是百分百的，而是要在允许范围之内。网店要制定好关于客户退换货的标准。例如：生鲜食品一般不能退货；服装类也有旺淡季之分，一般接受退货的时间在七天之内。如果商品质量没问题，但就是得不到客户的满意，这种情况下，客服可建议客户更换其他产品，如果客户坚持退货，客服在规定时间内可以接受客户的退货请求，但运费需由客户承担。有时客户也会为退货感到抱歉，面对这种客户，客服的说话态度一定要好，不要为了逞一时之快把原本内心有点不好意思的客户惹怒了，之后不愿再来购物了。

总而言之，不管遇到什么情况的退货，客服都应该在制度范围内愉快地接受，尽快办理相关业务。这样会给大多数的客户留下好印象，甚至会宣传给周边的朋友，即使丢失了一个订单，也会赢来更多订单。

（三）正确应对客户投诉

在交易过程中，如若买卖双方无法解决出现的问题，这个时候就需要求助淘宝网的工作人员，让他们介入进行调解。

客户向淘宝网客服发出投诉请求时，会将相关的证据，如聊天截图、商品图片等发给淘宝网客服，淘宝网客服接到投诉之后，会以邮件的形式告知网店运营者。

接到通知后，网店运营者应该根据实际情况进行处理。如果在退换货的范围内，就应该积极主动地退换货，并请求客户撤诉；如果不答应退换货的要求，那么淘宝网客服就会强制网店退款，或者给予网店一定程度的处分，这对于网店来说是非常不划算的。客户投诉解决方法示例如图 5-12 所示。

当然，如果问题确实不是网店造成的，网店也可以向淘宝网客服提供相关证据。只要证据合理，淘宝网客服也会秉公处理。

不过，做生意讲究的是和气。不管责任在哪一方，能够和平解决的问题尽量选择和平解决，尽可能不要走投诉之路，浪费彼此的时间和精力。而且网店生意越多，被投诉的可能性自然就越高。当接到投诉时，网店运营者一定要端正自己的态度，尽早解决问题。

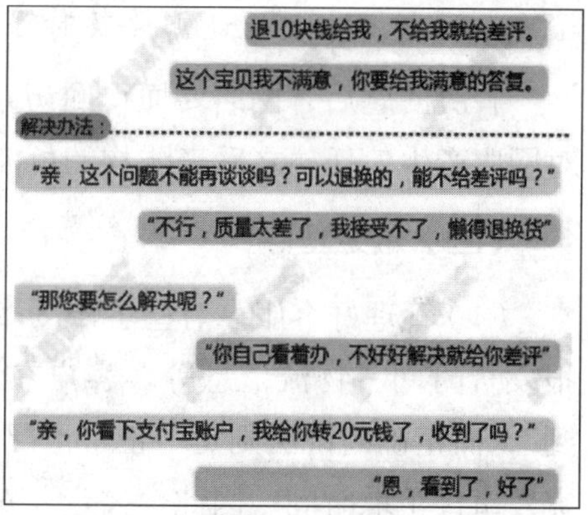

图5–12　处理客户投诉解决示例

1. 认真倾听客户需求

客户对某件商品不满意时，必然会满腹抱怨。此时，客服一定要认真倾听客户的诉求，不要中途打断，尽量安抚客户的情绪。这样做也可以帮助了解到客户的真正意图，并解决问题。

2. 端正态度

客服在接受投诉时，态度一定要真诚，让客户透过屏幕文字感受到被重视。曾有一个淘宝客户投诉一个网店，接到投诉后，网店客服并没有选择正确的解决态度，而是在聊天中对客户加以威胁、恐吓，希望以此让客户撤销投诉。结果，适得其反，客户把聊天记录发到微博上，立刻引起了轩然大波，甚至惊动了警方。在这个案例中，网店客服就是因为没有端正自己的态度，无法积极解决问题，反而使得问题扩大，恶化了买卖双方之间的关系。

3. 不逃避责任

接到客户投诉时，客服应该及时向客户道歉，双方通过诚恳交流找出问题发生的原因。这个时候千万不可推卸责任，把过错都推到客户身上。

4. 向客户表达歉意

不管是什么原因，当接到投诉时，客服都应该及时向客户道歉。这并不意味着就是客服的错，而主要是通过道歉这个动作来表现诚意。

5. 了解客户的意愿

每个客户的诉求不同，解决问题的方式也要不同。有些客户或许只需要一句道歉，有些则需要经济上的补偿等。只有了解了客户真正的意愿，才能够找到正确的解决方法。

6. 找出完美的解决方案

客服接到投诉后，可以和客户联系，并给予一些补偿，如更换商品、赠送商品等。

7. 问题解决之后还需要及时跟踪

解决问题后，网店要懂得回访，了解客户对问题解决的满意程度等。如此，客户就会对网店产生信任，之后来购物的可能性也会大大提升。

（四）避免差评

（1）管理好客服。有些客服为了提高自己的绩效，可能会做出欺骗客户的行为，如虚报发货时间、物流信息等。客户在询问包裹到达时间时，有些客服会说“三天肯定可以到”，而正确的说法则是“正常情况下三天可以到”，这样一来就可以为物流中出现问题等突发事件争取时间。因此，一定要对客服的话术做好统一管理。

（2）做好商品详情页，把客户最关心的问题体现出来，如商品的材质、尺码、细节做工等。

（3）收集客户的评论，了解客户的关注点。

（4）多做活动，通过好评降低差评的比重。

客户评价示例如图 5–13 所示。

图5–13　客户评价示例

四、提高客户回头率

客户回头率指的是客户再购买的次数。一个网店的客户回头率越高，其客户的忠实度就越高，生意自然就会越好。提高客户的回头率对每一家网店来说都非常重要。当客户在网店购买了一次商品后，如果该网店的服务态度、商品质量、物流速度以及售后服务等都符合客户的预期，那么客户就有可能收藏店铺，并有再次购买的可能性。

（一）影响客户回头率的因素

1. 商品质量

商品性价比是否高、质量是否好是客户非常关注的问题，也是影响客户回头率的重要因素。如果客户收到货物之后，看到商品质量不好，那么就很有可能给出差评，这不仅会影响网店的信誉，还会影响其他客户的选择。所以在发货时，相关人员一定要仔细检查即

将发出的商品，尽量避免瑕疵商品运送到客户手中。

2. 网店招牌和商品品牌

网店招牌和商品品牌也是影响客户回头率的一大因素之一。所以，新手刚开店时，一定要有明确的品牌定位，不要随大流，否则会被淹没在多如牛毛的网店里。

3. 客服的服务态度

对于网店来说，服务主要指的是购物过程中的沟通。客服的用词、语气、介绍等都需要注意方式方法。刚开始时，客服可用几句无关紧要的话来了解客户的大致性格和购买意图，然后选择适当的交流方法来推荐商品。服务质量好，客户就有再次购买的可能性；服务质量差，即便网店里的商品质量再好，也有可能被客户拉入黑名单。

4. 促销和优惠

促销活动也能够刺激客户的二次购买。在进行促销活动时，网店可以通过阿里旺旺、短信、网店宣传的方式通知客户。另外，还可以适当给老客户一些优惠，或者是送点小礼物，这样更能留住客户的心。促销优惠活动宣传示例如图 5-14 所示。

图5-14　促销优惠活动宣传示例

5. VIP会员的权益

当客户在网店购买累积到一定数额时，网店可将其升级为 VIP 会员，让其可以享受折扣、积分等优惠。网店运营者可以为有利润的商品设置适当的 VIP 会员价，以吸引客户的购买，促进销量，这也是提高回头率的重要手段之一。当然，是设置网店会员还是单品会员，就要根据实际情况来定了。

6. 售后服务

售卖出商品后，网店通过短信、阿里旺旺等形式不定期地进行回访，也是留住客户的方法之一。加强和客户之间的沟通，有问题的要及时帮忙解决问题，没有问题的要经常沟通联系，询问客户的购买体验以及对商品的切实建议等，让“生意伙伴”转变成“朋友”。如此一来，客户在下次购买时第一时间想到的肯定是售后服务做得好的网店。

（二）提高客户回头率的措施

任何提高客户回头率的措施都建立在商品质量好、性价比高的基础之上。除此之外，还可以通过以下方式加强网店建设，提高客户回头率。

1. 培养高质量、高水平的员工

要想提高客户回头率，员工的服务必不可少。网店老板要善于激发员工的积极性和热情，让员工的工作精益求精，提高服务素质。

2. 发挥员工特长，让专业的人做专业的事情

术业有专攻，每个人有每个人的特长，所以，网店老板应发挥员工特长，让他们做好自己分内的事情，不要过多干预其他事情。例如：客户在选择衣服颜色时，若不是特意咨询，客服人员最好不要干预客户的决定。

3. 加强企业文化建设

当和客户发生分歧时，客服的情绪难免会受到影响。出现这种情况时，网店老板要懂得安抚。例如：买个沙袋放在活动室，让那些情绪无法平静的客服通过击打沙袋发泄内心不良情绪；定时召开员工分享大会，让员工说出自己这段时间遇到的、记忆犹新的故事，分享自己与客户交流的技巧和方法；定期举行培训，提高客服专业能力等。

4. 使用真实的商品图片

不要为了追求美而过于修饰商品图。网店应使用真实的商品图片，以免让客户觉得商品图过于美化，迟迟不敢做出购买决定。

5. 重视对商品详情页的优化

对于销量过百的商品，要重点优化其详情页，尽可能地在商品详情页展示客户想要知道、了解的问题，减少不必要的客户咨询，让客服的注意力更多地放在售后服务上。例如：最常见的尺码问题要标注清楚、详细等。

6. 客服主管主导会员日工作

在每个月的会员日或有特定事件的日子里，客服主管可以制定不同的主题，回馈老客户，提高回购率。例如：每周上新品的时候，可给予老客户一定的优惠，促使他们再次购买。另外，可以根据购买金额划分客户，有针对性地通过阿里旺旺、短信等形式发布促销信息。促销信息一定要精准，减少垃圾信息的推送，提高命中率。

7. 销售现货，提升发货速度

网店最好采用发现货的销售模式，提高动态评分。尤其是在做促销活动的时候，一定要确保仓库有足够的货品。如果没有足够的货品，客户下单之后需要等很长的时间，这就很容易降低网店的发货速度评分，甚至有些客户因为长时间未收到货物而选择给网店差评，影响网店信誉。

（三）管理客户的方法

1. 有针对性地给客户贴标签

当有新客户的时候，就可以进行这项工作。例如：分析并标注这个客户是比较注重质量还是价格，比较追求款式还是面料，喜欢新款还是促销商品等，有了这些标注，就能够有针对性地与客户沟通，提高客户的购买率。

2. 对客户细分管理

客户细分是20世纪50年代中期美国学者温德尔·史密斯提出来的，这一管理方式可以有效提升企业的市场竞争力。网店运营者可以建立一个表格，把后台的数据全部导入，然后根据客户的属性、消费、偏好等进行分类，并向他们提供有针对性的商品。

（1）外在属性分类。包括客户所在的地域，客户是企业还是个人等。这一种分类比较简单直观，但不利于进一步的分析。

（2）内在属性分类。包括客户的性别、信仰、收入、年龄、价值取向、偏好等。

（3）消费行为分类。包括最近消费、消费频率和消费额度等。

五、发展和维护老客户

老客户指的是一个月会在同一店铺采购两次以上的客户。网店在挖掘新客户的同时，更要注重维护老客户。对于网店而言，挖掘一个新客户的成本要远远高于留住一个老客户的成本。所以，满足老客户的需求、留住老客户是提高网店竞争力的关键所在。

对于网店来说，如果只靠引入新客户来维持成交量和效益的话，那这个网店是不会做好的，毕竟新客源是有限的，不可能有无限的新客户进入。所以，网店要把那些购买过的客户发展成老客户，这样才会有源源不断的成交和收益。老客户的分类如图5-15所示。

（一）维护老客户的好处

（1）发展一个新客户的成本是留住一个老客户的成本的数倍。目前，大部分网店开发新用户都是依靠直通车等形式，花钱不少，新客户增长却不多。相较而言，老客户的维护成本要少得多，通过阿里旺旺、免费邮件和短信营销进行定期的维护即可。老客户对网店有一定的信任度，重复购买的可能性也更大。

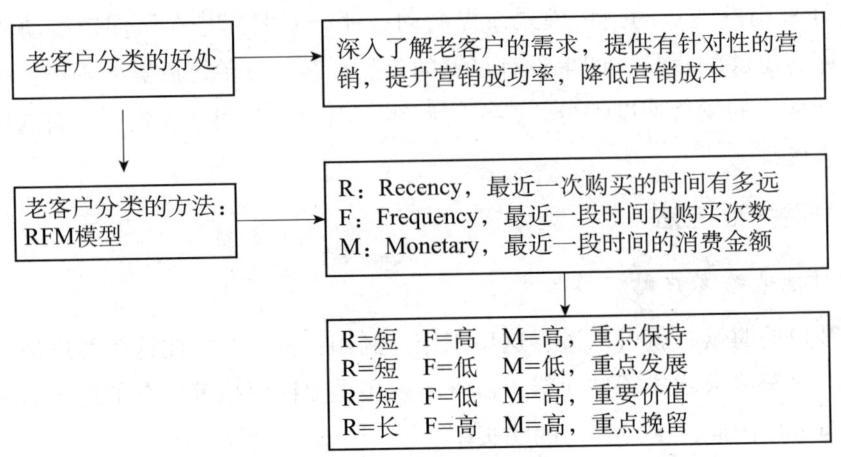

图5-15　老客户分类

（2）老客户的忠诚度和网店利润息息相关。有研究表明，当老客户的忠诚度下降 5% 时，网店利润就会下降 25%。

（3）向新客户推销的成功率在 15% 左右，而向老客户推销的成功率在 50% 以上。

（4）有 70% 的新客户来自老客户的介绍和宣传。网店若在老客户心中成为可以信赖的、选购商品的最好去处，他们肯定会向朋友和亲人推荐。

（5）20% 的老客户会带来 80% 的利润。

（6）老客户可以帮助提升网店的动态评分。老客户之所以能成为老客户，说明他对网店里的商品必定是满意的，所以，他的评论基本上都是好评，这样一来也能够提升网店的动态评分。

（二）维护老客户的基础

要想维护老客户，必须做到以下几点：

（1）为客户着想，做好服务工作。要站在客户的角度思考问题，让客户宾至如归，对网店产生好感。

（2）给客户推荐合适的商品。如果给客户推荐的商品不合适，就会引起信任危机，一旦产生信任危机，成交就很困难。

（3）商品信息真实，提高网店的信誉度，吸引客户。

（三）维护老客户的方法

1. 优惠措施

（1）购买数量多的客户可以享有一定的折扣。

（2）代理商可接受免费培训。

2. 建立完整的、系统化的解决方案

（1）建立客户数据库，维系与客户的良好关系。

1）交易成功不是结束，而是一个开始。交易成功后，需要和客户保持联系，确保能够满足他们的需求，使交易关系持续下去。

2）建立客户数据库，按月或者按季度进行回访。

3）注重节假日的问候，为客户带去感动。也可以在客户生日的时候送上一句温暖的祝福或者是一个小礼物。

（2）出现问题时要深入沟通，化解误解。

1）懂得倾听老客户的内心想法或者建议。

2）当老客户有不满情绪时，要及时处理，维护好关系。

3）向老客户了解市场行情，改进自己的商品和服务，增加创意，也增加互动。

3. 保证商品质量

（1）要有创新性的商品。

（2）商品要能够盈利。

（3）以诚待人，对客户真诚相待。

4. 召回老客户

（1）充分利用阿里旺旺、QQ、微信等通信平台，及时告知老客户网店活动等。

（2）对重点客户进行电话回访。

（3）让老客户收藏自己的商品。

（4）在微信朋友圈中进行互动。

（5）掌握好与老客户互动的时间节点，如节假日、客户生日、促销之前、新品上市等。

5. 建立会员制度，设置优惠券

会员制度能够更好地帮助商家留住老客户，防止老客户的流失。客户在消费至一定额度后，可升级为会员。额度设计一定要合理，这样既能够留住老客户，也能够保证店铺的经济利益。会员制度可以适当分等级，如普通会员、黄金会员等，等级不同，优惠政策也有所不同。

网店也可以设置一些优惠券，让达到条件的客户领取，还可以在一些特别的日子里向会员发放优惠券，加深他们的印象和好感，刺激消费。另外，也可以设置会员价，体现会员的优越性，增加他们回购的可能性。

（四）合理进行客户管理

1. 做好客户管理工作，提高客户黏性

在客户购买商品之后，要及时和客户联系，询问商品的使用情况，记录客户对商品的建议以及发现的问题。问题解决之后要及时给客户反馈信息，甚至可以寄一个样品给客户，以此提升客户的信任，展现诚意。

2. 提高老客户下单率

把客户分类后，可以适时向老客户推送优惠消息，促进下单转化。

3. 唤醒沉睡的客户

在整理好客户资料后，可能会发现有一些客户已经很久都没有光临网店了。这个时候就需要对这些客户进行回访，唤醒他们的记忆，促进下单。

4. 做好商品定位，采集足够的数据支撑

管理好客户，也要管理好商品。要根据客户下单的情况找出最受欢迎的商品，分析相应的消费群体等，促进商品的推广和销售。

一定要用心维护老客户，把关怀老客户放在第一位。平时要多关心老客户，让老客户对网店有好印象，这样会更有利于商品的推销。

六、理性对待退换货问题

退换货是网店运营中的常见问题，当客户对收到的货物尺码或者颜色等不满意时，就会申请退换货服务。客服应该根据实际情况，做出相应的处理。

（一）商品退换货的几种方式

一般情况下，针对客户退换货的申请，客服主要有三种处理方式：退货、折价、换货。

1. 退货

客户对商品不满意，可以直接申请退货。客服接到退货申请后，应该及时了解情况，判定是否符合退货的要求。确认之后，客服需告知客户退货地址，而客户需向客服提供物流凭证，客服收到货物后要及时向客户退还货款。目前来说，一些信用比较高的淘宝用户发出退货请求时，淘宝网会直接退还货款。

2. 折价

如果商品有些瑕疵，或者对商品不满意，客户会联系客服反应情况。这个时候客服可以要求客户上传商品照片，以核实所反馈的问题。情况核实之后，客服再根据具体情况判断是否满足客户的退换货要求，是否需要折价，折价多少等。折价之后再退还客户相应的款项。

3. 换货

因为尺码、颜色等问题，客户可能会选择换货。遇到这种情况时，客服要核实商品是否符合换货的要求，如若符合，客服需要尽快处理换货请求，告知客户换货地址，客户则向客服提供物流凭证。客服收到货物后，再将相应的商品寄回给客户。

要想更好地处理好退换货问题，商家还需要制定相应的退换货规则，如图 5–16 所示。

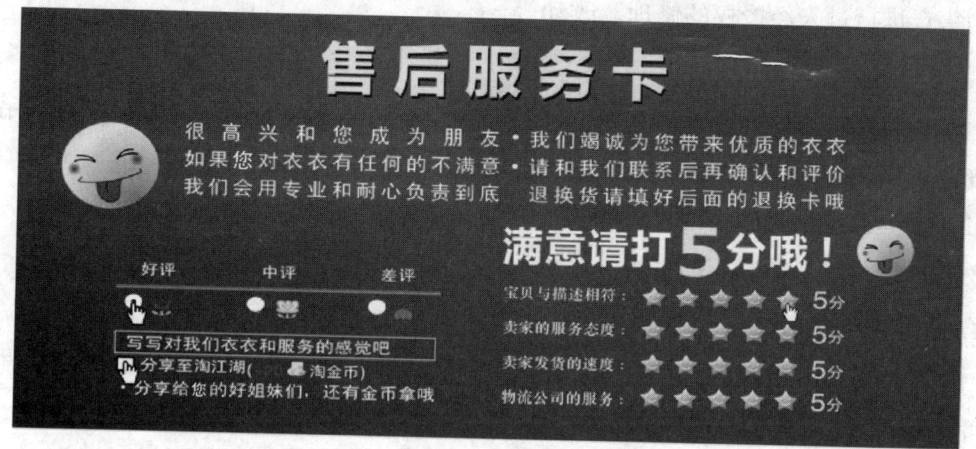

正 面

退 换 卡

您的旺旺（淘宝ID）			姓名		联系电话	
地址						
□换货		□退货	退换时请把本单附在快递袋中，谢谢合作			
收到产品			退/换原因	换货信息		
货号	尺码	颜色		货号	尺码	颜色
订单编号：				请使用圆珠笔并用正楷字填写以上信息		

背 面

图5–16　售后服务卡

（二）商品退换货的条件

1. 运动鞋、户外鞋类

（1）换货条件：除商品本身质量问题外，须保持商品原貌；商品包装、配件、吊牌完好；没有使用、洗过，鞋底没有磨损，不影响二次销售。

（2）不允许退换货的情况：标牌被拆，商品被人为损坏；商品洗过，鞋底磨损，鞋面有污渍，影响二次销售等。

2. 服装类

（1）换货条件：除商品本身质量问题外，须保持商品原貌；商品包装、配件、吊牌完好；没有使用、洗过，外观没有磨损，不影响二次销售。

（2）不允许退换货的情况：标牌被拆，商品被人为损坏；商品洗过，遭到损坏，影响二次销售；进行过未经授权的修理、改动等。

3. 户外产品、眼镜等

（1）换货条件：除商品本身质量问题外，须保持商品原貌；商品包装、配件、吊牌完好；商品外观没有磨损，不影响二次销售。

（2）不允许退换货的情况：标牌被拆，商品被人为损坏；商品洗过，遭到损坏，影响二次销售；进行过未经授权的修理、改动等。

4. 男女装、内衣、家居服、袜子等

（1）换货条件：除商品本身质量问题外，须保持商品原貌；商品包装、配件、吊牌完好；商品外观没有磨损，不影响二次销售。

（2）不允许退换货的情况：标牌被拆，商品被人为损坏；商品穿过、洗过，遭到损坏，影响二次销售；进行过未经授权的修理、改动；内裤以及个人定制商品不能退换货。

5. 男女鞋、箱包、配饰、帽子、皮带等

（1）换货条件：除商品本身质量问题外，须保持商品原貌；商品包装、配件、吊牌完好；鞋底鞋面没有磨损，不影响二次销售。

（2）不允许退换货的情况：标牌被拆，商品被人为损坏；商品穿过、洗过，遭到损坏，影响二次销售。

6. 饰品首饰、手表等

（1）换货条件：除商品本身质量问题外，须保持商品原貌；商品是全新，相关配件齐全；保修卡、发票等没有填写和丢失；商品原包装、鉴定书完好。

（2）不允许退换货的情况：标牌被拆，商品被人为损坏；保修卡、购买凭证被涂改；商品被擅自修理、拆卸；商品包装有严重压痕；商品寄回路途中发生损坏；个性定制商品等。

（三）商品退换货的保障

1. 符合下列条件可退换货

（1）当着送货员的面开箱检查，发现商品有质量问题。

（2）收到的商品和网店描述有很大的出入。

（3）收货七天内对商品不满意或者不喜欢（要保证商品不影响二次销售）。

2. 下列情况不允许退换货

（1）商品收货超过七天，或者已经被使用过，影响二次销售。

（2）商品外观受损，或者配件不全。

（3）商品不存在质量问题，却以质量问题为由退货。

3. 退换货流程

（1）客户及时与客服联系，说明退换货理由，并提交退换货申请表。

（2）根据客服提供的地址，寄回商品。

（3）客服确认商品无损后，重新发货或者尽快办理退款。

4. 退换货的邮费说明

（1）没有质量问题的商品，一般由消费者承担邮费。

（2）有质量问题的商品，则由网店承担运费。

5. 退货需要注意的事项

（1）把商品所有附件全部寄回，否则将不予退货。

（2）如果有赠品，需要将赠品一同寄回。

（四）商品退换货的处理技巧

（1）追回不必要的退换货。退换货的原因有很多，例如客户拍错了、地址错了、尺码不对、七天无理由等。当遇到这种情况时，客服要及时和客户沟通，问清楚退款的原因，并且进行有针对性的解决。

（2）巧妙地把退货转变成换货。对于一些可退可换的货物，客服可及时和客户沟通，找到问题症结所在，把退货转变成换货。这就要求客服实时关注退货情况，及时跟进申请退货的客户，双方尝试沟通，争取把退货转为换货。

（3）对于一些有优惠活动的商品，客服可根据实际情况，扣除满减优惠的部分再进行退换货。设置满减活动是很多网店都会使用的促销手段，但优惠的幅度一定要控制好。对于故意获取优惠后又申请退款的客户，客服可以扣除满减优惠的部分，或者注明规则，降低退换货率。

七、合理对待中、差评

客户在交易成功和确认收货之后，可以根据自己实际收到的商品进行评分和评价。好的评价和赞赏力度高的评价可以吸引更多的客户，对网店的成功运营很有好处；相反，中、差评则会有一定的负面影响，可能会导致客户的流失，损害网店在客户心中的形象。所以每个网店都应该尽力减少中、差评，对于已经出现的中、差评也要合理对待。

（一）合理对待中、差评

若客户已经对商品做出了中、差评，客服要及时和客户取得联系，进行沟通，并且及时处理评价，这就体现出了售后服务的重要性。在沟通的过程中，应该特别注意以下几点，保证沟通的有效性。

1. 弄清楚中、差评的原因

在出现了中、差评后，客服一定要先根据评价内容确定是什么原因导致的，绝对不能贸然联系客户。

2. 通过有效方式联系客户

在查明原因之后，客服可以通过订单详情上的电话联系客户，如果客户不接电话，那么有可能是遇到职业差评师或者比较顽固的客户，一般在这样的情况下，很难再进行沟通。

3. 沟通时态度要诚恳

客服在进行电话沟通时语气一定要友好和善，以诚恳的态度感动客户，并且要坚持不懈，一般都会有效果。同时，客服还要有一定的沟通技巧，在进行沟通之后，客户是否愿意将中、差评取消，很大程度上和客服的沟通技巧有关。因此，客服事先理清自己的表达思路和组织好语言都是十分必要的。在沟通过程中，客服一定不能为自己找开脱的借口或者理由，这样会给客户一种不负责任的感觉，即使再有商量余地，客户都可能会不愿意修改评价。客服要预先想好可能会在沟通中遇到的种种情况，随机应变的能力也很重要。不论客户的态度如何，客服都要清楚联系的目的主要是表达歉意和进行补偿，如给出优惠、退回邮费等，具体的补偿可以根据实际情况进行调整，但是一定要表现出诚恳和大方。

4. 注重时效性

时效性就是指在收到中、差评的第一时间就查明原因并联系客户，因为时间越长，客户愿意修改评价的可能性也越低，即使愿意修改，网店给出的赔偿也越大，对于网店形象的影响也更大。在最短的时间内和客户取得联系并进行有效沟通，这样解决问题的效率才会是最高的。

5. 选择适当的沟通时间点

时效性固然重要，但是在进行沟通之前，客服也要考虑沟通时间点的选择问题。例如：客户是在深夜给出的中、差评，客服出于人之常情也不能立即就进行联系，这就是时间点的选择。在联系之前，客服通过客户的收货地址可以对其职业或者所从事行业进行简单的推断，可以对于相关行业的普遍作息规律进行大致的了解，避免对方拒接电话、直接挂断或者指责网店。有时，客户接到电话并且承诺修改，但是由于没有在使用电脑，之后可能也会忘记，再联系可能就不会那么顺利了。同时要注意，尽量不要频繁地给一个客户打电话，这样很容易导致对方不耐烦，取消中、差评的概率会再次降低。

6. 选择最优的沟通工具

在网络销售过程中，客服一般会使用后台软件进行沟通交流，但是处理中、差评时具

有一定特殊性，客服会使用语音沟通表达出态度的诚恳。语音沟通具有文字沟通无法企及的优势，也具有最理想的沟通效率和最高的成功率。

以上就是在处理中、差评时需要注意的事项，经验丰富又具有良好沟通技巧的售后客服一般可以解决一部分中、差评，但是考虑到客户的回购率，做出适当的补偿也是十分有必要的。一般情况下，网店都会给售后客服规定一个补偿标准，例如：删除“中评”补偿3元，删除“差评”补偿5元，还有部分网店会采取赠送优惠券、赠送会员、赠送小礼品等方法，都是十分有效的。如果客户态度坚决，不愿接受补偿，这个时候客服要尽快礼貌地结束沟通，并且对客户的脾气性格或者其他事项进行记录，避免下次联系的时候再犯同样的错误。

（二）避免中、差评

处理中、差评最好的方法是尽量不出现中、差评，这样既可以树立起网店形象，也可以减少很多联系客户的精力。只有不断地完善细节，提升商品质量，网店才能一步步实现全部好评，不出现中、差评的目标。

1. 提升服务质量

（1）为了保证客服的服务质量，网店可以专门制定客服的服务标准，包括服务态度、专业素养、打字速度等方面，提高客服的整体素质和专业水平，保证客户获得良好的购买体验，提升将潜在客户转化成实际客户的可能性。

（2）网店的售后制度应该尽量完善，对于客户的不满及时进行沟通，在最短的时间内处理好客户的问题。

（3）网店还要保证发货及时，发货迅速是网店需要具备的素质之一，严格把关发货速度和包装的严密程度，都是做好网店经营细节的关键。

2. 保证优质商品

（1）商品的质量要得到保障，审核体系就一定要完善，网店应加大质量把关力度，保证商品质量符合价位，最大限度地避免由于质量问题出现中、差评。

（2）在拍照过程中应该尽量避免光线过暗或者过亮，最好做到客户收到的商品和展示出来的效果图没有差异。后期的修图和设计都应该遵循真实再现的原则，不能出现色彩改变程度过大的情况。

（3）在保证商品的文字介绍全面详细的同时，还应该注意不能过于夸张，也不应该出现误导性的词语。

（三）正确面对职业差评师

随着电子商务的发展，各个购物网站也越来越火热，这也催生了职业差评师的产生。职业差评师是专门给网店差评，以这种手段索要网店赔偿的一类人。他们会隐藏在众多消费者之中，进行消费和恶意评论。在运营网店时，一定要注意职业差评师的出现，要以正确的方式应对，最大限度地降低损失。接下来介绍几种应对职业差评师的方法。

（1）在遇到职业差评师时，网店一定要采取积极的措施进行应对，千万不要为了避免麻烦而对此行为不管不问，而应该尽量通过各种渠道进行合法权益的维护。

（2）网店要有一定的维护权益意识，在收到差评的时候，首先要做的就是查明原因，分析客户的行为特点，保持警惕，如果客户在交易过程中不注重商品的价格和质量，账号信息也不完善，那么就可以初步判定可能遇到职业差评师了。

（3）为了避免遇到职业差评师，网店也应该做好相应的防范措施，例如：在联系的过程中，做好电话录音或者在聊天工具上留下相关的文字信息，尽量创造更多和他交流的机会，不轻易答应请求也不直接回绝，而是多交流以留下更充分的证据等。

（4）网店要学会运用多种渠道进行自身权益的维护，在遇到职业差评师时，尽量留下证据，然后向官方网站进行投诉和举报，进而向消费者协会投诉或者向法院提起诉讼。

（四）态度决定一切

不论是网上开店还是做任何事情，良好的心态和积极的态度对于成功都具有关键性的作用。对于网店运营者来说，对待客户时要端正服务态度，始终遵循“顾客就是上帝”的原则，用真诚打动客户。

（1）在和客户交流的过程中，聊天表情的使用也能表现出一种友善温和的服务态度，客服可以将情感讯号通过聊天表情传达给客户。例如：在一些礼貌用语的后面可以加上一个微笑的表情，这会给客户更好的购物体验。

（2）为了营造出一种亲切又舒适的购物环境，礼貌的待客话语是必不可少的。拉近距离的语句可以培养与客户之间的感情，降低客户心中的抵抗力和生疏感。

（3）积极的态度对于优秀的网店客服来说是尤为重要的。特别是当售出的商品出现问题的时候，客服更要正面回应，及时解决，而不是一味地追究是谁的错误，不逃避、不推脱是最好的责任态度。客服在解决问题的过程中，要积极主动地与客户沟通，尽快了解事情的具体情况，并且应该在最短的时间内提出解决办法。也就是说，在除了与客户之间的金钱交易之外，也应该给客户一种满意购物、快乐购物的体验。

（4）网络销售的成功核心在于以诚为本，互相尊重，履行承诺。网店应该始终秉持这一理念，在售前、售中、售后都要学会换位思考，学会站在客户的角度思考问题，给客户最好的购物体验。

八、规范客服人员管理

规范客服人员管理，是有效运营网店的前提条件。一般而言，对客户服务进行规范性

管理主要围绕在对客服人员的基本素养、合理分工、绩效考核等方面进行，做好了这些工作，网店就会朝着更好的方向发展。

（一）基本素养

1. 专业的技能素养

优秀的网店客服一般要对电脑有基本的认识，能够熟练操作一些办公软件，会进行电子邮件的收发和电子文件的管理，熟悉上网操作和资料的搜索，打字速度较快，能及时回答客户的问题。在使用电脑打字方面，优秀的网店客服要至少掌握一种输入法，并且能够盲打输入。

同时，优秀的网店客服还应熟悉店铺所售商品，熟练掌握商品相关的基础知识，对于商品的型号、款式和市场情况等有一定的了解，能够正确回答不同客户提出的关于商品的专业问题。客户服务流程如图 5-17 所示。

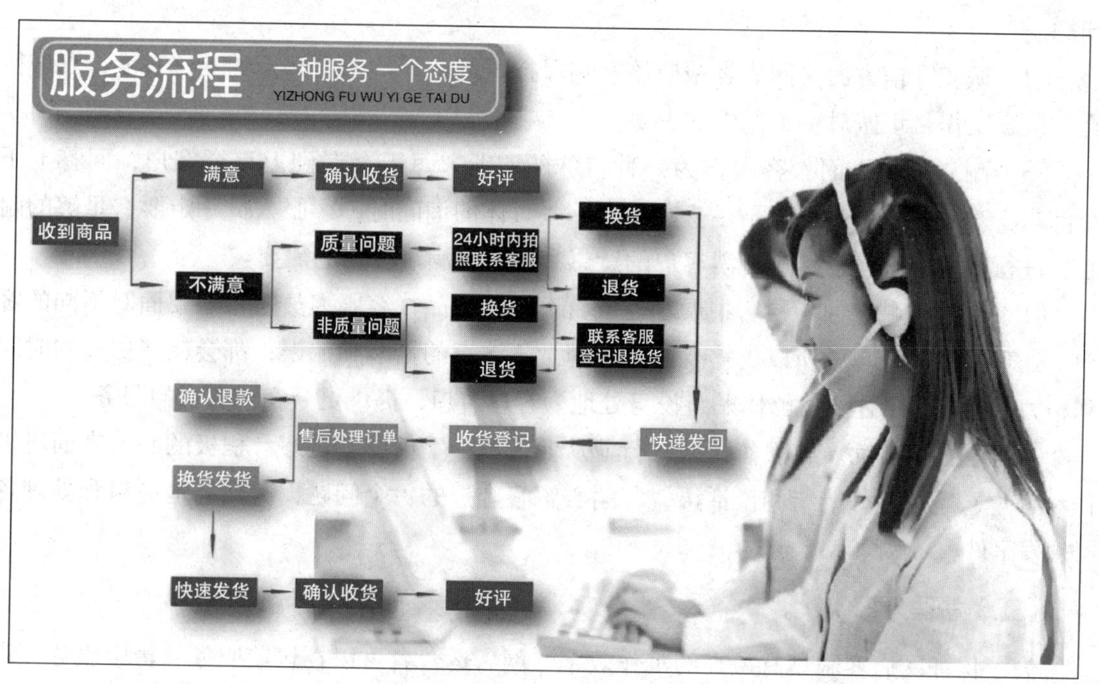

图5-17　客户服务流程

2. 良好的心理素质

客服工作人员会遇到各种各样的客户，任何状况和无法预料的事情都会发生，如果没有良好的心理素质，很难游刃有余地处理好事情。因此，拥有良好的心理素质非常重要。良好的心理素质范围非常广泛，不仅要洞察客户的心理和行为，随之为其解决问题，还体现在以下几方面：

（1）工作热情方面。高涨、蓬勃的工作热情就是尽自己所能为客户提供优质服务。客服的工作热情同样能够保证其热爱客服这项工作，能够全心全意对待客户，不责备或训斥客户，也不使客户感到自己无关紧要。与此同时，高涨、蓬勃的工作热情还能促使客服人员刻苦钻研业务，努力提高自己，以公司的目标为自己的工作的努力目标，不断进取，改善工作、完善自我。

（2）客户优先方面。客户优先就是在开始做其他事情之前，无论轻重缓急，先满足客户的需要，客户至上，这样客户就会看到客服人员的诚意，并且会为客服人员的付出而感动，从而能够在增添好感度的同时，拉近双方的关系。

（3）主动承担方面。众所周知，客服就是为了满足客户的需求、解决客户的疑问而存在的，因此作为一名合格的客服人员，应该能够主动承担责任。主动承担责任就是要努力获得客户的反馈意见，并且知道应采取哪些改进措施。客服一定不要在客户面前抱怨公司，要在保证公司的正面形象的基础上，用正常的渠道和规范的方法解决问题。

（4）诚实守信方面。网店客服应该时刻保持诚信，秉持言出必行的工作态度，真诚待客，认真工作，坦诚对待工作中的失误。

（5）耐心细致方面。客服作为一种特殊的职业，每天会遇到上百个客户，回答上千个问题，难免会有些疏忽和不足。在面对一些具体的询问时，客服人员一定要有足够的耐心，进行细致的解答，尽量打消客户的疑惑和忧虑，满足客户的需要。

（6）细心体贴方面。网店中展示着成百上千的商品，客服人员每天还要面对不同的客户，处理许多的订单，所以更需要细心。稍微不注意的错漏和贻误，都会耗费更多的时间和精力。客服人员还要足够体贴，设身处地为客户着想，提供更令客户满意的服务。

（7）自控力方面。客服作为服务行业从业人员，不仅要有良好、积极的心态来面对工作和客户，还控制好情绪和说话语气，耐心解答客户的每个问题，有技巧地应对和处理各类突发事件。

（二）合理分工

为了保证网店客服具有最高的工作效率，网店运营者可以在售前服务、售中服务、售后服务各个服务环节都制定相应的工作标准，这样不仅可以降低网店的人工成本，还可以使网店人力资源得到最大化利用。

合理分工包括的范围比较广泛，客服不仅要明白自己的工作范围，也要与其他部门的工作人员沟通，这样就能够在消费者提出问题的第一时间知道问题的归属，并以最快的、最准确的方式将其解决。例如：某客户由于个别原因需要换货，此时作为客服除了要以积极、饱满的态度与其沟通，耐心地回答客户提出的问题和要求外，还要抓紧时间与售后部门联系，了解是否有客户所需要的商品、换货所需要的时间等问题，确保及时为客户进行换货。这样的分工合作，能够极大地节省工作时间，提高工作效率，也能够给予客户被尊重的感觉，增添客户对网店的好感度，这对网店的运营是相当有意义的。同时，合理分工还要求对新员工进行岗前培训工作，岗前培训能够以最快的时间保证新员工快速入门，尽快掌握工作流程。例如：在新员工上岗之前进行员工培训，其实也是公司系统化流程的一部分，新员工在经过培训之后，可以根据不同环节制定的标准操作流程直接上岗，在实际工作中也可以进行操作实训。

（三）绩效考核

在网店客服具有良好的素质，公司也有合理分工的基础上，科学的薪酬结构和绩效考核也是不能疏忽的。一般而言，网店客服的工资都由两部分组成：一是基本工资，即在招聘时给出的底薪；二是绩效工资，即根据客服每天实际处理的订单数进行统计，再根据销售额的一定比例计算提成。这样的工资计算方法不仅可以保证客服基础劳动力的价值实现，还可以在一定程度上鼓励客服人员积极工作，提高工作效率。除此之外，还可以设置一些奖励制度、惩罚制度等，带动员工的工作积极性，实现网店的成功运营。后台客服评价统计如图 5-18 所示。

中差评处理客服效率统计

选择中差评产生的时间段 [　　　] 至 [　　　] 提交

处理客服	中差评分配总数	所占百分比
知秋	110	34.38%
飞舞	90	28.12%
蝶雪	70	21.88%
未分配	50	15.62%
合计	320	

处理客服	已修改总数(平均耗时)	所占百分比	
知秋	90（48小时/笔）	30.00%	已修改中差评列表
飞舞	80（52小时/笔）	26.67%	已修改中差评列表
蝶雪	70（58小时/笔）	23.33%	已修改中差评列表
未分配	60（62小时/笔）	20.00%	已修改中差评列表
合计	300		

处理客服	可未修改总数	所占百分比	
知秋	55	34.60%	未修改中差评列表
飞舞	45	28.30%	未修改中差评列表
蝶雪	30	18.88%	未修改中差评列表
未分配	29	18.24%	未修改中差评列表
合计	159		

处理客服	已过期总数	所占百分比	
知秋	35	35.00%	过期未改中差评列表
飞舞	28	28.00%	过期未改中差评列表
蝶雪	22	22.00%	过期未改中差评列表
未分配	15	15.00%	过期未改中差评列表
合计	100		

图5-18　后台客服评价统计示例

客服绩效考核的主要目的在于鼓励员工积极工作，始终保持高度的工作热情。网店客服的绩效考核主要是依据每个人每天处理的订单数和服务的客户量，做好员工日工作量的统计，并为每个客服员工单独设立绩效考核档案，做到结果有因可循，不偏袒、不包容。网店运营者还可以根据每个员工的绩效考核结果设立合理的任务额度，提高整体的工作积极性和工作效率。

（四）优秀客服的六种能力素质要求

1.良好的语言表达能力

中国文字博大精深，同样的意思、不同的表达方式会造成不同的效果，售前客服怎样的卖点推荐能让客户买单，售后客服怎样的安抚能让客户转怒为和，都需要语言表达的技巧，也是每一位客服要努力学习和提升的。

2.专业的商品知识

无论是售前还是售后客服，专业的商品知识都能够让客户更加信赖，进而成为客户的选择。

3. 熟练掌握并使用各种淘宝工具

客服在进行接待消费者和处理订单操作时，都要用到一些后台工具或者插件。因此，熟练掌握各种工具，无疑会提高客服的工作效率。所以，一般新客服上岗前的其中一项考核标准就是掌握各种工具的使用。

4. 换位思考、将心比心

无论是售前客服还是售后客服，在与客户沟通时，都应该有一颗同理心。售前客服不要总想着怎么才能卖给客户东西，而应多想想客户遇到了什么解决不了的问题，有哪些商品可以帮他解决问题，如果换位思考，自己会在意价格还是效果？会怎么面对同样的问题？思路转变后，往往结果也会变得不一样。售后客服也是一样，不要总觉得客户都是来找麻烦的，也应该换位思考，如果自己收到了这样的商品或者碰到了同样的问题，会不会也像客户那样着急生气。多从对方角度出发，那么对客户的态度也会发生变化，处理方式也会更柔和一些。

5. 良好的倾听能力，一颗洞察细节的心

很多客服从业久了，就会产生一种习惯，总觉得客户还没开口，就已经知道他要说什么了，所以经常不耐烦地打断客户，断章取义，最后造成订单流失或者矛盾升级。

6. 不轻易承诺，说了就要做到

专业的客服应具备诚信的职业素养，不会为了销售而夸大商品功效，也不会承诺做不到的事情或者服务。只有对客户诚信，对自己诚实，回头客才会越来越多，生意才会越来

越好。

优秀的客服能为网店带来五大黄金价值：第一，提高成交率。客户成交一般有两种方式：一种是客户通过阅读商品详情页，对商品有了认知后，在没有咨询客服的情况下自主下单；另一种是咨询客服后再下单。第二，提升品牌口碑。多数人购买商品后会进行体验分享或者晒单，尤其是购买到心仪的商品或者体验到超值服务的时候，因此网店要重视每一位客户的口碑宣传。第三，改善用户体验。优秀的客服能带给客户如沐春风的感觉，使客户在购买商品时不仅感受到图片和文字展示，还有客服带来的人文关怀。第四，促成二次购买。客户为了简化购物流程，在进行相同商品的二次购买时，如果上一次的购物经历非常愉快，那么会自然而然地选择同样的网店。第五，优化网店指标。客服是搜集客户信息反馈的一线人员，在跟客户沟通时，客服要将消费者反馈的意见或者捕捉到的情绪进行归纳分类，并反馈给相应的部门进行改进，以形成网店运营的良性循环。

任务总结

一个好的客服可以成就一个网店，反之，一个差的客服则会毁掉一个网店甚至一个品牌。客服在面对客户时，实际代表的并不是自己的形象，而是网店甚至整个品牌的形象。因此，网店要高度重视客户服务环节，规范客服流程，提升客服质量，为网店的可持续发展打下良好的基础。

同步实训

登录各网络零售平台（如淘宝网、京东、当当网等），作为一个普通客户和客服聊天，总结不同网络零售平台客服的特点。

参考文献

[1] 石焱，王耀 . 网店运营 [M]. 北京：中国水利水电出版社，2011.

[2] 吴清烈 . 网店运营与管理 [M]. 北京：外语教学与研究出版社，2012.

[3] 段文忠，王邦元 . 网店运营实务 [M]. 合肥：中国科学技术大学出版社，2014.

[4] 张发凌 . 淘宝网店运营、管理一本就够（最新实战版）[M]. 北京：人民邮电出版社，2014.

[5] 刘珂 . 淘宝、天猫网上开店速查速用一本通：开店、装修、运营、推广完全攻略 [M]. 北京：北京时代华文书局，2015.

[6] 王达 . 从零开始学电商：网店创业入门与经营技巧 [M]. 北京：中国华侨出版社，2015.

[7] 葛存山 . 网店运营与推广 [M]. 北京：人民邮电出版社，2015.

[8] 曲永栋，邢金山，朱付长 . 网店运营理论与实操 [M]. 北京：中国农业科学技术出版社，2016.

[9] 孔斌国际网校 . 淘宝网店运营指南 [M]. 北京：人民邮电出版社，2016.

[10] 电商运营研究室 . 淘宝网店运营实用教程（客服篇）[M]. 北京：人民邮电出版社，2016.

[11] 翁国秀，阳三元 . 淘宝美工从入门到精通 [M]. 北京：人民邮电出版社，2016.

[12] 恒盛杰电商资讯 . 淘宝天猫网店运营秘笈：如何用 SEO 和数据化精准营销打造爆款 [M]. 北京：机械工业出版社，2016.

[13] 近水思鱼 . 淘宝网店内容运营：内容引流方法 + 淘宝平台实战 [M]. 北京：人民邮电出版社，2017.

[14] 张发凌，姜楠，韦余靖 . 淘宝网店运营、管理一本就够（全新升级版）[M]. 北京：人民邮电出版社，2017.

[15] 陈志轩，欧丹丽，张运建 . 淘宝网店运营全能一本通 [M]. 北京：人民邮电出版社，2017.

[16] 王利锋 . 网店运营实务（第 2 版）[M]. 北京：人民邮电出版社，2017.

[17] 肖丽平 . 网店运营与管理实务 [M]. 北京：中国人民大学出版社，2018.

[18] 淘宝大学 . 淘宝大学电子商务人才能力实训（CETC 系列）——网店运营（提高版）[M]. 北京：电子工业出版社，2018.

图书在版编目（CIP）数据

网店运营实务 / 程佳聪主编 . -- 北京：中国人民大学出版社，2020.1
21 世纪高职高专规划教材 . 电子商务系列
ISBN 978-7-300-27770-7

Ⅰ . ①网… Ⅱ . ①程… Ⅲ . ①网店 – 运营管理 – 高等职业教育 – 教材 Ⅳ . ① F713.365.2

中国版本图书馆 CIP 数据核字（2019）第 280392 号

21 世纪高职高专规划教材 · 电子商务系列
网店运营实务
主　编　程佳聪
副主编　王庆来　路正佳
Wangdian Yunying Shiwu

出版发行	中国人民大学出版社		
社　　址	北京中关村大街 31 号	邮政编码	100080
电　　话	010 - 62511242（总编室）		010 - 62511770（质管部）
	010 - 82501766（邮购部）		010 - 62514148（门市部）
	010 - 62515195（发行公司）		010 - 62515275（盗版举报）
网　　址	http://www.crup.com.cn		
经　　销	新华书店		
印　　刷	北京溢漾印刷有限公司		
规　　格	185 mm × 260 mm　16 开本	**版　　次**	2020 年 1 月第 1 版
印　　张	13.25 插页 1	**印　　次**	2020 年 1 月第 1 次印刷
字　　数	260 000	**定　　价**	28.00 元

信息反馈表

尊敬的老师:

您好！为了更好地为您的教学、科研服务，我们希望通过这张反馈表来获取您更多的建议和意见，以进一步完善我们的工作。

请您填好下表后以电子邮件、信件或传真的形式反馈给我们，十分感谢！

一、您使用的我社教材情况

<table>
<tr><td rowspan="2">您使用的我社教材名称</td><td colspan="3"></td></tr>
<tr><td colspan="3"></td></tr>
<tr><td rowspan="2">您所讲授的课程</td><td></td><td rowspan="2">学生人数</td><td></td></tr>
<tr><td></td><td></td></tr>
<tr><td>您希望获得哪些相关教学资源</td><td colspan="3"></td></tr>
<tr><td>您对本书有哪些建议</td><td colspan="3"></td></tr>
</table>

二、您目前使用的教材及计划编写的教材

<table>
<tr><td rowspan="3">您目前使用的教材</td><td>书名</td><td>作者</td><td>出版社</td></tr>
<tr><td></td><td></td><td></td></tr>
<tr><td></td><td></td><td></td></tr>
<tr><td rowspan="3">您计划编写的教材</td><td>书名</td><td>预计交稿时间</td><td>本校开课学生数量</td></tr>
<tr><td></td><td></td><td></td></tr>
<tr><td></td><td></td><td></td></tr>
</table>

三、请留下您的联系方式，以便我们为您赠送样书（限1本）

<table>
<tr><td>您的通信地址</td><td colspan="3"></td></tr>
<tr><td>您的姓名</td><td></td><td>联系电话</td><td></td></tr>
<tr><td>电子邮箱（必填）</td><td colspan="3"></td></tr>
</table>

我们的联系方式:

地　址: 苏州工业园区仁爱路158号中国人民大学苏州校区修远楼

电　话: 0512-68839320　　传　真: 0512-68839316

E-mail: huadong@crup.com.cn　　邮　编: 215123

网　址: www.crup.com.cn